《城市品牌评价：理论前沿、标准解读与案例分析》

编委会

主　编　解树江

副主编　蔡华利、侯超惠

撰稿人　欧周文（第一章）

侯超惠、高璇、薛益群（第二章）

蔡华利（第三章）

解树江、胡胜龙、欧周文、丁凌之、

钟明熹、格桑邓珠、宋治环（第四章）

解树江等（第五章）

序　言

全球已进入品牌经济时代，品牌消费已经成为国内外消费的主流。加强品牌建设、提升品牌价值、培育一批国际知名品牌，成为我国在全球竞争中形成优势、占据主动的关键所在。

党中央、国务院高度重视品牌建设工作。2014 年 5 月 10 日，习近平总书记提出“要推动中国制造向中国创造转变、中国速度向中国质量转变、中国产品向中国品牌转变”。“三个转变”的重要思想为我国经济高质量发展确立了目标，质量是基础、创新是灵魂、品牌是目标。李克强总理在政府工作报告中多次强调要培育中国自主知名品牌。2016 年 6 月，国务院印发了《关于发挥品牌引领作用、推动供需结构升级的意见》，对我国品牌建设和发展提出了具体要求。为了提高全民品牌意识，宣传中国优秀品牌正能量，2017 年 4 月，国务院批准将每年 5 月 10 日设立为“中国品牌日”。

品牌是生产者和消费者共同的追求，是供给侧和需求侧升级的方向，是企业、城市乃至国家综合竞争力的重要体现。加强品牌建设有利于推动经济大国向经济强国转变，有利于满足人们更高层次物质文化需求，有利于弘扬中华文化、提升中国形象。发展品牌经济，就是以新发展理念为指导，全面改善影响品牌发展的质量、服务、技术创新、有形资产、无形资产等要素，推动产业结构调整，促进经济转型升级，为实现中华民族伟大复兴的中国梦奠定更加坚实的基础。

随着我国城镇化率的不断提高，城镇数目逐年增多。截至 2018 年 6 月，我国共有 3185 个市县，包括地级市 334 个和县级市 2851 个；在全球人口超过 2000 万人的九大城市中，中国占 3 个；在人口超过 1000 万人的

36 个大城市中，中国占 13 个。2019 年 4 月 8 日，国家发改委发布了《2019 年新型城镇化建设重点任务》，对促进大中小城市协调发展、优化我国城镇化布局、推动新型城镇化高质量发展具有重要意义。

中央城市工作会议提出要“建设和谐宜居、富有活力、各具特色的现代化城市，提高新型城镇化水平，走出一条中国特色城市发展道路”，明确指出城市是我国经济、政治、文化、社会等方面活动的中心，是各类要素资源和经济社会活动最集中的地方，也是我国全面建成小康社会、加快实现现代化的“火车头”。随着我国改革开放的不断深入，我国城市发展已经进入新的时期，“创新、协调、绿色、开放、共享”成为城市发展的根本理念，要通过挖掘城市特色资源、发挥城市区域优势、提升城市服务水平、明确城市品牌定位、加强城市推广和宣传，提升城市影响力、竞争力和可持续发展水平，培育具有中国特色的现代化城市品牌。

加强城市品牌的培育，提升城市品牌的知名度、美誉度和公信力对于城市的经济和社会高质量发展具有重要意义，开展城市品牌评价是提高城市影响力的重要手段。在实践和探索的基础上，我国逐步建立了中国特色的城市品牌评价体系。以品牌价值“五要素”理论为核心，在中国品牌建设促进会支持下，由中央民族大学品牌研究院院长解树江教授牵头，联合中国城市报社、中国标准化研究院等单位共同起草，经过相关专家的多次研讨和论证，《品牌评价　城市》国家标准（GB/T 35779 - 2017）已于 2017 年 12 月 27 日由原国家质量监督管理总局和国家标准化委员会正式颁布。该标准以落实习近平总书记绿色发展、人与自然和谐共生为评价重点，现已连续两年以该标准为依据对地级城市品牌进行评价，获得了社会各界的支持和肯定。

2014 年，我国获得国际标准化组织品牌评价技术委员会（ISO/TC289）秘书国地位。经过五年的努力，我国主导制定的《品牌评价 基础和原则》国际标准（ISO 20671）主标准于 2019 年 3 月 12 日正式颁布。此后，将研究制定系列分类评价标准，逐步形成品牌评价国际标准体系，促进全球品牌经济稳步发展。

为了加快中国品牌走向世界的步伐，2018 年，我国研究者提出了“中国国际优势品牌培育及评价”经济类研究项目，并通过专家论证。该项目以“中国资源、中国技术、中国特色产业集群、中国特色旅游和中华老字号”五个方面为切入点，培育我国具有国际优势的品牌。中国特色旅游目的地品牌包括地级城市、县级城市、特色小镇、历史文化和自然生态景区，以及园林景观六个板块。我国黄山、桂林、张家界、武夷山、敦煌等著名旅游目的地是集城市与自然生态于一体的旅游景区。培育中国特色旅游目的地品牌将为推动城市高质量发展和第三产业发展发挥重要作用。

开展城市品牌理论的研究，建设和谐宜居、富有活力、各具特色、可持续发展的现代化城市，提高城市影响力和新型城镇化水平，建立具有中国特色的城市品牌评价体系和发展道路，是深入贯彻习近平总书记关于品牌强国系列讲话精神和中央城市工作会议精神的重要举措，将为全球建立科学的城市品牌评价标准体系做出积极贡献。

随着我国的城市品牌建设进入“既有机遇，更有挑战”的关键时期，要深入贯彻落实党的十九大精神，在习近平新时代中国特色社会主义思想的正确指导下，以品牌价值“五要素”理论为核心，坚持“科学、公正、公开、公认”的评价原则，坚定不移地走以创新为灵魂、以质量打造品牌、以品牌引领高质量发展的道路，积极探索有效路径和方法，推动我国早日建成质量强国、品牌强国、经济强国，推动中华民族伟大复兴的梦想早日实现，推动全球城市品牌经济的和谐发展、共同发展。

我国的城市品牌评价刚刚起步，要在借鉴国际先进经验的同时，贯彻实施 ISO 20671 国际标准，建立旅游目的地与城市相结合的品牌分类评价标准体系。解树江教授主持编写的《城市品牌评价：理论前沿、标准解读与案例分析》既是在实践中的探索，也是在探索中去实践。欢迎广大读者积极建言献策，丰富评价标准内容。科学的城市品牌评价标准将为全球城市发展做出重要贡献。

刘平均

中国品牌建设促进会理事长

原国家质检总局副局长、国家标准化管理委员会主任

目　录

第一章

城市品牌理论综述

凯文·莱恩·凯勒教授（Kelvin Lane Keener）在《战略品牌管理》一书中认为，品牌化的普遍性使城市像产品和人一样，地理位置或某一空间区域也可以成为品牌。本章正是基于这一逻辑，从城市品牌塑造思路出发，对城市品牌的概念、定位、形象、评价、策略相关理论和模型方法进行梳理，最后对城市品牌的评价指标体系进行深入探讨，以期对各地政府创建城市品牌的实践具有借鉴意义。

品牌研究从传统的产品、企业领域延伸到区域领域，并有逐渐形成城市品牌研究体系的趋势。由于城市不断发展，城市之间的竞争日趋激烈，城市品牌对于城市长远发展有着越来越深远的影响，打造优秀的城市品牌逐渐成为各地政府增强当地城市综合竞争力的重要举措，但城市品牌化道路不是一蹴而就的，而是一个系统又漫长的过程。因此，对城市品牌的理论发展脉络的梳理有助于更好地指导城市品牌建设的实践。

一、城市品牌概念

国内外学者分别从不同的视角对城市品牌的概念进行了规定。概括来说，主要从主体角度、客体角度和综合角度这三个方面来研究。

1. 主体角度

（1）城市品牌是城市的一项重要资产，是城市综合竞争力的体现。凯勒在其《战略品牌管理》一书中指出城市品牌是城市个性化的沉淀，是在竞争激烈的市场中所引起的受众偏好的重要识别特征，是城市在长期的经营或服务过程中形成的无形资产①。国外学者 Whitfield（1999）认为，城

① 凯文·莱恩·凯勒. 战略品牌管理［M］. 中国人民大学出版社，2009.

市可以通过发展旅游业来提升自己的品牌效应①。营销战略专家大卫·艾克（2005）构建了城市品牌识别系统，提出了消费产品、空间、文化和符号四层意义上的城市品牌内涵②。MacFadyen（2004）等把城市类比作一个公司，探讨了在城市品牌方面的主要投资方式，以及城市能够从城市品牌塑造中获取的价值③。

李成勋（2003）认为城市品牌是无形资产，城市品牌的凝聚力、吸引力和辐射力集结起来就会大大增强城市的竞争力，从而能够使城市的规模和质量大大提高，使城市居民的物质生活和精神生活不断得到提升④。李朝明（2006）认为城市品牌的内涵是指城市特有资产在城市发展进程中所生成的特殊的识别效应，是城市竞争优势的体现⑤。城市特有资产系指城市所拥有的自然资源、土地、人口、文化、生产能力等资产。李雪敏（2015）认为城市品牌资产是城市营销者利用城市的地理环境、历史文化、风俗习惯、产业优势等诸多方面的条件，塑造出城市的形象和个性化的特征，在此基础上进行城市品牌的培育和传播，使消费者在与其互动和沟通的过程中，不断对城市的形象和核心价值产生某种心理认同与情感共鸣，而购买城市品牌所创造的附加值⑥。

（2）城市品牌是一个整合城市资源、提高城市知名度和美誉度的连续复杂的过程。Whitfield（1999）认为，城市可以通过发展旅游业来提升自己的品牌效应，他建议旅游部门开展适当的营销活动来扩大城市的知名度和影响力⑦。Rainisto（2003）对地区品牌化做出了如下定义：“地区品牌化是指增加地区吸引力的方法，其核心问题在于构建地区识别。而地区产品则是提供给地区顾客的提供物的总体组合。”总而言之，城市品牌是社会公众对一个城市的整体认知，它既是城市营销的产物，也是城市风貌的

①⑦ 杨媛媛. 城市品牌定位方法研究［J］. 中国市场，2014（51）：57-59.
② 艾克. 策略行销管理［M］. 林隆仪译. 台北：华泰文化事业股份有限公司，2005.
③ MacFadyen K. Trimaran fits into urban brands［J］. Buyouts，2004，17（10）：10-12.
④ 李成勋. 关于城市品牌的初步研究［J］. 广东社会科学，2003（4）：71-76.
⑤ 李朝明. 城市品牌建设思路探讨［J］. 商业时代，2006（9）：44-45.
⑥ 李雪敏. 城市品牌资产评估体系构建研究［J］. 财经理论研究，2015（2）：103-112.

综合展现①。

尹启华和魏海涛（2003）认为，城市品牌是在特定地域生产出的产品经过促销形成在社会上具有较高知名度的品牌②。黄志华（2005）认为城市品牌是一种城市经营、管理的指导思想和观念意识，它要随着城市的发展变化进行延伸和扩展③。吴金明和赵俊（2008）认为，作为城市营销的产物，城市品牌的价值在于它能使人们的意识、观念和思维方式发生根本性变化，形成城市的潜在消费者，并且为城市创造形象、信誉和声望④。王曼（2010）认为城市品牌是通过对城市各种内在资源的挖掘和提炼，在受众头脑中形成有关特质的印象和联想⑤。

在研究过程中，国内外学者普遍认为，城市品牌由城市多种有形和无形资产形成的一种资本，它对城市品牌的形成和塑造有很大的连带效应，能够大幅提升城市总体品牌的知名度⑥。从单纯将城市品牌作为无形资产到将其作为一个资产系统来考虑，学者们对城市品牌的内涵研究逐渐深入。

2. 客体角度

城市品牌指的是目标受众对城市排他性特征的客观体现。

Smith（1994）认为城市品牌化是一种有选择性的、启发式的试图重新想象城市的过程⑦。Kapferer（2000）认为，当城市消费者感知到一种相对优势，感觉到城市的独特增值能够满足自己的需求，也就意味着城市品牌的成功⑧。

---

① 罗纪宁，彭颖．城市文化资源与城市品牌定位［J］．上海城市管理，2017（3）：11－17.

② 尹启华，魏海涛．城市品牌研究［J］．湖南工程学院学报：社会科学版，2003，13（4）：5－8.

③ 黄志华．论城市品牌与商品品牌的联系和区别［J］．包装工程，2005，26（4）：209.

④ 吴金明，赵俊．城市品牌定位的理论基础与模型构建［C］中国城市规划年会．2008.

⑤ 王曼．城市品牌的整合营销传播研究［J］．中国商界（下半月），2010（3）：217.

⑥ 杨媛媛．城市品牌定位方法研究［J］．中国市场，2014（51）：57－59.

⑦ Smith H. Marketing the city：The role of flagship development in urban regeneration［M］．London：E & Fn Spon，1994.

⑧ Kapferer J N. Strategic brand management：Creating and Sustaining brand equity long term［M］．London：Kogan Page Ltd.，2000.

陈建新和姜海（2004）认为城市品牌是人们对城市整体的感知和识别，是城市本质和特有优势的一种体现[①]。方丽（2005）认为城市品牌是蕴含城市独特个性及受众效用的城市名称和标志，是构成城市的各种要素之总和在城市公众心目中的总体印象和实际评价，是城市性质、功能和文明的外在表现[②]。马瑞华（2007）从经济学角度出发，提出城市品牌是能够与目标顾客达成长期利益均衡，并降低其选择成本的排他性品类符号，简单地说，城市品牌就是外部投资者和消费者选择该城市的排他性理由[③]。于宁（2007）认为城市品牌是城市的名称、标志、声誉、历史传统、地区文化等的无形总和，是消费者对城市产生的清晰、明确的印象及认知，是城市个性化的表现。城市品牌是城市消费者对城市独特个性的一种综合印象和心理感知，由城市名称、标识、符号或图案等要素或要素组合来体现，以便消费者与其他城市相区别[④]。类似地，冯林（2011）认为城市品牌是用以识别城市的特质、形象、象征、符号或设计及其组合，用以和其他竞争城市相区别[⑤]。张罗等（2016）也认为，城市品牌是能够表达城市内涵特色的具有识别效应的特有的符号，利益相关者既是城市品牌的消费者，又是城市品牌的塑造者和传播者[⑥]。

3. 综合角度

城市品牌是城市的主体和客体在塑造城市形象的过程中形成的一个生态系统，是综合了城市特性的复杂体系。

杜青龙等（2004）认为，城市品牌是指城市管理者利用城市所具有的独特的要素禀赋、历史文化角色、产业优势等差别化品牌要素，向目标受众提供持续的、值得信赖的、有关联的特别承诺，以提高受众对城市的反

---

① 陈建新，姜海．试论城市品牌［J］．宁波大学学报（人文科学版），2004，17（2）：77－81.

② 方丽．城市品牌要素指标体系［J］．技术与市场，2005（5）：54－56.

③ 马瑞华．城市品牌与城市竞争力机制研究［D］．山东大学博士学位论文，2007.

④ 于宁．城市品牌定位研究［J］．市场营销导刊，2007（Z1）：49－53.

⑤ 冯林．城市品牌定位及主要模式综述［J］．对外经贸，2011（7）：97－98.

⑥ 张罗，王浩．城市品牌塑造中的主体参与的必要性［J］．中国商论，2016（35）：158－160.

应效用，增强城市的聚积效益、规模效益和辐射效应①。黄江松（2004）认为城市品牌是一个系统集成，构成城市品牌的要素有政治、经济、文化和自然若干方面②。张燚等（2006）认为，城市品牌不仅是一个独特的标识、形象和图案，而且像产品品牌一样，是一个包含城市自身因素、消费者要素与竞争城市品牌要素三个方面的系统，消费者对城市的感知也是一个全方位的心理评价和综合印象③。李俊霖（2007）认为，城市品牌是在城市定位的基础上，将城市的历史、经济、文化、标志、特色等要素进行整合，塑造出为人们感受到的整体形象，是城市生态环境、经济活力、文化底蕴、精神品格、价值导向等的综合体现④。姜智彬（2007）认为，城市品牌是城市地理名称在城市品牌战略规划下的品牌识别系统、内部体验系统和外部营销系统等方面所传递信息的总和，以及由此所产生的品牌利益相关者的感觉、认知和联想，品牌识别系统、内部体验系统和外部营销系统构成了城市品牌的系统结构⑤。刘丽等（2007）认为城市品牌的内容包括城市景观、城市文化、城市功能和城市人本主义特质⑥。王萍萍（2015）指出城市品牌是一个系统集纳概念，其构成要素有历史角色、文化底蕴、资源禀赋、地理特征、人文风情、产业优势、经济实力、城市规模、发展远景等⑦。杨礼茂等（2016）认为，城市品牌既代表一种顾客认知、产品品牌、城市功能、城市资产和形象，也可以上升为一种受众体验，由有形的城市资源和无形的品牌资产共同构成，可以作为城市营销的

---

① 杜青龙，袁光才．城市品牌定位理论与实证分析［J］．西南交通大学学报（社会科学版），2004，5（6）：105－108.

② 黄江松．塑造我国城市品牌的思考［J］．湖北社会科学，2004（9）：61－63.

③ 张燚，张锐．城市品牌论［J］．管理学报，2006，3（4）：468－476.

④ 李俊霖．武汉城市品牌的战略定位及其影响要素的理性解析［J］．上海城市管理，2007，16（2）：37－40.

⑤ 姜智彬．城市品牌的系统结构及其构成要素［J］．山西财经大学学报，2007，29（8）：52－56.

⑥ 刘丽，何有缘．创意产业品牌城市的建设——以北京市为例［J］．科学与社会，2007（4）：38－41.

⑦ 王萍萍．城市品牌化路径探析——从城市品牌定位、塑造、营销到管理［J］．城市管理与科技，2015（2）：33－35.

战略工具，体现城市的特色和核心资源[①]。

郝胜宇（2009）认为，国内研究者对城市品牌的理解可以从资源视角、产品品牌、文化视角、产业视角、营销视角、形象视角进行归类[②]。今后的研究要着重从城市顾客的感知出发，进行科学管理和测评并处理好各种利益相关者的关系。他强调以城市顾客为本，进行科学管理，这是值得肯定的。总的来说，城市品牌是城市地理名称在某一空间区域内政治、经济、社会、文化、环境等方面所传递信息的总和，以及由此所产生的感知、认知与联想，是城市政府、社会组织、企业、人及城市所提供的产品、服务等品牌的综合，是一个城市在推广自身城市形象的过程中，根据城市的发展战略定位所传递给社会大众的核心概念[③]。城市品牌是一个综合的概念，城市品牌是城市的特有资产，是城市的名称、标志、声誉、承诺、历史传统、地区文化、人文风情、要素禀赋、经济实力、产业优势和人居环境等的无形总和，是消费者对城市产生的清晰、明确的印象和美好联想，既是区别于竞争对手的标识，也是城市个性化的表现。它的特征表现为如下四个方面：第一，城市品牌是一个地理名称，这一名称是相对固定的，是城市属性和利益的诉求，体现着城市的个性和价值；第二，城市品牌不仅是单一的地理名称，而且是国家或地区政治、经济、文化、技术等的综合象征；第三，城市品牌是一个品牌体系，且内容是不确定的，是城市在不同的领域、不同的方面所创造的品牌的综合；第四，城市品牌是城市的资源和资产，并随着城市的发展和时间的推移而不断变化，并且这种资产是可以积累和运营的[④]。

---

① 杨礼茂，程晓珂，李文静．城市品牌建设研究综述［J］．价值工程，2016，35（28）：229－234.

② 郝胜宇．国内城市品牌研究综述［J］．城市问题，2009（1）：23－28.

③ 王勇，杨新海．国内城市竞争力问题研究综述［J］．苏州科技学院学报（社会科学），2004，21（1）：62－66.

④ 李璇．沈阳市城市品牌策略研究［D］．沈阳理工大学硕士学位论文，2011.

二、城市品牌定位

城市品牌定位属于城市营销学的一个概念，城市品牌定位作为城市品牌核心部分构成要素之一而受到学者们的较多关注。本部分从城市定位的含义和模型构建两方面来进行文献梳理。

1. 城市品牌定位的内涵

Rainisto（2003）充分运用已有的品牌理论，特别是吸收了艾克（Aaker）、科勒（Keller）等的品牌思想和方法，对地区品牌重新定位（Place's Brand Repositioning）问题进行了许多创造性的研究①。他认为，外部的顾问或许对城市品牌定位有实质性的帮助，但品牌塑造的持续努力和最终成败却取决于城市管理者、营销者对城市品牌的深刻理解和洞察。Insch（2016）探讨了城市品牌重新定位在排名第二的城市的经济和社会转型中的作用，开发了一个概念框架，确定了城市品牌重新定位的可能性和局限性，以提升城市的全球地位和声誉。特别地，城市的积极人口和经济成果与城市品牌的真实和心理重新定位有关。Taecharungroj（2017）指出，城市品牌定位是城市和地方品牌建设的重大挑战。他采用城市—地区分歧网格工具，评估城市及其子单元或区域的属性和个性，帮助城市管理者制定城市品牌定位策略。

南京大学的张鸿雁教授是国内城市品牌形象定位与建设研究的开拓者，她2002年所编写的《城市形象与城市文化资本论》一书详尽地从理念系统、行为系统和视觉系统三个层面论证了城市形象构建的内容和形式，创造性地提出了城市形象定位的方式和模式。书中认为，城市形象推广必须强调“城市品牌战略”，即在城市整体形象传播过程中全面塑造城市品牌质量和创造知名度、美誉度和满意度，通过品牌的运作使城市形象得到有效传播，并在城市文化资本运作的研究中提出品牌效应是城市经济与社会发展、城市形象宣传与推广、城市文化资本运作最重要和最基本的

① 陈艺．上海城市品牌定位评价与提升研究［D］．上海交通大学硕士学位论文，2009.

途径之一，是现代城市间竞争的重要表现形式和手段，其中企业品牌和产品品牌是城市形象建设及城市整体核心竞争力提高的关键环节①。李成勋（2003）认为，城市品牌定位具有融合性、地域性能够融入本地区的环境因素和人文因素并与自然风貌构成相互依存的关系，体现人们的审美取向，在动态中满足包括市民、游客、投资者等在内的内外顾客的不同需求，实现城市的可持续发展②。杜青龙、袁光才（2004）提出，城市品牌定位是品牌建设的先决条件，从层次上可以划分为核心品牌、次核心品牌和要素品牌；根据城市品牌的消费者类型，城市品牌可分为人居型、旅游型、资本聚积型和产品市场型四种类型。根据城市资源的品牌属性强度或者基于目标受众的偏好选取合适的品牌因子，运用主成分分析法进行综合分析，将多个品牌因子变量化为几个少数综合变量来进行城市品牌定位③。刘彦平（2005）提出，品牌定位是品牌识别指导下的分众沟通策略，随着市场的变化，品牌定位应有不同的定位表达，为追求“一劳永逸”的品牌定位而煞费苦心，实乃舍本逐末之举④。李俊霖（2007）指出，城市品牌定位是根据一个城市的物产资源、自然景观、经济实力、人文沿革、建筑特色等，进行不同组合形成特色品牌⑤。于宁（2007）认为城市品牌定位应该是一个决策系统，在这个决策系统内，各构成要素之间相互联系、相互影响，系统中的任何一个要素出错都将影响整个系统的运行效果⑥。冯林（2011）认为，城市品牌定位是针对城市潜在顾客的心理和需求采取行动，从而在潜在顾客心目中形成独特且鲜明的城市印象。因此，应从确定鲜明的城市个性的角度确定城市未来的发展方向⑦。所谓城市的个性，就是本城市所具有的别的城市无法替代性模仿，或者模仿成本极高的品牌资

---

① 张鸿雁．城市形象与城市文化资本论［M］．东南大学出版社，2002.

② 李成勋．关于城市品牌的初步研究［J］．广东社会科学，2003（4）：71－76.

③ 杜青龙，袁光才．城市品牌定位理论与实证分析［J］．西南交通大学学报（社会科学版），2004，5（6）：105－108.

④ 刘彦平．城市营销战略［M］．中国人民大学出版社，2005.

⑤ 李俊霖．武汉城市品牌的战略定位及其影响要素的理性解析［J］．上海城市管理，2007，16（2）：37－40.

⑥ 于宁．城市品牌定位研究［J］．市场营销导刊，2007（Z1）：49－53.

⑦ 冯林．城市品牌定位及主要模式综述［J］．对外经贸，2011（7）：97－98.

源，可以是独特的自然资源，历史遗产，独具特色的文化、态度与价值观，产业结构优势等，即强调形成城市“核心竞争力”。罗纪宁等（2017）认为，城市品牌定位是指充分挖掘城市的各种资源，按照唯一性、排他性和权威性的原则，结合各种利益相关者的需求，找到城市的个性、灵魂与理念。在文化层面，一个城市的品牌定位应从内、外两方面考虑[①]。一方面，从城市内部看，应对该城市文化要素作系统总结，从中筛选、提炼出具有核心宣传价值的文化支撑点；另一方面，从外部因素，即城市利益相关者和竞争者角度，应根据城市定位的真实性、专属性、导向性、美誉性、认同性原则，逐步缩小分析范围，确定城市定位。

2. 城市品牌定位模型

城市品牌定位的主体是城市，但是其所包含的要素很多，分为硬要素（经济发展要素、市场、区位、基础设施、城市环境竞争力和产业结构优化程度等）和软要素（政府管理能力、制度竞争力、文化观念竞争力、对外开放度等）两种。城市品牌定位的客体所包含的目标群体非常多，包括出口商、旅游和商务人员、新居民、企业、制造商、投资者等，几乎囊括了所有自主行为的自然人，并且他们各自的需求有着很大的差异[②]。在进行城市品牌定位时必须要考虑这些要素的方方面面，这决定了城市品牌定位必然是一项复杂的、系统性的工作。因此，城市品牌定位的难度比企业品牌定位要大得多[③]。

国外学者 Meer 在 1990 年提出，城市品牌化包含构建地方识别、理解需求模式和城市消费者形象、城市品牌定位[④]。Gilmore（2002）认为，城市品牌定位不必一定只反映城市。目前所真正提供的城市产品，也可以用城市品牌定位来指导城市的发展和提升。为了发展一个有效的城市品牌定位，他使用了定位钻石模型来解释城市品牌定位中需要考虑的因素。定位钻石的四个角分别代表了四个基本因素：宏观趋势、目标顾客/利益相关

① 罗纪宁，彭颖．城市文化资源与城市品牌定位［J］．上海城市管理，2017（3）：11－17.

②③ 冯林．城市品牌定位及主要模式综述［J］．对外经贸，2011（7）：97－98.

④ 杨媛媛．城市品牌定位方法研究［J］．中国市场，2014（51）：57－59.

者、竞争者、核心能力[①]。国外学者关于城市品牌定位的研究主要有四种模型[②]（罗纪宁、彭颖，2017）：第一种是里斯和特劳特的定位模式。要在预期客户的头脑里给产品定位，本质上不改变产品，定位只是在顾客脑子里占一个有价值的、独树一帜的地位。第二种是科特勒的城市差异定位模型，如图 1－1 所示。通过塑造特殊的城市品牌形象，以期在城市顾客心目中形成一种特殊的印象和偏好。应该避免以下错误：一是定位不足，即无法提出产品的中心价值及购买此产品的理由；二是过分定位，即因过窄的定位，导致某些顾客忽略该产品；三是混淆性定位，即所宣称的两个以上的品牌，彼此相互冲突或矛盾；四是无关性定位，即所宣称的品牌只有少数顾客关心；五是疑惑性定位，即顾客怀疑该品牌是否真能提供所宣称的品牌价值。第三种是洛夫洛克和维尔茨的服务定位模式，如图 1－2 所示。该模式强调服务在定位中的重要性。服务的特殊性决定了服务市场细分的特殊性。一个城市对其市民的服务性也是其定位差别中的重要因素之一。第四种是阿克和仙斯拜的城市战略定位模型，如图 1－3 所示。定位的重点在于突出优势，掩盖劣势，即扬长避短。城市在进行定位时首先应明确战略规划，以确保定位策略与战略规划保持一致。除上述四种模型外，还有一种，即赖克的定位模式，如图 1－4 所示。赖克认为，定位是一个针对市场的复杂战略过程，不存在任何一个放之四海而皆准的模式，研究者应该时刻保持高效的工作态度来对待定位。赖克的定位模式至今为止只停留在学术论证阶段，并未在其他地方实际操作过[③]

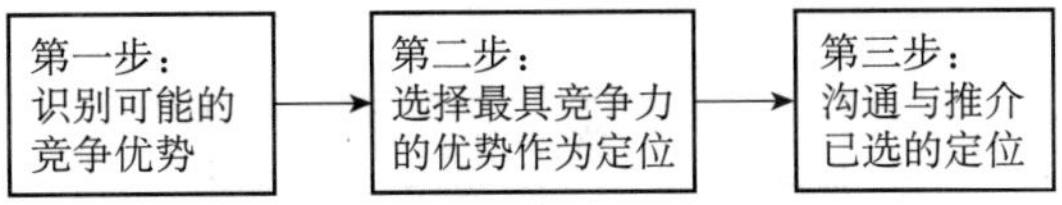

图 1－1　科特勒的城市差异定位模型

资料来源：吴伟，代琦．国外城市品牌定位方法述要［J］．城市问题，2010（4）：89－95.

① Gilmore F. A Country-can it be repositioned? Spain-the Success Story of country branding［J］. Journal of Brand Management，2002（9）：281－293.

② 罗纪宁，彭颖．城市文化资源与城市品牌定位［J］．上海城市管理，2017（3）：11－17.

③ 吴伟，代琦．国外城市品牌定位方法述要［J］．城市问题，2010（4）：89－95.

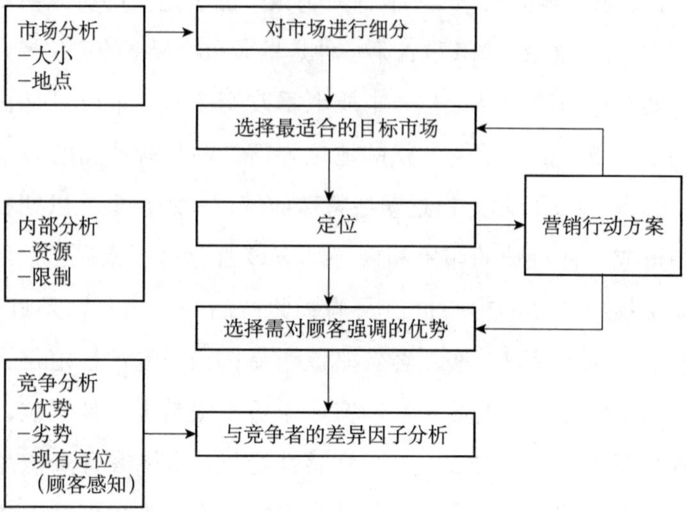

图 1-2　洛夫洛克和维尔茨的服务定位模式

资料来源：吴伟，代琦．国外城市品牌定位方法述要［J］．城市问题，2010（4）：89-95.

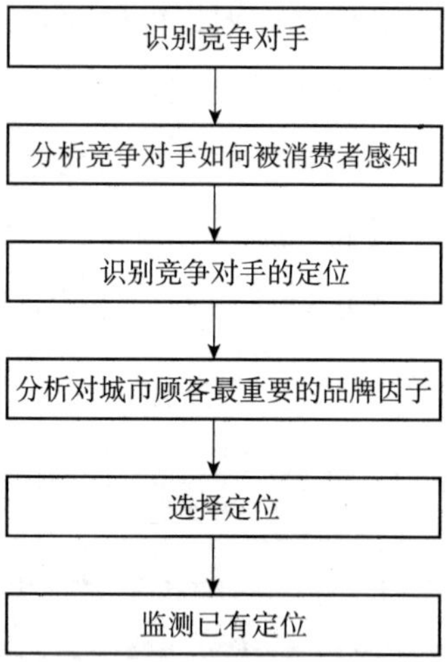

图 1-3　阿克和仙斯拜的城市战略定位模型

资料来源：吴伟，代琦．国外城市品牌定位方法述要［J］．城市问题，2010（4）：89-95.

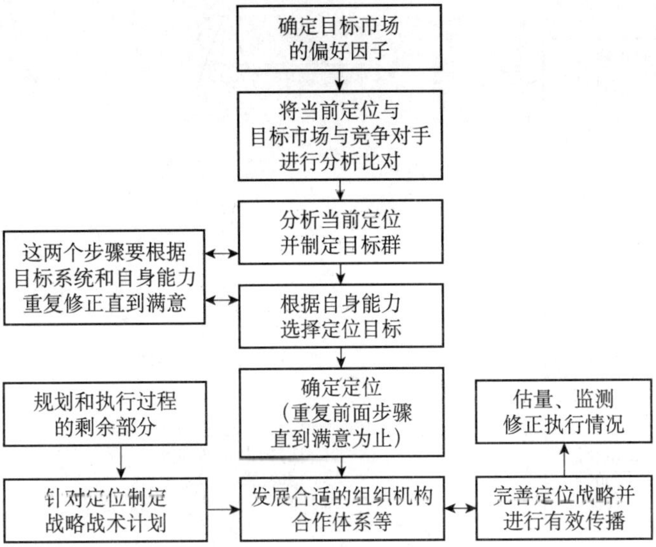

图1-4 赖克的定位模式

资料来源：吴伟，代琦．国外城市品牌定位方法述要［J］．城市问题，2010（4）：89-95.

李成勋（2003）认为城市品牌定位时应遵循五个原则：真实性原则、专属性原则、导向性原则、美誉性原则、认同性原则，构建了城市品牌定位理论塔形框架①，如图1-5所示。杜青龙、袁光才（2004）认为城市品牌定位应基于两个因子：一个基于资源的品牌属性强度选取；另一个基于目标受众的偏好选取②。杜兰英教授等在2004年提出了分层定位模型，该模型先排列出分散的品牌资源，然后对最外围的资源进行归纳、总结，再对资源分类进一步进行归纳、提炼，最终分析出城市品牌定位③。该模型是以品牌构成的层次性规律和“分析—概括”“发散—集中”的思维规律提出的，其不足之处在于忽视了城市目标群体对城市的要求及竞争城市发展战略分析。杨媛媛（2014）提出了城市品牌三角定位模型，如图1-6所示。该模型以城市资源为基础，通过考虑投资者、创业者和生活居住者对

① 李成勋．城市品牌定位初探［J］．市场经济研究，2003（6）：8-10.

② 杜青龙，袁光才．城市品牌定位理论与实证分析［J］．西南交通大学学报（社会科学版），2004，5（6）：105-108.

③ 杨媛媛．城市品牌定位方法研究［J］．中国市场，2014（51）：57-59.

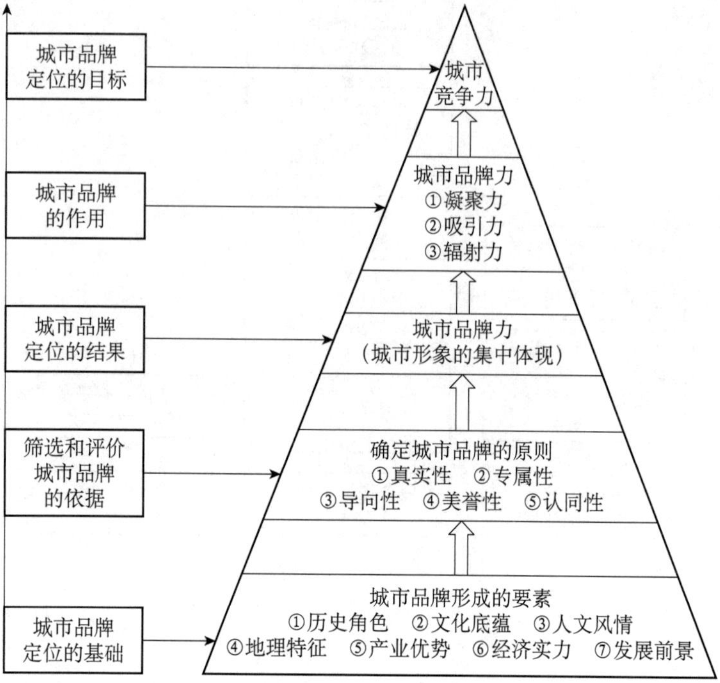

图 1－5 城市品牌定位理论塔形框架

资料来源：李成勋．城市品牌定位初探［J］．市场经济研究，2003（6）：8－10.

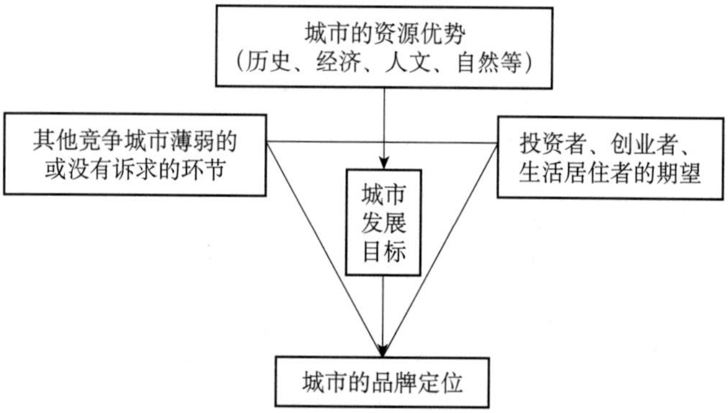

图 1－6 城市品牌三角定位模型

资料来源：杨媛媛．城市品牌定位方法研究［J］．中国市场，2014（51）：57－59.

于城市发展的期望，再结合其他竞争城市的情况，最后以城市总体发展目标为前提，提出城市品牌的最终定位。三角定位模型主要以优势资源为基础，以受众需求为导向，兼顾竞争对手战略，因其全面性和实用性得到学术界的普遍认可和应用①。解安、郭英香等（2005）以天津市为例，通过历史分析法解读该城市文化形象的成因，并提出天津城市文化定位②。于宁（2007）提出城市品牌定位是一个决策系统，这个系统是指城市营销者将与品牌有关的消费者信息、竞争者信息及产品自身信息通过整合营销传播形成个性鲜明、独具特色的品牌特征，在此过程中还涉及顾客定位、利益定位、情感定位、档次定位、形象定位和文化定位六因素定位决策。在这个决策系统内，各构成要素之间相互联系、相互影响③。马聪玲和倪鹏飞（2008）曾在城市竞争力模型的基础上提出“弓弦箭定位模型”④，如图1－7所示。此模型根据左侧的城市竞争力模型分析城市各方面因素的竞争优势，包括软实力、硬实力；再根据这些因素的规模、质量、结构和特点及它们和其他因素的组合不同，形成不同的差异和整体力量，由此决定城市在不同城市专业方面的功能和各具体功能的强弱：最终根据城市在某方面具有的强势专业，决定城市品牌定位。该模型包含的分析内容清晰、全面，但在定位过程中忽视了城市目标消费群体对城市的期望和要求。马瑞华（2009）构建了城市品牌定位的SIC模型，即由表及里的三个层次的定位：空间定位（Space Positioning）、产业定位（Industry Positioning）和品类定位（Category Positioning）⑤。其中，空间定位是城市发展的首要约束条件，要确定城市是多大范围的中心；产业定位要确定城市是什么样的中心；品类定位确定在该空间范围和产业领域内，城市要针对目标顾客的需求发展什么样的品类。熊花（2014）构建了一个文化资源整合与城市文化品牌建设关联机制的分析框架⑥。罗纪宁，彭颖（2017）构建了

① 杨媛媛．城市品牌定位方法研究［J］．中国市场，2014（51）：57－59.

② 解安，郭英香，郭建强．城市文化形象成因与定位之解读——以天津为例［J］．山西高等学校社会科学学报，2005，17（10）：44－45.

③ 于宁．城市联合品牌资产的构建动因及实证分析——兼议长三角的联合旅游品牌资产开发［J］．经济研究参考，2007（29）：28－31.

④ 马聪玲，倪鹏飞．城市旅游品牌：概念界定及评价体系［J］．财贸经济，2008（9）：124.

⑤ 马瑞华．城市品牌定位的SIC模型分析［J］．商业时代，2009（11）：10－11.

⑥ 熊花．文化资源整合与城市文化品牌建设［J］．重庆社会科学，2014（2）：69－75.

基于城市文化资源的城市品牌定位沙漏模型[①]，如图1－8所示。该城市品牌定位模型呈现为两头大、中间小，同时分析外部因素和内部因素，并将选择范围逐步缩小，找到城市文化与外部限制因素的契合点，最终得出精确的、差异化的城市定位。

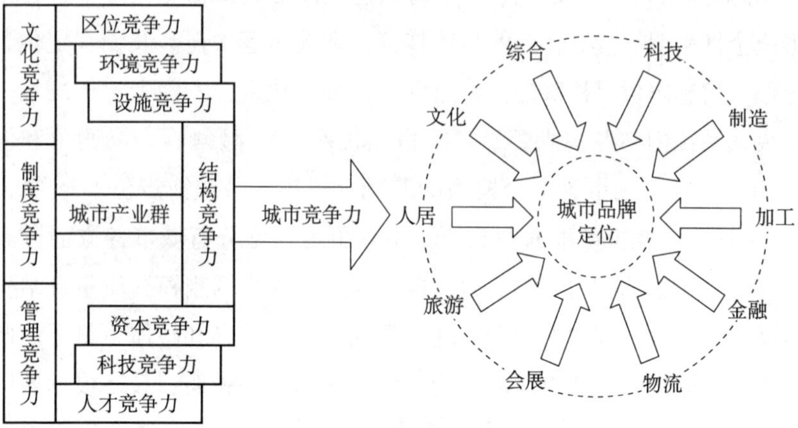

图1－7　城市品牌定位的弓弦箭模型

资料来源：马聪玲，倪鹏飞．城市旅游品牌：概念界定及评价体系［J］．财贸经济，2008（9）：124－127.

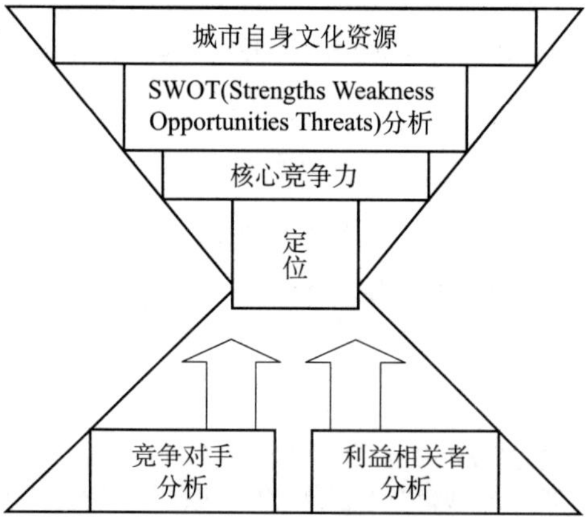

图1－8　基于城市文化资源的城市品牌定位沙漏模型

资料来源：罗纪宁，彭颖．城市文化资源与城市品牌定位［J］．上海城市管理，2017（3）：11－17.

① 罗纪宁，彭颖．城市文化资源与城市品牌定位［J］．上海城市管理，2017（3）：11－17.

3. 城市品牌定位研究方法

城市品牌定位的研究方法主要分为定性研究和定量研究两种。这两种研究方法都是从城市内在资源属性及外在目标受众偏好的角度出发开展研究的①。

在定性研究法中，城市品牌定位最常用的技术方法主要有因子分析法、模糊综合评价法和灰色关联分析法。因子分析法和模糊综合评价法一般都是从城市品牌定位因子的选取开始，在确定影响城市品牌的因子后，运用不同的统计分析法进行品牌因子分析，将城市资源与竞争对手城市的资源进行比较，从而总结出城市的竞争优势；最后对目标顾客群体的需求进行分析，确定城市目标市场的选择，综合给出城市品牌定位。两种方法的区别在于，因子分析法侧重于对城市品牌资源进行分析，而模糊综合评价法侧重于城市品牌受众的主观感受②。国外研究注重技术方法的选择和数据的运用，使定位过程更具备科学性和持久性。因此，国外学者非常注重城市品牌定位的具体案例研究，原因在于：其一，城市的特点千差万别，城市品牌的发展也各有千秋；其二，案例的研究是提取一般理论的前提，不断丰富的案例研究是一般理论产生的基础。基于以上两点，对案例的研究十分必要，它将有助于透过城市品牌定位的复杂现象发现其本质规律③。

定量研究法主要指通过收集城市数据信息，利用数理统计的方法对城市品牌资产进行评估，通过分析城市的优劣势、长短处，再进行品牌定位。国内学者主要以某个具体的城市为研究对象，构建城市品牌资源体系，对其城市品牌进行实证分析，利用因子分析法和比较分析法阐述研究对象的城市品牌资源的优势所在，并与竞争对手的城市品牌资源进行比较④。但国内的城市品牌定位研究常常是由当地官员或者某个规划专家“拍脑袋”决定，其定位的过程具备极强的不确定性和易改变性。

---

①②④ 杨媛媛．城市品牌定位方法研究［J］．中国市场，2014（51）：57－59.

③ 吴伟，代琦．国外城市品牌定位方法述要［J］．城市问题，2010（4）．

城市品牌定位作为城市品牌最为重要的一部分，在西方国家已经有了很大的发展，对于高速发展的中国而言，城市品牌定位研究也同样处于快速发展的阶段，有着很强的实践需求。在这种背景下，进一步深入研究城市品牌定位理论，将有利于更为理性地对待和把握城市品牌，有利于我国城市品牌理论体系的完善，使城市日趋富有魅力。

三、城市品牌形象

最早提出城市形象的是凯文·林奇（1960），他认为城市形象主要构成要素包括路、边、区、节点、标示等方面，并强调城市形象是通过人的综合感受而获得的。在此基础之上，诸多学者对城市品牌形象展开了研究和探讨①。Ashworth 等（1990）提出，城市形象是经过长期、综合的宣传与沟通所获得的结果，一经形成就很难被复制或模仿，并区分了城市的营商形象、人居形象和旅游形象及不同侧面形象的度量②。Kotler 等（1993）指出，城市形象是信念、观点和印象的总和，是大量相互关联的城市信息的精练和简化，是人们加工和提炼城市大量原始数据的产物③。

我国学者也对城市品牌形象进行了很多研究，如张卫国等（1999）指出，城市品牌形象是城市给予人们的综合印象和观感，即城市这一客观事物在人们头脑中的反映④。张宏（1999）则认为，城市形象是人们对城市的看法和评估，是城市与人们之间形成的一种心理关系，城市形象建设应包括硬件和软件两部分，其中硬件部分包括城市布局、城市建筑、城市道路、园林绿化、环境卫生、城市色彩等，软件部分包括城市经济、政府行为、市民素质、干群关系、社会治安等⑤。张明亮等（2002）将企业形象

① 李慧．城市品牌营销理论的新发展［J］．商业经济研究，2010（11）：22-23.

②③ 谢平楼．城市营销的几个基本问题［J］．市场研究，2010（3）：43-46.

④ 张卫国，何宛夏．城市形象设计理论探讨［J］．重庆大学学报（社会科学版），1999，5（3）：128-130.

⑤ 张宏．世纪之交的大连城市形象建设［J］．大连大学学报，1999（1）：39-43.

的三大识别系统（MI、VI、BI）嫁接到城市识别系统中，认为城市导入CIS就是综合运用MI、VI和BI系统，向城市内外部传递城市品牌形象的相关信息，加深人们对城市品牌的认知和认同，提升城市在人们心目中的地位①。孙湘明、徐鸣（2006）等对城市品牌系统的架构进行了初步分析，认为城市品牌系统不同于一般意义上的CI战略、城市文化、地域形象，创立中国型的城市品牌战略理论应以当代CI理论为基本构架，根据城市品牌固有的基本特征，设计和推广新的识别系统，即从精神识别、行为识别、视觉识别三个系统进行设计和推广②。黄景清（2003）认为，城市形象是人们对城市的综合印象和观感，是人们对城市价值评判标准中各类要素的综合性的特定共识。他把城市形象分为狭义和广义两种，狭义城市形象是指城市形象识别设计，广义城市形象是指对现有城市环境、城市活动、城市构成、城市规模等要素的总体概括③。高秉元（2008）从层次定位分析、USP定位分析、情感传播定位分析、文化定位分析、个性特色定位分析五个角度构建了城市形象的定位分析框架④。王卫平、王亚荣、单颖（2010）以成功案例为参照并与品牌战略理论相结合，对南通城市品牌的定位及推广对策进行初步探析，以推动城市品牌理论的应用⑤。李璇（2011）运用市场营销的相关理论对城市品牌营销理论及其具体策略进行系统研究，探讨了沈阳市城市品牌未来发展，提出应打造具有沈阳特色的城市品牌，塑造鲜明的城市形象⑥。宋奕勤等（2012）认为，城市品牌形象的符号化传播着要眼于城市发展的总体利益，科学地进行规划、设计与实施，其根本目的是建立和提升城市的知名度和美誉度，从而提高城市综合竞争能力⑦。周潇斐（2013）从城市品牌视觉形象识别系统的起源、发展、现状入手，

---

① 张明亮，梁国付．城市生态基础设施建设需关注［J］．城市开发，2002（12）：16－18.

② 孙湘明，徐鸣．浅析城市品牌系统架构［J］．建材世界，2006，27（6）：93－95.

③ 黄景清．城市营销100［M］．海天出版社，2003.

④ 高秉元．运城市城市品牌营销探讨［J］．新西部月刊，2008（4）：94.

⑤ 王卫平，王亚荣，单颖．南通城市品牌的战略定位及推广对策探析［J］．江苏商论，2010（5）：128－130.

⑥ 李璇．沈阳市城市品牌策略研究［D］．沈阳理工大学硕士学位论文，2011.

⑦ 宋奕勤，张媛．城市品牌形象的符号化传播应用研究——以湖北省城市品牌形象为例［J］．大家，2012（8）：300.

根据具体案例分析了目前中国城市品牌视觉形象识别系统中的问题，并在此基础上提出解决方案①。刘文忠（2013）以城市品牌形象学科交叉的特点入手，以城市CI、城市营销、城市规划等学科理论与城市品牌形象的关系为切入点，结合城市品牌形象实体的本质与核心，提出了城市品牌形象的二维说、三维说和五维说。杨明、李震镐（2013）认为，城市品牌属于一种有形的视觉城市资源，形成对城市外部商业化发展品牌资产②。为了确保城市竞争力，城市政府通过利用视觉形象推出品牌战略的方式宣传城市地区的历史、文化和天然资源，推广该地区的发展概念，树立良好的城市形象。徐燕（2014）以旅游城市品牌形象为切入点，认为旅游城市品牌形象是城市在旅游市场上及在旅游者心中所展现出的个性特征，它体现了旅游者对城市品牌的评价与认知，同时指出城市品牌形象主要包含品牌识别的有形内容和无形内容③。胡东（2015）在探讨区域品牌形象从何而来时指出，区域品牌形象是对区域文化特质的挖掘和再现④。邓钰莹（2017）结合多个城市旅游视觉形象系统设计案例，从视觉传达理论视角出发，探究城市品牌视觉形象系统建立应遵循的原则和具体设计应用⑤。Manyiwa 等（2018）基于斯洛伐克布拉迪斯拉发市的 107 名居民和 100 名来自该市的游客的问卷，采用偏最小二乘结构方程建模（PLS-SEM）方法进行数据分析，比较了城市感知品牌形象对两个群体（当地居民和游客）的情感依恋的影响。结果表明，情感城市形象对居民对城市的情感依恋影响大于游客⑥。

---

① 周潇斐. 国内城市品牌视觉形象识别系统研究［J］. 文艺生活·文艺理论，2013（8）：38-39.

② 杨明，李震镐. 城市品牌视觉识别（VI）的研究——城市形象设计分析［J］. 美术大观，2013（12）：120.

③ 徐燕. 旅游城市的城市品牌形象设计与传播［J］. 湖湘论坛，2014，27（3）：81-84.

④ 胡东. 区域品牌形象从何而来——以北京怀柔区为例［J］. 新闻与写作，2015（5）：89-91.

⑤ 邓钰莹. 城市旅游品牌视觉形象系统设计探究［J］. 美与时代（城市版），2017（10）：83-84.

⑥ Manyiwa S，Priporas C V，Xuan L W. Influence of perceived city brand image on emotional attachment to the city［J］. Journal of Place Management & Development，2018，11（3）.

目前理论界关于“城市形象”的理解中较有代表性的有两种：一种是从地理范围和行政区划的角度来考察城市形象，延伸出“地区形象”“区域形象”等概念；另一种是把城市形象作为独立的主体来进行研究①。由于指涉视角不同，对城市形象的理解主要从其客体属性和主观属性两个维度展开，继而引申出“城市实体形象”“城市真实形象”“城市虚拟形象”“城市媒介形象”等概念。通过对“城市形象”的定义和理解，可以认为城市形象是城市长期积淀起来的社会公众对它的稳定印象和整体评价，也可以简单概括为城市总体的特征和风格。城市形象的集中表现就是城市品牌或者说城市形象品牌，城市形象是城市品牌的载体之一②，城市品牌是城市形象中最具有特色的内容，打造独特的城市品牌是城市形象塑造的重要手段。

四、城市品牌评价

随着城市品牌在城市管理中越来越流行，学者们对城市品牌的研究也越来越深入，有关城市品牌的评价指标和测量方法也引起了越来越多的关注。笔者以现有城市品牌评价方法的特点和不足为出发点，整体上从城市品牌评价和城市品牌价值评价两个部分来梳理城市品牌评价指标体系的发展，最后对《品牌评价 城市》的国家标准及应用项目做简单的介绍。

1. 城市品牌评价指标

Simon Anholt（2006）建立了城市品牌的“六边形”模型③，如图 1 – 9 所示。模型认为，城市品牌应该通过以下六个方面进行衡量：地位（the Presence），即该城市的国际地位和威望；地理位置（the Place），即人们对

---

① 张露．我国城市形象的整合营销传播研究［D］．中南大学硕士学位论文，2013.

② 李小霞．试论城市品牌与城市形象塑造［J］．沈阳大学学报（自然科学版），2008，20（5）：53 – 56.

③ 胡晓云，章喆．城市品牌化的方向——“自定义式”要素指标体系研究［J］．广告大观（理论版），2008.

每个城市的自然地理方面的认知；潜力（the Potential），即该城市在经济和教育等方面为旅游者、商人和移民者提供的机遇；活力（the Pulse），即充满活力的城市生活方式的吸引力；人（the People），即人组成了城市，该指标衡量的是对该城市的市民的印象；基础设施（the Prerequisites），即对该城市基础品质的认知。E. Richard Gold 的“*Intellectual architecture as place brand*”（《知识体系作为地区品牌》）一文虽未提出完整的指标体系，但提出了将知识体系——“指一系列可以引发某地知识、文明和科学创新的人、机构、规则和实践[①]。它是人口创造力，当地综合大学、学校、公司和政府的运营，知识产权法律法规的效用、合同、税收和人们交流（或不交流）知识、表达和信仰的方式的综合”——作为地区品牌建设的要素之一，这一要素在知识经济及信息时代具有重要的借鉴意义。Brenda 和 John（2005）将伯明翰和英格兰两座城市作为案例，用两个一般品牌模型，即 Keller 的品牌报告卡以及 Chernatony 和 Riley 的双旋涡模型和旅游业分解模型（Jafari 模型），对城市品牌进行了分析[②]。Laaksonen 等（2006）则采用焦点小组座谈法对城市形象进行访谈研究，探索人们心目中对城市形象的主观描述，并提出了一个“四维（自然、产业、文化、建设环境）三层（观测层、价值层和环境层）”概念模型[③]。Larsen 和 Gert（2015）认为现有模型偏向于特定的利益相关者的利益和文化世界观，从而容易产生不一致和矛盾。他们通过对选定范围的城市排名指数的 473 项指标进行基础分析，确定了 37 个项目类别，并通过扎根理论文本验证过程，提出了总共 16 个评估维度的假设[④]。最后，他们指出城市的评估不仅是比较研究的起点，也是城市品牌定位的起点，还是城市定位策略实施进度的持续衡量标准。

---

① 胡晓云，章喆．城市品牌化的方向——“自定义式”要素指标体系研究［J］．广告大观（理论版），2008.

②③ 王勇．城市品牌研究述评［J］．商业研究，2012（4）：74－81.

④ Larsen H G. A hypothesis of the dimensional organization of the city construct. A starting point for city brand positioning. ［J］. Journal of Destination Marketing & Management，2015，4（1）：13－23.

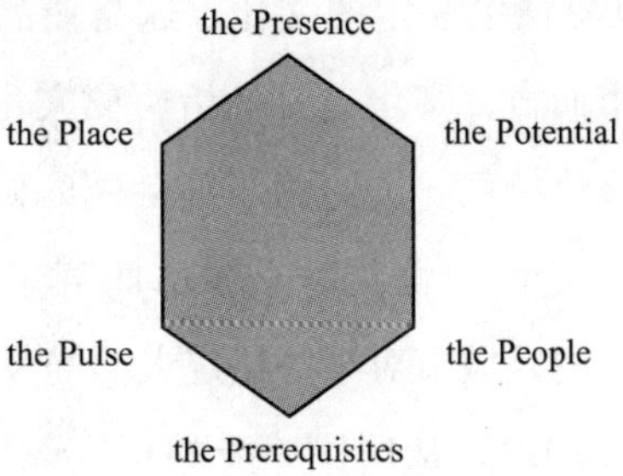

图 1－9 Simon Anholt 的城市品牌“六边形”模型

方丽（2005）基于目标受众的角度，构建了城市品牌要素指标体系。她认为城市品牌要素指标体系由经济要素、环境要素、人居要素和政府要素四个子系统构成，每个子系统下面包含多个主题层，采用问卷调查法和线性加权法对城市品牌进行了评价，并对贵阳城市品牌进行了实证分析①。王颖聪（2008）运用模糊评价原理与层次分析法（IAHP），构建了一个城市品牌的评价指标体系。作者根据对影响城市品牌因素的分析，综合地反映城市品牌的各项指标，利用层次分析法，从品牌属性、利益、价值、文化、个性和用户六个方面来构建城市品牌评价指标体系②。他认为，城市品牌是蕴含城市独特个性及受众效用的城市名称和标志，是构成城市的各种因素之总和在城市公众心目中的总体印象和实际评价，是城市性质、功能和文明的外在表现。

王颖聪认为，在指标体系的六个方面中，品牌属性是消费者判断是否接受商品的第一要素。对于城市品牌来说，这是它所反映出来的一个城市的基本面貌，如城市规模、生活水平、工作效率等。品牌利益在很大程度上受制于品牌属性，而属性需要转换成品牌消费者功能和情感利益，也就是一个城市对投资者、游客和其他潜在客户所能够带来的各种利益，如良好的投资环境、完善的公共配套设施、便利的交通条件等。品牌还体现了拥有者的某些价值观，具体体现在一个城市的诚信建设、安全状况、产品

① 方丽．城市品牌要素研究及实证分析［D］．西南交通大学硕士学位论文，2005.

② 王颖聪．城市品牌模糊综合评价模型初探［J］．商场现代化，2008（36）：393－394.

质量等方面①。品牌也象征了一定的文化，这是使品牌得到市场认可的重要因素。对于一个城市而言，文化主要是指历史文化脉络以及能够凝练并反映城市传统特征的文化特色。不同的品牌会使人们产生不同的品牌个性联想。品牌还代表了一定的个性。对于城市而言主要是指一个城市的特色，城市品牌用户体现的是城市对某些特定人群的吸引力。

张炳发、张艳艳（2010）从居民感受的角度设计了14个方面114个有关居民感受的问题，采用问卷形式调查了济南市居民感受情况，运用SPSS软件包11.5版本先对数据进行描述性统计分析，之后采用主成分分析法进行因子分析，提取关键因子，并对关键因子重新命名，构建了涵盖8大方面共26个关键因子的城市品牌评价指标体系②，如表1－1所示。

表1－1　城市品牌评价指标体系

一级指标	二级指标	指标含义
教育	市民素质	一般市民和窗口服务人员的综合素质
	重点学校	省级重点及知名学校
	特殊大众教育	特殊人群和广泛人群教育
文化科技	科研投入及环境	科研活动投入及其发展环境
	道德观念和法制意识	文化底蕴中的法制和道德观念
	消费和商业理念	消费和经商理念
	企业创新和人才	对待科技创新企业和高技术人才的积极态度
购物饮食	购物场所	丰富的农产资源和广泛的购物场所
	购物环境	饮食购物环境、配套设施以及服务人员素质
	饮食特色	饮食文化和特色饮食
	酒店餐馆	高低档、大小型餐馆酒店
医疗	老年和大众医疗	老年人的基础医疗服务如便民诊所、福利院、老年公寓，科普活动
	医院和药店	重点医院、知名医院及便民大药房
	医疗服务	医疗服务状况
住房	住房水平	居民住房的综合环境
	房源和找房	居民找房住的机会和渠道以及政府解决住房问题的积极作为
	住房配套设施	住房基础设施的配套
交通	公交设施	优越的地理交通位置和良好的路面交通
	公交服务	完善的公共交通配套体系

① 王颖聪．城市品牌价值与品牌资产关系初探［J］．企业经济，2008（12）：41－43.

② 张炳发，张艳艳．基于居民感受的城市品牌评价指标体系构建［J］．统计与决策，2010（9）：60－62.

续表

一级指标	二级指标	指标含义
休闲娱乐	人文自然环境	良好的风土、人文、自然环境
	视觉运动和娱乐	为市民提供视觉体验和享受的电影院、电视频道、运动场馆、娱乐场所等
	空气水源质量	空气水源的质量等级
	免费休闲服务	免费展览以及免费公园广场
政府服务	政府形象	政府工作人员素质、工作效率和作风
	工作环境	广阔的工作发展空间和舒适的工作环境
	社会治安	稳定安全的社会治安状况

资料来源：张炳发，张艳艳．基于居民感受的城市品牌评价指标体系构建［J］．统计与决策，2010（9）：60－62.

盛楠翔（2011）基于区域品牌与“政府—企业—消费者”三方关系模型，以品牌要素作为一级指标，政府—企业—消费者作为二级指标，42 项要素作为最终的三级指标，构建了区域品牌评估体系的指标框架①，如表 1－2 所示。

表 1－2 区域品牌评估体系指标

一级指标	二级指标	三级指标
品牌定位	政府因素	政策支持
		行业推动
	企业因素	品牌命名
		品牌标识
		市场性质
	消费者因素	目标消费者的消费水平
		消费认知
品牌运作	政府因素	发展产业
		行业推动
	企业因素	营销策略
		行销范围
	消费者因素	迎合消费者的需求的空间
		目标销售群的人口比重
品牌延伸	政府因素	发展产业
		行业推动
	企业因素	延伸策略
		延伸产品
		品牌核心价值
	消费者因素	消费需求

① 盛楠翔．城市区域品牌评估体系的研究［D］．上海交通大学硕士学位论文．2011.

续表

一级指标	二级指标	三级指标
品牌联想	政府因素	政策支持
	企业因素	品牌个性
		媒体宣传
	消费者因素	品牌形象
		品牌记忆
品牌忠诚度	政府因素	政府/权威机构认可
	企业因素	产品质量
		品牌美誉
	消费者因素	品牌在同行业中的地位
		消费者价值观
		消费者对于品牌的喜好
品牌知名度	政府因素	发展产业
		政府/权威机构认可
	企业因素	品牌个性
		媒体宣传
		企业形象
	消费者因素	消费认知
		品牌认可
品牌支持与保护	政府因素	政策支持
		投资支持
	企业因素	标识注册
		防止假冒
	消费者因素	支持产权保护

资料来源：盛楠翔．城市区域品牌评估体系的研究［D］．上海交通大学硕士学位论文．2011.

韩玉（2013）构建的休闲旅游城市品牌营销评价体系有品牌建设、品牌传播、品牌管理三个系统层，涉及九个领域，共33个指标，从政府统计数据和游客感知数据两个角度对城市品牌营销进行了评价①，如图1－10所示。

柳舒（2016）在传统的城市品牌指标体系基础上，结合生态位态势理论，构建了城市品牌适宜指标体系，如表1－3所示。她将城市品牌适宜指标分为城市品牌的态和势，将城市品牌生态适宜程度作为评价和衡量城市品牌的基准。该评价基准能够全面、系统地对城市品牌的发展进行整体评价，体现某城市品牌在一定系统中与其他品牌的相对地位与作用，同时为

① 韩玉．休闲旅游城市品牌营销评价体系研究［J］．北方经贸，2013（6）：92－94.

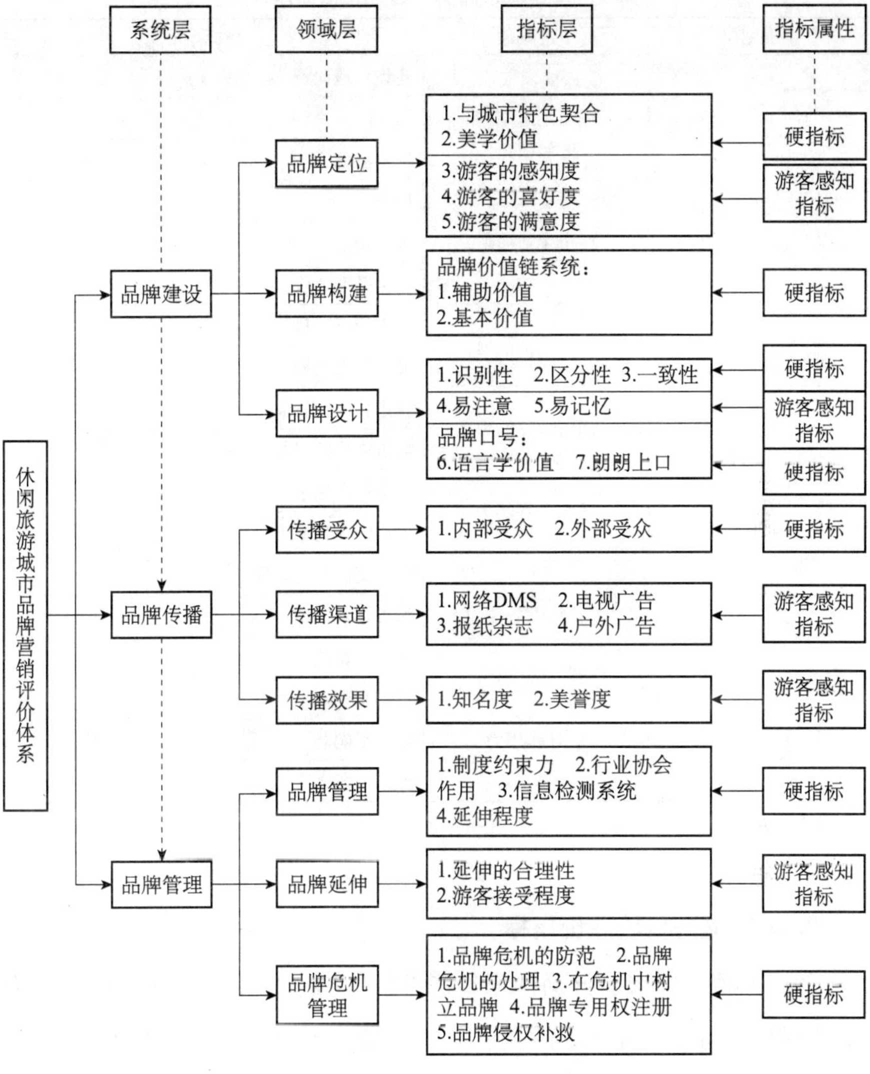

图1-10 休闲城市品牌营销效果评价指标体系

资料来源：韩玉．休闲旅游城市品牌营销评价体系研究［J］．北方经贸，2013（6）：92-94.

城市制定整体的扩张发展策略提供依据①。

① 柳舒．城市品牌生态适宜指标体系构建［J］．合作经济与科技，2016（16）：34-35.

表 1－3　城市品牌生态适宜指标体系

主准则层	子准则层	指标层
态	城市生态结构	建设用地比重
		NDVI
		地表温度
	城市生活质量	HDI
		人口密度
		住宅基准地价水平
	城市经济活力	城市经济总量
		城市经济结构
势	创新学习能力	城市科研创新能力
		城市文化学习能力
	扩张发展能力	城市信息化水平
		城市全球化水平
	可持续发展能力	城市资源消耗程度
		城市环境质量
		城市协调能力
	对外作用力	城市知晓度
		城市影响能力
		城市经营水平

资料来源：柳舒．城市品牌生态适宜指标体系构建［J］．合作经济与科技，2016（16）：34－35.

2. 城市品牌价值评价指标

2005 年底，国家统计局国家经济景气监测中心在“2005 中国自主创新·品牌高层论坛”上发布的《中国城市品牌经济状况报告》中首次提出了“中国城市品牌经济评估指标体系”，该指标体系包括资源评价、产业评价、企业评价、政府评价、城市特性 5 个一级指标，在一级指标下又选取了 25 个与建设城市品牌经济联系最密切的二级指标。随后，国内城市品牌研究的潮流开始转向城市品牌价值的评测。目前比较有代表性的研究成果主要是中国社会科学院财经战略研究院的倪鹏飞博士联合国内著名高校、国家权威统计部门和地方科研院所近百名专家完成的《中国城市竞争力报告 NO. 5》。该报告将“品牌，城市最美的风景”作为主题，在参照国内外城市品牌研究文献的基础上，概括出一般性的城市品牌化战略方法，并从功能感知和情感体验两个角度，设计了包含70多项三级指标的城市品牌指标体系。该报告构造了城市品牌指数，即社会公众对城市品牌形象的主观认知和综合评价，根据多项调研所得的数据，对50个中国城市的总品牌指数、子品牌指数进行了规范的定量比较研究[①]。王钏（2005）构建了城市品牌资源指标体系，对上海城市品牌定位做了实证分析，采用了主成分分析法和比较分析法阐述了上海城市品牌资源的优势所在，并与竞争对手的城市品牌资源做了相应的比较[②]。杜青龙（2004）认为城市的品牌价值是客观存在的，通过合理的指标选取是可以进行量化评估的。他从品牌的政治价值、经济价值、社会价值、品牌自身价值四个方面建立了城市品牌测评体系[③]。冯蓬蓬（2006）通过对中国的各个城市进行对比发现，很多城市拥有的品牌分布领域不尽相同，影响品牌价值的因素主要包括资源、产业、企业、政府和城市特性五个方面，并提出对于城市品牌资产的评价可以采取市场调查法，也可以采取专家判断法来进行评价[④]。李江虹等（2006）建立的城市品牌价值评估指标体系由三个子系统构成，即城市品牌的基础价值评估、城市品牌的推动价值系统、城市品牌的目标价值，分13个主题层、76个具体评价指标[⑤]。其中，城市品牌的目标价值又根据城市对不同消费者需求的满足分为城市品牌的居住价值、投资价值、旅游价值和企业价值四个部分。李雪敏（2015）认为城市品牌资产的存在以其价值的存在为前提，她综合考虑城市品牌资产的主、客观因素之间的相互联系、相互作用，在此基础上构建出六维两层共30个具体指标的城市品牌资产评价体系[⑥]，如表1－4所示。除此之外，北京国际城市发展研究院于2007年9月的第四届中国城市论坛北京峰会上发布了《中国城市品牌价值报告》，并首创中国城市品牌价值指数体系，包含“宜

① 马聪玲，倪鹏飞．城市旅游品牌：概念界定及评价体系［J］．财贸经济，2008（9）：126－129.

② 王钏．城市品牌定位研究［D］．上海财经大学硕士学位论文，2005.

③ 杜青龙．中国城市品牌理论研究与实证分析［D］．西南交通大学硕士学位论文，2004.

④ 冯蓬蓬．城市品牌营销理论与实证研究［D］．吉林大学硕士学位论文，2006.

⑤ 李江虹，王方华．城市品牌的衍生及其内涵［J］．市场营销导刊，2006（3）：37－39.

⑥ 李雪敏．城市品牌资产评估体系构建研究［J］．财经理论研究，2015（2）：103－112.

居、宜业、宜学、宜商、宜游”5个一级指标和15个二级指标，如表1－5所示，以此来判断和衡量城市品牌的价值[①]。在对全国287个地级以上城市品牌价值进行了系统分析后，得出的2007年中国城市品牌价值排行榜如表1－6所示，其中北京市、上海市、深圳市、广州市、南京市、杭州市、青岛市、成都市、宁波市和苏州市居中国城市品牌价值指数排名前十位。

表1－4 城市品牌资产评价指标体系

评价目标	第一层次指标	第二层次指标
城市品牌资产（C）	自然地理环境（C_1）	空气质量达标天数（C_{11}）（天）
		水资源总量（C_{12}）（亿立方米）
		城市建设用地面积（C_{13}）（平方公里）
		全年年均降水量（C_{14}）（毫米）
	经济环境（C_2）	地区生产总值（C_{21}）（万元）
		全社会固定资产投资额（C_{22}）（万元）
		二、三产业增加值占GDP比重（C_{23}）（%）
		城市居民人均可支配收入（C_{24}）（元）
		人均地区生产总值（C_{25}）（元）
		地方财政总收入（C_{26}）（万元）
		外贸进出口额（C_{27}）（万元）
	人居社会环境（C_3）	城市人口密度（C_{31}）（人/平方米）
		人均公共绿地面积（C_{32}）（平方米/人）
		每万人拥有医生数（C_{33}）（人）
		人均住房面积（C_{34}）（平方米/人）
		城市污水处理率（C_{35}）（%）
		城市人均道路面积（C_{36}）（平方米/人）
	历史文化环境（C_4）	文物古迹、历史建筑数量（C_{41}）（处）
		公共图书馆藏书总量（C_{42}）（万册）
		普通高等学校数量（C_{43}）（所）
		教育行业从业人数（C_{44}）（万人）
		每万人拥有在校大学生人数（C_{45}）（人）
		剧场、博物馆数量（C_{46}）（个）
	政府形象（C_5）	政府的服务质量（C_{51}）（分）
		政府的工作效率（C_{52}）（分）
		政务的公开透明度（C_{53}）（分）
		政府的清正廉洁度（C_{54}）（分）
	城市品牌形象（C_6）	城市品牌知晓度（C_{61}）（分）
		城市品牌美誉度（C_{62}）（分）
		城市品牌忠诚度（C_{63}）（分）

资料来源：李雪敏．城市品牌资产评估体系构建研究［J］．财经理论研究，2015（2）：103－112.

① 中国城市品牌价值指数体系［J］．领导决策信息，2007（35）：4－5.

表 1－5 中国城市品牌价值指数体系

评估子系统	系统诠释	核心指标
宜居	“宜居”是指适宜居住。在城市品牌的树立和建设过程中，城市的管理者首先需要做的是尽可能提供最好的公共服务，使选择在本地居住的人感到越来越舒适	人均绿地面积、生活垃圾无害化处理率、住房成本收入比、人均铺装道路面积和每万人拥有公共汽车数等
宜业	“宜业”是指适宜就业。如果没有稳定的工作和收入，城市居住者的幸福就缺乏起码的物质基础；如果城市不能提供更多的就业机会，其品牌价值也就无从谈起	职工平均工资、城镇登记失业率和低保覆盖率等
宜学	“宜学”是指适宜发展。经济增长并不是城市发展的最高目标，人的发展才是城市发展的最高要求。每个人的全面发展是当代中国城市价值系统的最高价值目标	每万人拥有在校大学生人数、每百名初等教育在校生配备专职教师数、每百万人拥有公共图书馆藏书数等
宜商	“宜商”是指适宜投资。经济是城市发展的动力源，良好的投资环境是城市经济发展与社会进步的重要前提条件，我们用“宜商”来概括城市的这一重要特质	人均 GDP、GDP 增长率、社会消费品零售总额、固定资产投资总额和全国驰名商标数等
宜游	“宜游”是指适宜旅游。促进城市旅游业发展是加快实现城市现代化的战略组成部分，城市是否“宜游”是影响城市品牌价值的关键因素	“世界遗产”个数、星级以上饭店数、拥有中国“地理标志”产品数等

资料来源：中国城市品牌价值指数体系［J］．领导决策信息，2007（35）：4－5.

表 1－6 2007 年中国城市品牌价值排行榜（前 10 名）

排名	城市	品牌价值指数	宜居指数	宜业指数	宜学指数	宜商指数	宜游指数
1	北京市	36.149	－1.081	4.858	11.096	10.183	2.750
2	上海市	33.847	－2.65	4.496	11.47	12.244	0.477
3	深圳市	30.329	8.763	4.143	5.305	4.801	0.318
4	广州市	20.351	1.497	3.907	3.861	6.052	0.338
5	南京市	20.102	0.979	2.787	7.314	4.178	0.205
6	杭州市	12.755	－1.25	2.109	4.324	4.288	0.34
7	青岛市	10.585	0.568	0.460	2.621	4.239	0.254
8	成都市	9.509	－1.02	0.930	2.211	3.786	1.407
9	宁波市	9.389	0.227	1.893	1.160	3.810	0.132
10	苏州市	9.199	－1.54	1.262	1.465	5.506	0.384

资料来源：2007 年中国城市品牌价值排行榜［J］．领导决策信息，2007（35）：6－13.

Florek（2015）提出了目的地品牌资产模型及其对城市品牌管理的管理影响。该模型采用基于消费者的方法评估地点/目的地品牌资产，计算了两个波兰城市的品牌资产①。Ahn 等（2016）采用以客户为基础的品牌资产概念来比较其品牌资产模型，结果显示目的地图像属性在三个会议城市中以不同方式影响感知质量，但感知质量不会影响整体品牌资产，它是通过忠诚度而不是评估整体品牌资产的直接影响来加强的②。Molina 等（2017）分析了五个欧洲国家的城市品牌，并比较了在线和离线媒体产生的品牌资产，阐述了旅游经理对于品牌资产最大化在城市品牌认知度、忠诚度以及线下和在线工具之间平衡的相关建议③。

综上所述，国外学者对城市的品牌资产的研究重点在于测量城市品牌资产的效应，对城市品牌资产的形成机理和城市品牌资产的测评研究则相对较少。国内部分学者构建了城市品牌资产的评价体系，但仅是定性分析城市品牌资产的构成和因素，并没有采取科学的评价方法进行具体的定量分析④。因此，有关城市品牌资产的测评研究还有待于进一步深入，今后的研究重点应是建立一个完善的城市品牌资产评价体系，对城市品牌资产做出定量分析，并发掘薄弱环节，为城市品牌管理提供依据。

3.《品牌评价城市》国家标准

品牌是经济发展的重要阶段，品牌价值贯穿经济发展的全过程。在总结计划经济、商品经济、价格经济、市场经济、质量经济品牌价值特点的同时，随着经济全球化和品牌经济阶段的品牌价值不断拓展、延伸⑤，刘平均于 2012 年在其著作《品牌价值发展理论》中首先指出质量和服务应作为品

---

① Florek M. Application of the concept of destination brand equity: the example of two Polish cities [J]. International Journal of Tourism Cities, 2015, 1 (2): 152 - 161.

② Ahn Y, Hyun S S, Kim I. City Residents' Perception of MICE City Brand Orientation and Their Brand Citizenship Behavior: A Case Study of Busan, South Korea [J]. Asia Pacific Journal of Tourism Research, 2016, 21 (3): 328 - 353.

③ Molina A, Fernández A C, Gómez M, et al. Differences in the city branding of European capitals based on online vs. offline sources of information [J]. Tourism Management, 2017, 58: 28 - 39.

④ 陈艺．上海城市品牌定位评价与提升研究［D］．上海交通大学硕士学位论文，2009.

⑤ 彭金平．品牌价值发展理论［J］．中国质量与标准导报，2017（1）：70.

牌价值评价的重要指标。在中美联合提案推动下，全球形成了品牌价值“五要素”（有形资产、无形资产、质量、服务、技术创新）的共识。2014 年 1 月 8 日，国际标准化组织（International Organization for Standardization，ISO）正式批准成立“国际标准化组织品牌评价技术委员会”（ISO/ TC 289）。2015 年 7 月，国家科技计划课题“品牌评价技术标准研制与应用示范”（2015BAK46B00）获中华人民共和国科学技术部正式批准立项。在此基础上，2016 年，国家财政部、国家质检总局批准设立了经济类重大研究项目“品牌价值提升工程”。在中国品牌建设促进会的指导下，人民日报社《中国城市报》、中国标准化研究院等机构共同组建了国家城市品牌评价项目组，以国际共识的品牌评价“五要素”理论为核心，研制了《品牌评价 城市》国家标准，于 2017 年底经国家标准委批准正式颁布实施①。

（1）《品牌评价 城市》评价体系。城市品牌是城市的重要资产。加强城市品牌的培育，提升城市品牌的知名度、美誉度和公信力对于城市的经济和社会发展具有重要意义。开展城市品牌评价是城市品牌培育的一个重要手段。2017 年 12 月 29 日，国家质检总局、国家标准委发布公告，批准并发布《品牌评价 城市》国家标准（以下简称标准）。该标准遵循了品牌“五要素”理论，为上升为世界标准做好准备②。国家质检总局、国家标准委强调，标准是构成国家核心竞争力的基本要素，是规范经济、社会发展的主要技术制度③，是人类交流、交易的通用语言，是实现互惠互利的资源节约性国际活动的核心要素，呼吁各方落实中央精神，加大标准宣传贯彻，推动标准实施，以标准化助力质量品牌提升。标准化专家解树江、常量、蔡华利、郑志受、刘正良、郭新峰等共同研制了《品牌评价 城市》国家标准并分别对其进行了解读。

《品牌评价 城市》基于主动评价理念，按照城市知名度、城市发展实力、城市品牌呈现和城市综合口碑四个维度设计二级指标；在此基础

① 彭金平．品牌价值发展理论［J］．中国质量与标准导报，2017（1）：70.

② 赵海娟．中国经济时报．城市品牌评价 国家标准发布［EB/OL］．http：//jjsb.cet.com.cn/show_ 496397.html，2018.

③ 杨立宏．掌握标准分类 快速检索标准［J］．品牌与标准化，2011（8）：17－18.

上，按照其属性特征归类到有形资产、无形资产、质量、服务和技术创新等品牌要素中；最后利用数学模型定量评价城市品牌综合影响力（见表1－7）。

表1－7 《品牌评价 城市》指标体系

品牌要素	二级指标	城市品牌评价四维度
有形资产	国内生产总值（GDP）	城市发展实力
	国内外上市公司数	城市发展实力
	AAA级以上景区数量	城市发展实力
	获著名建筑奖数	城市综合口碑
	获地理标志产品数	城市综合口碑
	机场、码头、火车站数	城市发展实力
	普通高等学校数	城市发展实力
	省级及以上科研院所数	城市发展实力
无形资产	国家历史文化名城数	城市综合口碑
	国家级文化遗产名录项目数	城市综合口碑
	举办国家级以上节会数	城市品牌呈现
	外来常住人口比例	城市知名度
	城市网站年搜索量	城市知名度
	国家级以上特色品牌数	城市综合口碑
	城市综合信用指数	城市综合口碑
质量	环境空气质量达到或优于二级的优良天数	城市发展实力
	集中式饮用水源地水质达标率	城市发展实力
	森林覆盖率	城市发展实力
	城市建成区绿化覆盖率	城市发展实力
	污水处理率	城市发展实力
	生活垃圾无害化处理率	城市发展实力
	城镇居民人均可支配收入	城市发展实力
	平均预期寿命	城市发展实力
	就业率	城市发展实力
	犯罪率	城市发展实力
	人均GDP	城市发展实力
	重特大安全生产事故数	城市品牌呈现
服务	每千人口医疗卫生机构床位数	城市发展实力
	每万人口全科医生数	城市发展实力
	九年义务教育巩固率	城市发展实力
	学前三年毛入园率	城市发展实力
	每百人公共图书馆藏书量	城市发展实力
	基本社会保险覆盖率	城市发展实力
技术创新	R&D经费支出	城市发展实力
	省部级及以上科学技术奖数	城市发展实力
	国家级高新区和经济技术开发区总数	城市发展实力
	授权专利总数	城市发展实力

资料来源：《品牌评价 城市》（GB/T 35779－2017）国家标准。

城市品牌评价的四维度如下：一是城市知名度，指城市品牌被知晓的程度，从品牌知晓情况、品牌文化设计等方面进行评价；二是城市发展实力，指城市品牌的实力和潜力，从生态、旅游、科技创新、文化等方面进行评价；三是城市品牌呈现，指城市品牌在公众面前的活跃程度，从大型节会、重大事件等方面进行评价；四是城市综合口碑，指以口碑的形式形成的城市品牌形象，从网络搜索、城市品牌荣誉等方面进行评价。

（2）中国城市品牌评价项目。为落实国家经济类重大研究项目“品牌价值提升工程”，人民日报社《中国城市报》、中国标准化研究院质量管理分院等单位共同起草了《品牌评价　城市》国家标准。在标准起草过程中，起草组面向有关部委、有关地市市委书记、市长等多类用户群体征求了多轮意见，并在反复测算的基础上编制完成。该标准的评价指标体系在一级指标方面涉及有形资产、无形资产、质量、服务和技术创新五个方面；在二级指标方面遴选了具有城市品牌特点的37项指标，同时给出了评价数学模型和指标权重。

《中国城市报》牵头向国家信息中心和国家统计局以及相关部委获取了298个地级市的数据，在对数据的有效性和可靠性进行校准的基础上展开城市品牌评价工作，并根据评价结果给出了分值靠前的100个城市名单，如表1－8所示。2018年12月26日，“2018中国城市品牌评价排名试发布（县级市）”在北京举办。相关部门与机构对全国375个县级市37大项数据进行标准化处理，计算出城市品牌影响力指数，发布前100名城市名单，如表1－9所示。

国家城市品牌评价项目组秘书长常量认为，当前，世界进入城市时代，城市进入品牌时代。随着我国进入改革开放新时代，国家提出新发展理念，强调高质量发展，而品牌就是质量的体现。城市品牌是城市竞争力的制高点。开展城市品牌评价是形势需要，人民期盼，也是落实中央的要求。中国城市品牌评价项目的开展，对于提升我国城市品牌建设能力和建设水平，促进城市和区域高质量发展具有积极的推动作用。

表 1-8　2018 中国城市品牌排名（地级市）

序号	城市	城市品牌影响力指数	序号	城市	城市品牌影响力指数
1	江苏省苏州市	609. 38	41	山东省泰安市	371. 87
2	浙江省温州市	477. 18	42	江西省九江市	371. 83
3	福建省泉州市	466. 32	43	湖北省襄阳市	368. 74
4	广东省佛山市	456. 96	44	广东省汕头市	368. 53
5	江苏省无锡市	449. 88	45	江苏省泰州市	368. 50
6	广东省东莞市	435. 62	46	四川省绵阳市	368. 04
7	浙江省绍兴市	434. 08	47	河南省南阳市	365. 89
8	广东省珠海市	431. 89	48	浙江省舟山市	365. 34
9	浙江省嘉兴市	427. 06	49	安徽省宣城市	365. 02
10	山东省烟台市	423. 00	50	河北省沧州市	365. 00
11	江苏省常州市	418. 83	51	陕西省咸阳市	364. 66
12	海南省三亚市	416. 62	52	河南省许昌市	364. 65
13	湖北省宜昌市	412. 59	53	吉林省吉林市	361. 86
14	江苏省扬州市	410. 63	54	辽宁省鞍山市	361. 65
15	湖南省岳阳市	406. 96	55	福建省宁德市	360. 61
16	江苏省南通市	402. 24	56	陕西省渭南市	360. 09
17	安徽省芜湖市	401. 43	57	福建省南平市	359. 63
18	浙江省金华市	398. 69	58	贵州省遵义市	359. 23
19	江苏省镇江市	396. 13	59	广西壮族自治区柳州市	358. 95
20	河南省洛阳市	392. 48	60	新疆维吾尔自治区克拉玛依市	357. 97
21	山东省威海市	390. 51	61	湖南省常德市	357. 67
22	浙江省湖州市	389. 87	62	山东省东营市	357. 57
23	广东省惠州市	387. 87	63	湖南省湘潭市	357. 56
24	安徽省黄山市	386. 58	64	湖北省荆州市	356. 65
25	陕西省榆林市	384. 00	65	辽宁省锦州市	356. 18
26	广东省中山市	383. 62	66	湖南省张家界市	356. 01
27	内蒙古自治区鄂尔多斯市	383. 01	67	河北省承德市	355. 73
28	浙江省台州市	382. 74	68	山西省长治市	355. 14
29	江苏省徐州市	382. 70	69	湖北省黄冈市	354. 85
30	山东省济宁市	381. 13	70	河北省保定市	354. 80
31	山东省淄博市	380. 74	71	陕西省宝鸡市	354. 65
32	河北省唐山市	380. 52	72	安徽省安庆市	354. 58
33	福建省三明市	380. 14	73	河北省秦皇岛市	354. 20
34	山东省潍坊市	378. 83	74	江西省景德镇市	353. 62
35	福建省漳州市	376. 37	75	甘肃省酒泉市	353. 00
36	河北省廊坊市	376. 16	76	广西壮族自治区玉林市	352. 81
37	福建省龙岩市	375. 04	77	陕西省延安市	352. 64
38	广西壮族自治区桂林市	373. 77	78	山东省莱芜市	352. 46
39	内蒙古自治区包头市	373. 28	79	四川省泸州市	350. 33
40	江西省赣州市	372. 85	80	河南省新乡市	350. 32

续表

序号	城市	城市品牌影响力指数	序号	城市	城市品牌影响力指数
81	山西省大同市	349.60	91	云南省丽江市	339.96
82	安徽省淮南市	349.14	92	河南省焦作市	338.73
83	河南省驻马店市	348.37	93	云南省普洱市	336.25
84	湖南省衡阳市	347.59	94	河南省开封市	335.56
85	四川省南充市	347.00	95	河南省商丘市	335.40
86	山西省晋中市	346.89	96	河北省邯郸市	333.56
87	云南省曲靖市	346.87	97	江西省吉安市	331.71
88	湖北省十堰市	342.16	98	贵州省毕节市	328.95
89	四川省乐山市	342.19	99	宁夏回族自治区石嘴山市	302.85
90	黑龙江省大庆市	339.97	100	西藏自治区林芝市	290.02

资料来源：搜狐网，https：//www.sohu.com/a/239543639_209019.

表 1-9 2018 中国品牌城市百强 Top30（县级市）

排名	城市	城市品牌影响力指数	排名	城市	城市品牌影响力指数
1	江苏省昆山市	651.95	16	江苏省海门市	472.19
2	江苏省江阴市	597.76	17	福建省石狮市	471.23
3	福建省晋江市	595.79	18	云南省大理市	468.71
4	江苏省常熟市	583.65	19	浙江省海宁市	468.31
5	江苏省宜兴市	581.7	20	四川省都江堰市	468.07
6	江苏省张家港市	578.72	21	江苏省丹阳市	466.79
7	浙江省义乌市	576.38	22	山东省莱州市	465.78
8	江苏省太仓市	549.33	23	福建省南安市	464.44
9	浙江省慈溪市	544.58	24	湖南省浏阳市	463.54
10	山东省龙口市	531.11	25	山东省蓬莱市	463.46
11	浙江省诸暨市	524.77	26	甘肃省敦煌市	463.36
12	江苏省如皋市	509.64	27	浙江省温岭市	461.6
13	山东省荣成市	492.99	28	山东省曲阜市	459.91
14	浙江省余姚市	482.74	29	福建省福清市	458.87
15	河北省迁安市	479.97	30	福建省武夷山市	454.02

资料来源：搜狐网，http：//www.sohu.com/a/285007945_99901338.

综上可以发现，目前对于城市品牌评价的研究主要集中在实践领域，相关机构从不同目的出发推进了各自的城市品牌评价工作，而理论界的研究还十分有限，仅有的研究也大多针对特定城市而进行。从目前已有的评价方法看，主要有两种视角：一个是顾客视角，另一个是城市视角。现有评价方法，尤其是国内机构和学者的研究，从城市视角进行城市品牌评价的研究居多[①]。城市品牌评价指标维度的确定主要有两种研究方法：一种是完全基于已有研究得出，如国际城市品牌指数是基于已有的国家品牌指数基础上针对城市的特点对国际品牌指数指标进行调整后得到[②]；另一种是在已有研究基础上，设计调查问项和问卷，然后通过大样本调查进行因子提取得到。从现有各种城市品牌测评模型的具体二、三级维度指标分析，可以发现目前城市品牌评价的研究主要集中于城市资源如何或者顾客对城市资源的评价如何[③]。通过对现有指标体系所包含维度的对比分析可以发现，各种评价方式不仅所使用的维度和指标各不相同，而且对于相同指标的理解和测度方式也不同。不同评价方法由于侧重点不同、研究对象不同所使用的评价指标和维度也各不相同[④]，缺少一个系统整合的城市品牌评价模型。

《品牌评价　城市》国家标准的出台，正好提供了一个一般性的城市品牌评价体系，这无疑对我国城市品牌评价的实践具有重要指导意义。城市管理者需要理解，城市品牌评价的目的不是进行城市的品牌排名，而是通过对城市顾客的了解来指导城市品牌建设的实际，帮助其更好地建设、管理和提升城市品牌。要做到这一点就必须要明确城市顾客是如何看待城市品牌的，他们在评价城市品牌时关注什么，这就需要从城市顾客出发明确城市品牌概念及测评维度。但是，从对现有评价方法的研究视角、研究方法等的分析可以发现，已有城市品牌评价方法主要从城市内部视角出发，基于理论或已有的一些研究得出基本评价维度，忽视了顾客品牌感知来源的研究。因此，在未来的研究中需要从顾客访谈入手，通过对广泛公众的调查，找到顾客感知和评价城市品牌的维度，以此来帮助城市管理者正确认识和管理城市品牌。

五、城市品牌策略

城市品牌作为城市区分自己和创造有吸引力形象的工具变得越来越重

①② 郝胜宇．国内城市品牌研究综述［J］．城市问题，2009（1）：23－28.

③④ 郝胜宇．城市品牌评价方法的对比分析及启示［C］．工程和商业管理国际学术会议．2012.

要。城市之间的竞争正在加剧，因为它们的目标是吸引相同的目标群体，以便通过接受高学历人才、企业和资金来发展当地经济。在这种竞争环境中，强大的城市品牌是一个重要的差异化因素。因此，城市依据自身条件制定正确的城市品牌策略，以创建强大的城市品牌的重要性愈加明显。

1. 城市品牌塑造

Ahn 等（2016）扩展了汉金森（2012）提出的品牌定位模型，并进行了品牌定位的实证研究。他指出，成功的城市品牌建设需要建立在城市当局与内部利益相关者之间就城市的特征和核心价值达成共识的基础上①。内部利益相关者的参与是长期创建一致城市品牌的重要决定因素。Milewicz（2016）考察了私营部门利益相关者对城市品牌架构和整体战略性城市品牌管理的看法，还考察了私人利益相关者对影响城市单一品牌标识成功的因素的看法，以及对整体战略性城市品牌管理的具体潜在结果的看法。在所有利益相关者中，居民被认为是城市中最具影响力的目标群体，因为他们不仅是公民，而且在建立稳固的品牌和担任城市大使方面发挥着关键作用②。Toros（2017）制定了一个有效的衡量标准来衡量公民城市的满意度，并通过使用在尼科西亚和凯里尼亚两个城市生活或工作的 8 名居民对这一规模的因素进行排名，然后对这两个城市进行比较和分析③。

罗月领（2007）指出城市品牌的这一心理生成过程受诸多要素的影响，主要包括城市本身所具有的信息源、信息接受者的认知和信息传播途径三个方面的因素，城市品牌的塑造也主要是通过改变这三种因素而实现的④。马瑞华（2007）从经济学和城市竞争力的角度出发，对城市品牌塑

① Ahn Y, Hyun S S, Kim I. City Residents' Perception of MICE City Brand Orientation and Their Brand Citizenship Behavior: A Case Study of Busan, South Korea [J]. Asia Pacific Journal of Tourism Research, 2016, 21 (3): 328-353.

② Milewicz C, Griese K M, Alexandrov A. An international examination of private sector perspectives on city brand architectures [J]. Place Branding & Public Diplomacy, 2016, 13 (3): 1-18.

③ Toros E, Gazibey Y. Priorities of the citizens in city brand development: comparison of two cities (Nicosia and Kyrenia) by using analytic hierarchy process (AHP) approach [J]. Quality & Quantity, 2017 (4): 1-25.

④ 罗月领. 城市品牌的理论初探 [J]. 天水行政学院学报, 2007 (4): 9-11.

造展开了研究，构建了城市品牌引力模型，研究投资者和消费者的行为模式，找到影响投资者和消费者的关键因素，进而实现提升城市品牌吸引力的目的①。张燚等（2007）重点研究了城市品牌塑造的影响因素及互动关系，从主体和客体两个维度对影响城市品牌塑造的因素进行划分，认为城市品牌塑造过程就是城市根据自身的资源优势和条件，突出特色，落实定位，培育优势，满足利益相关者的价值需求和期望，优化和提升城市利益相关者体验，最终建立一个具有很强吸引力的、令人满意和舒适的城市，而利益相关者的愉悦和满意度体验又会进一步促进城市建设，他们设计了“城市品牌塑造过程及主客体因素间的互动关系模型”②。刘丽等（2007）结合品牌城市理论和创意产业集群理论，提出北京要建设成为创意产业品牌城市，需要解决营造创意产业集群的基础条件、创意产业环境的基本建设和创意产品品牌建设三个方面的问题③。田书芹、王东强（2008）借鉴国内外大城市品牌形象塑造的经验，得出关于城市品牌形象塑造的经验和误区，并归纳出城市品牌形象塑造的基本原则④。范小军（2008）遵循“提出问题—演绎城市品牌问题的产生—提出城市品牌塑造的基本理论—构建城市品牌的价值评估体系—以实例对城市品牌塑造及评估理论进行实证分析”的模式进行了研究⑤。王卫东（2009）以“创新城市管理，提升城市品质”为目标，从塑造城市品牌、提升城市魅力、发展城市文化、凝练城市精神四个方面，提出了城市品质、塑造城市品牌的创新思路和对策措施⑥。李娇（2009）运用传播学的相关知识，以“城市文化品牌”的塑

① 马瑞华．城市品牌与城市竞争力机制研究［D］．山东大学博士学位论文，2007.

② 张燚，张锐．城市品牌塑造的影响因素及互动关系研究［J］．经济问题探索，2007（3）：38－42.

③ 刘丽，何有缘．创意产业品牌城市的建设——以北京市为例［J］．科学与社会，2007（4）：38－41.

④ 田书芹，王东强．会展业：提升城市品牌形象竞争力的平台［J］．浙江旅游职业学院学报，2008（4）：34－38.

⑤ 范小军．城市品牌塑造机理：成就卓越城市品牌的原理和方法［M］．西南财经大学出版社，2008.

⑥ 王卫东．塑造城市品牌提升城市品质——基于宁波市的实证分析［J］．浙江万里学院学报，2009，22（1）：69－73.

造与传播为切入点，首次综合引入城市 CCIS 理论与品牌传播理论，对如何塑造和传播城市文化品牌进行了深入分析和研究[①]。肖文金（2011）认为，我国新型城市化进程中可选择的城市品牌发展模式主要有地理型品牌发展模式、历史文化型品牌发展模式、城市产业型发展模式及城市功能型发展模式四种，在实施路径上应坚持：调查研究—筛选评价—提炼设计—实施建设—全程营销思路，建议新型城市化中打造城市品牌时要多元整合、重点突破、合力推进[②]。刘建梅（2012）从城市品牌成长机理和培育路径两个方面分析了“科技北京”品牌建设。她认为，在城市品牌成长机理方面，政府、企业和行业协会在“科技北京”品牌建设中均具有独特的作用，是“科技北京”品牌成长的关键因素[③]。吴绪东、张明坤（2012）运用营销学、经济学和管理学知识，对体育赛事和城市品牌理论进行了综合研究，认为体育赛事对城市品牌的塑造具有积极的作用[④]。李艳芳（2013）运用传播学的相关理论对城市品牌形象塑造和传播进行了研究，探讨了媒介环境下塑造城市品牌形象的途径与方法[⑤]。周月容（2013）着重讨论发展文化创意产业与城市品牌塑造的关系，为以文化创意产业构建城市品牌提供了理论基础[⑥]。赖素贞（2014）指出目前城市品牌塑造过于功利化等，在进行准确城市定位、建立 CIS 系统、整合营销传播的策略后编制战略规划、形成整体景观，为城市品牌塑造提供了一定的理论指导[⑦]。

石磊、刘蓉洁、朱庆伟（2007）在对城市品牌的构成和内涵进行深入

---

① 李娇．我国城市文化品牌的塑造与传播研究［D］．中南大学硕士学位论文，2009.

② 肖文金．城市品牌战略与我国新型城市化进程［J］．求索，2011（6）：82－84.

③ 刘建梅．城市品牌成长机理与培育路径研究——以“科技北京”品牌建设为例［J］．城市发展研究，2012，19（9）：135－137.

④ 吴绪东，张明坤．论体育赛事对城市品牌的塑造［J］．河北体育学院学报，2012，26（1）：15－17.

⑤ 李艳芳．媒介环境下的城市品牌形象塑造探析［J］．广州广播电视大学学报，2013（6）：81－84.

⑥ 周月容．深圳文化创意产业对构建城市品牌的影响及对策［J］．决策与信息旬刊，2013（8）：190－191.

⑦ 赖素贞．基于文化视角的城市品牌塑造［J］．闽南师范大学学报（哲学社会科学版），2014，28（4）：35－39.

分析的基础上，提出一种由考察城市的各个发展力要素，城市品牌定位，城市 CI 设计、营销和城市品牌管理构成的城市品牌塑造思路①，如图 1－11 所示。张锐（2007）把影响城市品牌形成的因素划分为主体和客体两个方面。其中，“主体”因素包括城市的经济环境、科教环境、政治法律环境、城市规划与自然环境等；“客体”因素指城市品牌塑造的受众因素，包括内部利益相关者和外部观者，并绘制了相应的模型②，如图 1－12 所示，反映了城市品牌塑造过程与主体和客体因素间的互动关系。王勇（2012）构建了一个低碳城市品牌创建的模型，如图 1－13 所示。其运营机制是：低碳生态的品牌理念→低碳城市品牌战略→低碳城市品牌策略→低碳城市品牌评估与维护→重新确立理念的过程③。

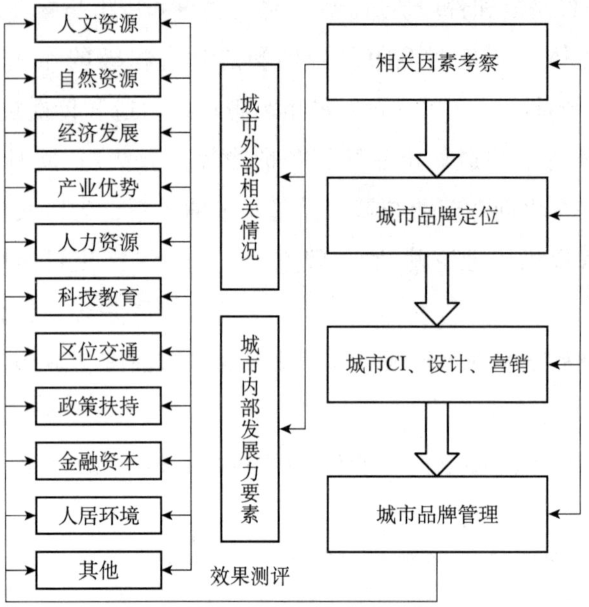

图 1－11　城市品牌塑造系统

资料来源：石磊，刘蓉洁，朱庆伟．城市品牌的塑造［J］．城市问题，2007（5）．

---

① 石磊，刘蓉洁，朱庆伟．城市品牌的塑造［J］．城市问题，2007（5）．

② 王勇．城市品牌研究述评［J］．商业研究，2012（4）：74－81．

③ 王勇．低碳城市品牌创建的机理及模型的构造［J］．科技管理研究，2012，32（12）：45－50．

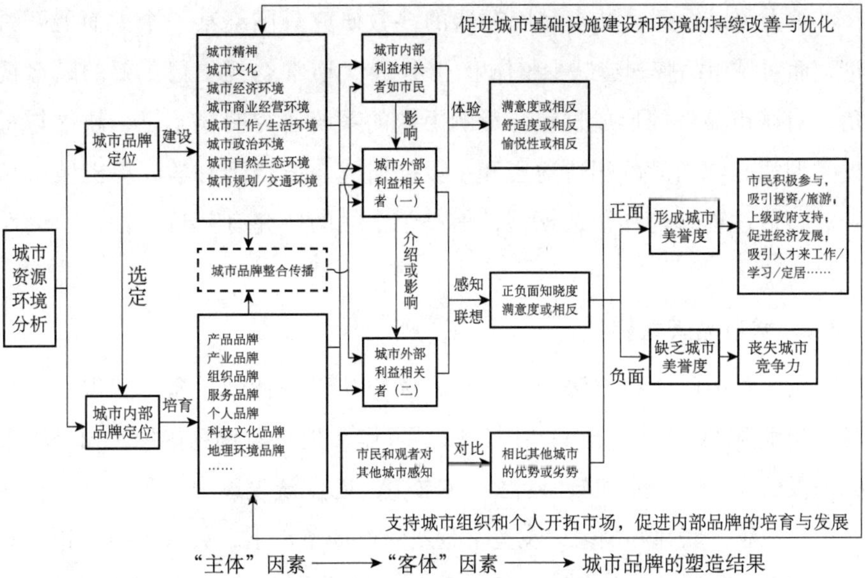

图1－12　城市品牌塑造过程及主体和客体因素的互动关系模型

资料来源：张燚，张锐．城市品牌塑造的影响因素及互动关系研究［J］．经济问题探索（3）：42－46.

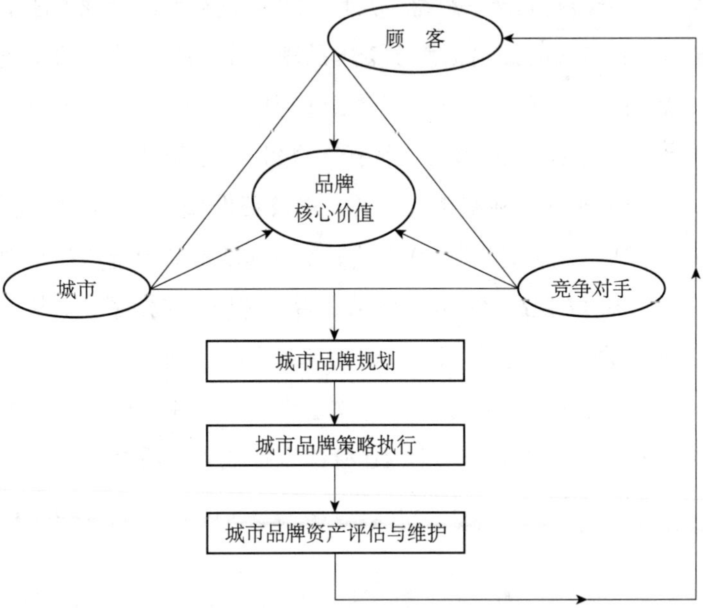

图1－13　低碳城市品牌创建模型

资料来源：王勇．低碳城市品牌创建的机理及模型的构造［J］．科技管理研究，2012，32（12）：45－50.

综上可以看到，城市品牌塑造的多数研究只围绕某一个方面展开讨论，而对城市品牌塑造缺少整体上的研究①，通常忽视了很重要的顾客视角，对城市品牌的形成过程与影响因素的系统研究明显不足，缺乏与每种类型相匹配的品牌塑造途径和手段的研究。虽然已有学者提出城市品牌的塑造过程理论和塑造模型，但基于个案的研究有其特殊性，理论性不足。

2. 城市品牌营销

城市营销理念和方法的进一步完善归功于科特勒、海德和雷恩等学者。20 世纪 90 年代，他们共同出版了著作《地点营销：国家、州、城市如何吸引投资、产业和旅游者》。在书中，地点被表述为一种产品，包括城市、地区、联邦和国家，在竞争激烈的市场条件下，如果不被营销，则面临着发展停滞不前的危险。1997 年，科特勒和桑占德·加图斯利皮塔克及苏维特·米辛西合作出版的另一本著作《国家营销——创造国家财富的战略方法》，则为城市营销提供了更为直接的依据。在书中，他们表述了国家可以像一个企业一样来经营，并且可以从战略市场管理方法中得到益处②。城市品牌概念的提出则源于美国品牌专家 Keller 教授的研究，他曾在著作《战略品牌管理》中这样描述：地理位置或某一空间区域像产品和服务一样，也可以成为品牌城市营销的终极目标是为城市创造出独特的品牌资产，使城市拥有一种垄断性资源，能够帮助城市在竞争中获得优势。Moilanen（2015）比较研究了 10 个欧洲城市的城市品牌推广过程中面临的挑战，并基于对 17 位高级城市品牌从业者的访谈，确定了几大挑战：大量利益攸关方、关键利益相关者对品牌的理解有限、利益相关者之间有限的内部支持、难以获得足够的资金、总体缓慢和时间相关的挑战、组织问题和缺乏领导权、营销传播活动中的运营级别挑战以及将品牌标识转化为产品体验、监测不力导致的态势感知能力差③。Castillo-Villar（2016）认为城

① 李慧．城市品牌营销理论的新发展［J］．商业经济研究，2010（11）：22－23.

② 陈转青．城市品牌营销策略研究［J］．江苏商论，2008（7）：110－112.

③ Moilanen T. Challenges of city branding：A comparative study of 10 European cities［J］. Place Branding & Public Diplomacy，2015，11（3）：216－225.

市标志一直是城市品牌推广的一个主要工具，以促进城市独特的形象①。然而，全球化的兴起反映出一系列关于当代城市偶像的强烈困境，因为它们在世界范围内以标准化的方式被复制，而与当地环境没有任何联系。通过对墨西哥蒙特雷市当地居民进行的城市图标视觉辅助的30次深入访谈，调查结果表明，当地居民对当代城市偶像的接受程度取决于他们与当地身份最具代表性的方面的关系以及他们产生积极体验的能力。结果表明，未来的城市标志应该有利于当地的身份和当地居民之间的自由共存，而不是有吸引力的视觉设计和私人空间。Hudak（2015）提供了四种理论原则和实践来指导城市品牌的交流方法②。具体而言，从理论上讲，探讨了城市的不同声音如何构建公众对城市品牌形象和品牌认同的看法，以及提供营销人员可以用来参与、邀请、倾听和诠释"阅读"的概念方法。这些话语和叙述揭示了城市关键属性的独特含义。借助利科的叙事理论，豪瑟从城市品牌的社会空间角度研究对公众和文学的看法，侧重于叙事与公众对共享社会空间的象征意义之间的辩证关系。通过探讨公共话语和叙述如何形成，增强和传达城市的关键含义，以及营销人员如何识别和整合这些理解来传播城市品牌，并补充当前的城市品牌文献。然后探讨宾夕法尼亚州匹兹堡的话语和叙述的案例研究，以发掘市场的关键隐喻。增强和传达城市的关键含义，以及营销人员如何识别和整合这些理解来传达城市品牌。Kavaratzis（2017）通过城市旅游目标和外向品牌推广工作来协调居民的观点和城市的内部视角，研究了地方品牌形成的新颖理解以及如何受到目的地的影响③。

黄景清（2003）认为，城市营销是指把市场经济中的营销意识、营销机制和营销方式等理念和手段运用到城市建设和管理上，其对象包括城市中的土地、基础设施、生态环境、文物古迹、旅游资源等有形资产，以及

① Castillo-Villar F R. Urban icons and city branding development [J]. Journal of Place Management & Development, 2016, 9 (3): 255 -268.

② Hudak K C. Dahntahn discourses and neighborhood narratives: Communicating the city brand of Pittsburgh, Pennsylvania [J]. Place Branding & Public Diplomacy, 2015, 11 (1): 34 -50.

③ Kavaratzis M. The Participatory Place Branding Process for Tourism: Linking Visitors and Residents Through the City Brand [J]. 2017.

依附其上的名称、形象、知名度和城市特色文化等无形资产[①]。余明阳等（2005）将城市品牌整合营销传播分为城市品牌对内传播和城市品牌对外传播，提出对内传播的目标就是将本市的发展方向、城市精神、价值观、行为规范、法规政策等传播给全体市民，以增强市民的认同感，促进市民对城市品牌建设的参与度；对外传播的目标是促使优秀人才、投资者、旅游者、外来者、中央政府或地方政府对城市形成从知名到完整认知、造就期望的联想、产生城市偏好、累积强化城市品牌拉力、提升原有的品牌体验，进而达到城市品牌塑造的目标[②]。孙琳琳等（2005）探讨了城市品牌传播过程中，在传播地位、传播对象、传播内容及传播手段方面存在的五大误区[③]。张燚和张锐（2006）认为，城市建设者应向城市利益相关者提供持续的、值得信赖的、有关联的个性化承诺，以提高城市利益相关者对城市的认同效应和满意度[④]。陈跃兵（2010）认为，城市品牌营销是通过一定的物质或行为营销使外部社会（包括政府、企业、消费者、社会组织）对该地产生感性或理性认知，使之形成一定的情感评价与思维取向，从而引导社会公众行为（如投资、消费选择等）趋利于该地区的活动过程[⑤]。胡鸿影（2013）从成都模式中对城市品牌营销与品牌形象理论、市场营销理论和公共关系理论三者的关系做了更加深入的思考[⑥]。梁玉梅（2013）基于顾客的视角，深入分析了湛江城市品牌建设和推广过程中存在的问题，最终提出建设性的建议。[⑦] 屈援、胡运（2013）认为，城市品牌营销就是构筑一个城市的特有精神内涵，其核心在于发现自身的资源优势，并通过市场化的运作手段达到城市形象宣传和品牌推广的目的。

① 黄景清．城市营销 100［M］．海天出版社，2003.

② 余明阳，姜炜．城市品牌的价值［J］．公关世界月刊，2005（3）：26－27.

③ 孙琳琳，霍泓．论城市品牌形象传播中的几个误区［J］．理论界，2005（3）：111－112.

④ 张燚，张锐．城市品牌论［J］．管理学报，2006，3（4）：468－476.

⑤ 陈跃兵．城市品牌“人性设计”的含义、要求与路径探析［J］．江苏科技信息：科技创业，2010（5）：17－18.

⑥ 胡鸿影．关于城市品牌营销的思考——以成都市为例［J］．沈阳工程学院学报（社会科学版），2013，9（4）：481－483.

⑦ 梁玉梅．基于受众视角的湛江城市品牌建设存在问题及对策研究［J］．企业导报，2013（18）：99－100.

城市品牌的传播与沟通，涉及广告、公共关系、直销、销售促进、人员推销等多种推广手段，其中也包括主题口号、歌曲、体育赛事、大型活动、品牌形象大使等常用沟通工具①。吴保春（2017）提出了应坚持文脉、第一法则、需求三大主要法则，力争拓展城市品牌营销实操研究新领域②。

陈转青（2008）指出，城市要想成功地实施品牌营销，应从以下几方面入手：政府正确的政策引导、转变城市营销理念，强化城市品牌意识、进行准确的城市品牌定位、建立城市品牌的视觉识别设计系统、建立城市品牌危机管理体系③。翟拏云（2008）对深圳实施品牌策略进行 SWOT 分析，提出城市品牌营销的具体问题，以品牌效应推动深圳城市经济进一步发展。④ 史蕾琦、王燕茹（2012）认为，文化创意作为城市品牌营销的核心要素和原创力时代的核心竞争力，在城市品牌营销中起着不可小觑的重要作用⑤。张丽（2015）对新机遇期下的重庆做了 SWOT 分析，分别从目标市场、城市核心价格、城市定位、城市形象传播四个方面提出了重庆城市品牌营销的相关策略⑥。李玉秀（2017）以泉州为例，对其城市品牌营销策略做 SWOT 分析⑦，提出泉州城市品牌营销策略的构想，为“一带一路”节点城市品牌营销提供可能的借鉴。张任（2017）从淮南市城市品牌形象定位出发，分析淮南市城市品牌形象构建中存在的问题，并提出相应的改进建议⑧。李传桐、王悦（2018）认为，烟台市应抓住机遇，加大财政投入力度、政策支持力度，健全城市建设融资机制，进一步完善公共基

---

① 屈援，胡运．城市品牌营销初探［J］．中国商论，2013（18）：19－20.

② 吴保春．建筑艺术在城市品牌营销中的应用探究［J］．广西民族大学学报（哲学社会科学版），2017（3）：179－183.

③ 陈转青．城市品牌营销策略研究［J］．江苏商论，2008（7）：110－112.

④ 翟拏云．深圳城市品牌营销策略分析［J］．商场现代化，2008（12）：117－118.

⑤ 史蕾琦，王燕茹．文化创意产业与城市品牌营销的研究——以无锡市为例［J］．现代城市研究，2012（8）：95－99.

⑥ 张丽．“一带一路”、长江经济带战略下重庆城市品牌营销策略探析［J］．品牌（下半月），2015（7）.

⑦ 李玉秀．“一带一路”节点城市品牌营销策略研究——以泉州市为例［J］．科技和产业，2017，17（2）：4－8.

⑧ 张任．品牌学视角下的淮南市城市品牌形象建构［J］．视听，2017（5）：277－278.

础设施，提升城市功能，制定清晰的城市品牌战略，深入挖掘历史文化内涵，完善城市品牌的相关管理机制，走可持续发展的城市品牌发展道路[①]。李殊颖（2018）认为，从“5W”模式出发，分析城市品牌传播的要素和城市品牌传播策略[②]。

作为产品，城市依靠独特的促销和事件，依靠市场上的流行趋势吸引顾客。城市品牌传播是联结城市、城市管理者以及所有社会成员的重要桥梁，为品牌与顾客建立起一种情感上的沟通和联系。城市借助各种营销活动、媒体以及其他顾客的口碑等向顾客传达城市精神、城市特色等信息，这些信息作用于城市的认识结构，使人们认识城市，在头脑中形成对这个城市的印象和联想，并且在这种印象和联想下，认知到城市能给自己带来的效用，最终选择那些能够实现自我价值的提升、角色定位、群体的融入、自我认同等的城市[③]。因此，在城市营销过程中，必须注重规划和建设经济性、文化性、人文性的城市品牌，要求处于城市营销主导主体地位的城市政府对城市资源进行市场化运作，根据城市功能对城市环境的要求，对构成城市空间、城市功能和城市文化载体的各种要素进行资本化的市场集聚、重组和运营，以此实现这些资源资本在容量、结构、秩序和功能上的最大化与最优化，从而实现城市建设投入和产出的良性循环和城市的可持续发展[④]。

城市营销的目的是改善城市环境，提升城市形象，创立城市品牌，以吸引更多的要素和资源向城市集中，最终促进城市全面和可持续发展。其终极目标在于实现或提供公共价值，然而公共价值不可能单凭理性供给或市场力量所能达成。因此，这种价值蕴含于城市产品与城市顾客的关系之中，蕴含于城市发展和竞争的过程之中，而且实现公共价值的过程往往也表现为公共价值与私人价值的正向激励与博弈过程，这种激励和博弈也是

---

① 李传桐，王悦．烟台市城市品牌建设研究［J］．山东工商学院学报，2018，32（144）：10－16.

② 李殊颖．“5W”模式下的城市品牌传播策略分析［J］．新闻研究导刊，2018（5）：88.

③ 郝胜宇，白长虹．从顾客视角建设城市品牌［J］．城市发展研究，2008（1）：60－62.

④ 朱璇．城市品牌策略研究［D］．山东大学硕士学位论文，2008.

城市营销的核心动力所在。更进一步讲，是为了提升城市价值和城市竞争力。从逻辑上分析，城市价值和城市竞争力直接决定于城市品牌的影响力，要求有相应的城市环境，包括硬件环境和软件环境，而这些城市环境是可以在城市营销过程中创造出来的。因此，城市营销就是要创立城市品牌，营销城市功能，提升城市价值①。

3. 城市品牌管理

城市品牌创立之后并不意味着此项工作就结束了，要使一个城市品牌存在得更持久，更有生命力，城市品牌的管理与维护等必不可少。

凯勒教授认为品牌危机很难管理，因为危机中有太多的变数。正如斯蒂芬·金指出，品牌的周期性衰退是不可避免的。约翰·菲利普·琼斯认为，品牌像动物和植物一样，也会经历一个出生、成长、成熟和衰退的过程。导致品牌化城市周期性衰退或贬值的原因主要有两个：一个是品牌化城市缺乏动力，未通过不断创新来提高其核心竞争力；另一个是新的品牌化城市出现。在一个经济体内，存在城市与城市之间的竞争。在竞争压力下，新的品牌化城市必然出现，其出现意味着新的商机或投资机会，从而产生新的品牌噪声吸引投资者和消费者②。

Florek（2015）采用单个案例研究方法作为分析方法，阐述了城市管理者在寻求衡量品牌效力的标准时应考虑的三个重要因素：品牌实施的有形和无形影响之间的联系；诸如针对城市更新的部门战略对城市品牌的溢出效应，反之亦然；并采用三重时间制度在短期、中期和长期内衡量有助于品牌战略的项目的影响③。梁中国（2002）指出城市品牌管理不是一朝一夕的短期工作，而是一项长期的战略，需要经过不懈地塑造与不断提升才能形成。左辅强（2004）指出，城市品牌管理就是运用最简单、最高效的系统方法，调适城市的核心价值和市场需求，注重城市信誉，争取民众支持，塑造共同愿景，增加体验机会，从而将此价值优势整合转化为具体

---

① 朱璇．城市品牌策略研究［D］．山东大学硕士学位论文，2008.

② 王勇．城市品牌研究述评［J］．商业研究，2012（4）：74－81.

③ Florek M. Rethinking Brand Equity—Possibilities and Challenges of Application to Places［M］// Rethinking Place Branding. 2015.

有效的商业认知模式，创造城市市场化运作的价值最大化①。刘彦平（2006）认为品牌管理要居安思危，重视危机管理，要有制度保障，应规范监督，实时监测评估，进行持续改进②。于宁（2007）从城市品牌资产的角度论述了城市品牌资产的开发、评估及维护。他指出，应该从政府、行业协会及企业三个层面对城市品牌资产进行维护③。政府层面的维护策略主要包括以下几点：建设制度环境、提升政府形象、建立监控系统、设立危机处理机构、构建法律保护。行业协会层面的维护策略包括以下几点：行业协会监管、制定产业标准、注册城市的产业品牌。企业层面的维护策略包括以下几点：提高企业产品品牌价值、加强企业间的协同效应、壮大产业集群的规模。曹邦宇（2009）指出，品牌维护分为两种形式：保守性维护和积极性维护。保守性维护包括品牌危机处理和常规品牌维护，要求城市维护正常秩序、良好运转。积极性维护包括管理创新、形象更新定位的修正和科技革命等，要求城市不断发掘新内容，引进新思想，不断创新④。马建宏（2010）认为城市品牌的建设与管理是一项长期性、系统性的工程，无论是城市品牌的实践者还是研究者，都需要冷静思考、谨慎操作，不断适应城市品牌发展的需要，积极推动城市品牌的持续、健康发展⑤。刘程（2014）认为城市品牌管理是一个连续性、系统性的工程，包括理论建设、流程设计、考察定位、系统运营、后期维护等诸多环节⑥。近年来，我国有关于城市品牌管理的相关理论与实践都有着突飞猛进的长足发展，但城市品牌还存在诸多问题：缺乏理论指导、城市品牌设计粗糙、缺乏内涵与特色、定位模糊、城市品牌缺乏系统化运营、职能缺位、城市品牌维护缺乏持续性、文化氛围不够、市民参与不足。

可见，城市品牌建设要有风险意识，重视品牌维护，加强城市品牌风

① 左辅强．城市经营的品牌战略研究［J］．重庆大学学报（社会科学版），2004，10（4）：15－17.

② 刘彦平．城市品牌化：让名城涅磐重生［J］．中国市场，2006（24）：70－71.

③ 于宁．城市品牌定位研究［J］．市场营销导刊，2007（Z1）：49－53.

④ 曹邦宇．城市品牌营销的基础理论与营销策略［J］．江苏商论，2009（23）：36－36.

⑤ 马建宏．国内城市品牌管理现状分析及对策［J］．现代企业，2010（10）：39－39.

⑥ 刘程．城市品牌管理研究［J］．辽宁行政学院学报，2014，16（10）：18－19.

险管理就是要求城市品牌管理者（或管理机构）对风险进行识别、衡量、分析，并在此基础上有效地处置风险，以最低成本实现对城市品牌最大安全保障的一整套的科学管理方法。既要重视城市品牌正面宣传，也要建立健全城市品牌风险机制，加强城市品牌风险管理就是要从城市品牌风险管理的全过程来加以管理①。

作为一个城市发展的重要内容，国内外学者就城市品牌策略进行了大量研究，形成了一定的理论基础和应用成果。综合以上文献，国外学者大多基于品牌理论研究城市品牌策略，把城市品牌作为一个公司来分析，从品牌塑造、营销和管理的视角出发，选择具体的城市品牌创建的案例来进行分析，应用性较强。从最初的企业参与、目标受众的视角，到产业的视角再到将城市品牌作为一个生态系统来研究，城市品牌策略的研究视角不断开阔，学科的综合程度不断加强，学者愈加注重其系统性研究，这也是需要深入研究的领域。

参考文献

[1] Aaker D A. Managing brand equity [M]. Simon and Schuster, 2009.

[2] Baldinger A L, Rubinson J. Brand Loyalty: The link between attitude and behavior [J]. Journal of Advertising Research, 2006, 36 (6): 22 -35.

[3] Belloso J C. The city branding of barcelona: A success story [M] // Dinnice K. City Branding. Palgrave Macmillan, 2011.

[4] Braun E, Kavaratzis M, Zenker S. My city—my brand: The role of residents in place branding [J]. Journal of Place Management & Development, 2013, 6 (1): 18 -28.

[5] Carlos J. Torelli, Aysegul Ozsomer, Sergio W. Carvalho, Hean Tat Keh, Natalia Maehle. Brand concepts as representations of human values: Do cultural congruity and compatibility between values matter [J]. Journal of Marketing, 2012 (76): 92 -108.

① 王勇．城市品牌研究述评［J］．商业研究，2012（4）：74 -81.

[6] Castillo-Villar F R. Urban icons and city branding development [J]. Journal of Place Management & Development, 2016, 9 (3): 255 -268.

[7] Dinnie K. Introduction to the theory of city branding [M] //Dinnie K. City Branding. Palgrave Macmillan, 2011.

[8] Dinnie K. City branding [M]. Palgrave Macmillan, 2011.

[9] Florek, Magdalena. Application of the concept of destination brand equity: The example of two Polish cities [J]. International Journal of Tourism Cities, 2015, 1 (2): 152 -161.

[10] Florek M. Online city branding [M] //Dinnie K. City Branding. Palgrave Macmillan, 2011.

[11] Freire J R. Branding lisbon—Defining the scope of the city brand [M] //Dinnie K. City Branding. Palgrave Macmillan, 2011.

[12] Grandi R, Neri F. Sentiment analysis and city branding [M] //Catania B, Cerquitelli T, Chiusano S, et al. New Trends in Databases and Information Systems. Springer, 2014.

[13] Green A, Grace D, Perkins H. City branding research and practice: An integrative review [J]. Journal of Brand Management, 2016, 23 (3): 252 -272.

[14] Hudak, Clawson K. Dahntahn discourses and neighborhood narratives: Communicating the city brand of Pittsburgh, Pennsylvania [J]. Place Branding and Public Diplomacy, 2015, 11 (1): 34 -50.

[15] Hultman M, Yeboah-Banin A A, Formaniuk L. Demand-and supply-side perspectives of city branding: A qualitative investigation [J]. Journal of Business Research, 2016, 69 (11): 5153 -5157.

[16] Insch A, Bowden B. Possibilities and limits of brand repositioning for a second-ranked city: The case of Brisbane, Australia's "New World City", 1979 -2013 [J]. Cities, 2016, 56: 47 -54.

[17] Jones R. Finding sources of brand value: Developing a stakeholder model of brand equity [J]. Journal of Brand Management, 2005, 13 (1):

10 - 32.

[18] Jrgensen, Have O. Developing a city brand balance sheet-Using the case of Horsens, Denmark [J]. Place Branding and Public Diplomacy, 2015, 11 (2): 148 - 160.

[19] Keller K L. Strategic brand management: Building, measuring, and managing brand equily [M]. Pearson Education, 1998.

[20] Kim S, Moon J, Choe J. Comparison of destination brand equity models of competitive convention cities in East Asia [J]. Journal of Convention & Event Tourism, 2016: 1 - 25.

[21] Klein M, Rumpfhuber A. The possibility of a social imaginary: Public housing as a tool for city branding [M]. Springer, 2013.

[22] Larsen, Gert H. A hypothesis of the dimensional organization of the city construct. A starting point for city brand positioning [J]. Journal of Destination Marketing & Management, 2015, 4 (1): 13 - 23.

[23] Magdalena Florek D M G D, Herezniak M, Anders-Morawska J. City brand strategy evaluation: In search of effectiveness indicators [J]. Journal of Place Management and Development, 2015, 8 (3): 187 - 205.

[24] Middleton A C. City branding and inward investment [M] //Dinnie K. City Branding. Palgrave Macmillan, 2011.

[25] Moilanen T. Challenges of city branding: A comparative study of 10 European cities [J]. Place Branding & Public Diplomacy, 2015, 11 (3): 216 - 225.

[26] Moilanen T, Rainisto S. City and destination branding [M] // How to Brand Nations, Cities and Destinations. Palgrave Macmillan, 2009.

[27] Molina A, Fernández, Alejandra C, Gómez, Mar, et al. Differences in the city branding of European capitals based on online vs. offline sources of information [J]. Tourism Management, 2017, 58: 28 - 39.

[28] Paganoni M C. City branding and new media: Linguistic perspectives, discursive strategies and multimodality [M]. Palgrave Pivot, 2015.

［29］ Plaza B，González-Casimiro，Pilar，Moral-Zuazo P，et al. Culture-led city brands as economic engines：Theory and empirics ［J］. The Annals of Regional Science，2015，54（1）：179－196.

［30］ Raggio R D. Brand value ［M］. John Wiley & Sons，2010.

［31］ Rezvanpour N，Bayat A. Determining effective urban design factors within the branding strategy due to brand city spaces and evaluating city spaces by comparing them to the presented factors. A case study of ChaharBagh Avn，Isfahan，Iran ［J］. Energy Procedia，2017，115：6－17.

［32］ Belabas W，Eshuis J. Superdiversity and city branding：Rotterdam in perspective：The case of Rotterdam ［M］ //Coming to Terms with Superdiversity，2019.

［33］ Toros E，Gazibey Y. Priorities of the citizens in city brand development：Comparison of two cities（Nicosia and Kyrenia）by using analytic hierarchy process（AHP）approach ［J］. Quality & Quantity，2017（4）：1－25.

［34］ Youngjoo A，Hyun S S Y S，Insin K. City residents' perception of MICE city brand orientation and their brand citizenship behavior：A case study of Busan，South Korea. ［J］. Asia Pacific Journal of Tourism Research，2016，21（3）：328－353.

［35］ Zeithaml V A. Consumer perceptions of price，quality，and value：A means-end model and synthesis of evidence ［J］. Journal of Marketing，1988. 52（3）：2－22.

［36］ 艾丰．名牌论［M］．北京：经济日报出版社，2001：508－819.

［37］ 奥美公关．塑造城市品牌形象［J］．国际公关，2012（6）：84－85.

［38］ 曹庆荣，齐立斌，雷军蓉．论体育城市品牌构建［J］．体育文化导刊，2010（1）：18－21.

［39］ 陈建新，姜海．试论城市品牌［J］．宁波大学学报（人文科学版），2004，17（2）：77－81.

［40］ 陈少峰．城市 IP 与城市品牌战略［J］．声屏世界·广告人，

2018 (9): 21.

[41] 陈转青．城市品牌营销策略研究 [J]．江苏商论，2008 (7): 110 - 112.

[42] 范二平．品牌价值提升策略探讨 [J]．企业经济，2013 (1): 21 - 24.

[43] 范小军．城市品牌塑造机理：成就卓越城市品牌的原理和方法 [M]．西南财经大学出版社，2008.

[44] 方丽．城市品牌要素指标体系 [J]．技术与市场，2005 (5): 54 - 56.

[45] 冯林，叶立润．区域品牌与城市品牌内涵及其关系探究 [J]．商业时代，2012 (4): 24 - 26.

[46] 龚艳萍，谌飞龙．品牌价值评估的理论演进与实践探索 [J]．求索，2014 (3): 24 - 30.

[47] 韩玉．休闲旅游城市品牌营销评价体系研究 [J]．北方经贸，2013 (6): 92 - 94.

[48] 郝胜宇，白长虹．顾客视角城市品牌概念模型探析 [J]．城市问题，2008 (5): 16 - 22.

[49] 郝胜宇，白长虹．基于顾客感知的城市品牌建设 [J]．开放导报，2008 (1): 62 - 65.

[50] 郝胜宇．城市品牌评价方法的对比分析及启示 [C] // 工程和商业管理国际学术会议，2012.

[51] 胡晓云，章喆．城市品牌化的方向——“自定义式”要素指标体系研究 [J]．广告大观（理论版），2008 (4): 33 - 44.

[52] 基思·丹尼．城市品牌：理论与案例 [M]．大连：东北财经大学出版社，2014.

[53] 姜智彬．城市品牌的系统结构及其构成要素 [J]．山西财经大学学报，2007 (8): 52 - 56.

[54] 凯文·莱恩·凯勒．战略品牌管理 [M]．中国人民大学出版社，2009.

[55] 李成勋. 关于城市品牌的初步研究 [J]. 广东社会科学，2003 (4)：71－76.

[56] 李传桐，王悦. 烟台市城市品牌建设研究 [J]. 山东工商学院学报，2018，32 (1)：10－16.

[57] 李华君，张婉宁. G20 期间杭州城市品牌符号体系建构——基于杭州城市形象宣传片的内容分析 [J]. 品牌研究，2016 (5)：81－89.

[58] 李慧. 城市品牌营销理论的新发展 [J]. 商业时代，2010 (11)：22－23，50.

[59] 李殊颖. "5W" 模式下的城市品牌传播策略分析 [J]. 新闻研究导刊，2018，9 (5)：88.

[60] 李小霞. 试论城市品牌与城市形象塑造 [J]. 沈阳大学学报 (自然科学版)，2008，20 (5)：53－56.

[61] 李小星. 品牌研究理论回顾与评价 [J]. 中国商界，2009 (6)：166.

[62] 李雪敏. 城市品牌资产评估体系构建研究 [J]. 财经理论研究，2015 (2)：103－112.

[63] 李玉秀. "一带一路" 节点城市品牌营销策略研究——以泉州市为例 [J]. 科技和产业，2017，17 (2)：4－8.

[64] 连玉明. 中国城市品牌价值报告 [M]. 北京：中国时代经济出版社，2007.

[65] 刘程. 城市品牌管理研究 [J]. 辽宁行政学院学报，2014，16 (10)：18－19.

[66] 刘平均. 品牌价值发展理论 [M]. 北京：中国标准出版社，2016.

[67] 刘向晖. 城市品牌体系的构建 [J]. 中国城市经济，2006 (2)：26－29.

[68] 刘晓刚，曹霄洁，李峻. 品牌价值论 [M]. 沈阳：东华大学出版社，2010.

[69] 刘彦平，赵霞. 关于城市营销 [J]. 中国城市经济，2006 (7)：

42 - 44.

［70］柳舒．城市品牌生态适宜指标体系构建［J］．合作经济与科技，2016（16）：34 - 35.

［71］马聪玲，倪鹏飞．城市旅游品牌：概念界定及评价体系［J］．财贸经济，2008（9）：124 - 127.

［72］钱明辉，荀彦忠，李光明．城市品牌化影响因素研究述评［J］．云南财经大学学报（社会科学版），2010，25（1）：58 - 63.

［73］钱明辉，李军．城市品牌化成功要素研究：ISE 概念模型［J］．国家行政学院学报，2010（4）：69 - 73.

［74］乔均．品牌价值理论研究［M］．北京：中国财政经济出版社，2007.

［75］屈援，胡运．城市品牌营销初探［J］．中国商贸，2013（18）：19 - 20.

［76］史蕾琦，王燕茹．文化创意产业与城市品牌营销的研究——以无锡市为例［J］．现代城市研究，2012，27（8）：95 - 99.

［77］宋欢迎，张旭阳．城市品牌形象利益相关者感知度测度［J］．城市问题，2017（5）：26 - 34.

［78］宋欢迎，张旭阳．中国城市品牌形象受众感知评价研究——基于全国 36 座城市的实证调查分析［J］．新闻界，2017（3）：33 - 41.

［79］孙丽辉．国外区域品牌化理论研究进展探析［J］．外国经济与管理，2009（2）：43 - 44.

［80］孙湘明．城市品牌形象系统研究［M］．北京：人民出版社，2012.

［81］孙湘明，徐鸣．浅析城市品牌系统架构［J］．建材世界，2006，27（6）：93 - 95.

［82］王萍萍．城市品牌化路径探析——从城市品牌定位、塑造、营销到管理［J］．城市管理与科技，2015，17（2）：33 - 35.

［83］王仁干．论价值链视角下企业品牌价值提升策略［J］．商场现代化，2010（34）：71.

[84] 王锐．城市品牌资产评价体系研究［D］．武汉理工大学硕士学位论文，2008.

[85] 王淑翠．基于机构品牌理论创建城市品牌——内外结合的平衡视角［J］．中国城市经济，2011（8）：253，255.

[86] 王颖聪．城市品牌模糊综合评价模型初探［J］．商场现代化，2008（36）：393－394.

[87] 王勇．城市品牌研究述评［J］．商业研究，2012（4）：74－81.

[88] 王勇．低碳城市品牌创建的机理及模型的构造［J］．科技管理研究，2012，32（12）：38－43.

[89] 王勇．低碳城市品牌研究综述及模型的构建［J］．现代城市，2012，7（2）：26－28.

[90] 魏然．城市品牌影响力智能评价与优化策略初探［D］．河北师范大学硕士学位论文，2008.

[91] 西蒙安浩．铸造国家、城市和地区的品牌：竞争优势识别系统［M］．葛岩，卢嘉杰，何俊涛译．上海：上海交通大学出版社，2010.

[92] 杨礼茂，程晓珂，李文静．城市品牌建设研究综述［J］．价值工程，2016，35（28）：229－234.

[93] 于宁．城市营销研究：城市品牌资产的开发传播与维护［M］大连：东北财经大学出版社，2007.

[94] 余莎曼，范柳娜，李锋，伍婷婷，丁滇，吴杏荣，俞万源．国内旅游品牌研究综述［J］．国土与自然资源研究，2016（5）：88－91.

[95] 翟拏云．深圳城市品牌营销策略分析［J］．商场现代化，2008（12）：117－118.

[96] 张炳发，张艳艳．基于居民感受的城市品牌评价指标体系构建［J］．统计与决策，2010（9）：60－62.

[97] 张健康等．城市品牌研究［M］．杭州：浙江大学出版社，2013.

[98] 张丽．“一带一路”、长江经济带战略下重庆城市品牌营销策略探析［J］．品牌（下半月），2015（7）：39.

[99] 张露. 我国城市形象的整合营销传播研究 [D]. 中南大学硕士学位论文，2013.

[100] 张罗，王浩. 城市品牌塑造中的主体参与的必要性 [J]. 中国商论，2016 (35): 158-160.

[101] 张任. 品牌学视角下的淮南市城市品牌形象建构 [J]. 视听，2017 (5): 277-278.

[102] 张锐，王红君，张燚，周敏. 城市品牌建设影响因素语言评价信息识别方法 [J]. 中国矿业大学学报，2014，43 (2): 325-332.

[103] 张锐，张燚. 城市品牌：理论、方法与实践 [M]. 北京：中国经济出版社，2007.

[104] 张锐，张燚. 城市品牌理论研究综述 [J]. 商业研究，2007 (11): 79-84.

[105] 张义，宋日辉. 城市品牌创建与品牌营销 [J]. 集团经济研究，2006 (12Z): 183-184.

[106] 张燚. 基于利益相关者价值承诺的品牌价值创造机理研究 [M]. 北京：中国经济出版社，2012.

[107] 张燚，张锐. 城市品牌论 [J]. 管理学报，2006 (4): 468-476.

[108] 张燚，张锐. 城市品牌塑造的影响因素及互动关系研究 [J]. 经济问题探索，2007 (3): 38-42.

[109] 赵凯，谭蓓. 互联网时代下的城市品牌营销策略模型研究 [J]. 现代商贸工业，2018，39 (7): 91-92.

[110] 中国城市品牌价值指数体系 [J]. 领导决策信息，2007 (35): 4-5.

[111] 周玉洁，孙丽辉. 区域品牌研究现状与进展 [J]. 绿色科技，2016 (12): 268-270.

第二章

城市品牌国家标准的指标体系释义

一、关于有形资产的指标

本标准中城市有形资产指城市有实物形态的资产，包括城市经济类指标，交通、旅游、教育等基础设施类指标和知名产品指标等。具体指标包括以下八个：

1. 国内生产总值（GDP）

指标说明：一个国家或者地区所有常驻单位在一定时期内生产的所有最终产品和劳务的市场价值。

指标单位：亿元。

指标性质：正向。

数据周期：评价日前一个自然年。

释义：国内生产总值（GDP）是指在一定时期内，一个国家或地区的经济中所产出的全部最终产品和劳务的价值。

案例：以黑龙江省大庆市为例，2010～2016 年，大庆市 GDP 分别为 2900.06 亿元、3737 亿元、4000 亿元、4185.5 亿元、4077.51 亿元、2983.46 亿元和 2610 亿元，大体上呈现先增加后下降的趋势，特别是在 2015 年出现了断崖式下滑。黑龙江省大庆市是以油田产业为主的资源型城市，在油田减产、国际油价下跌的情况下，大庆的经济数据显示出了其遭受的实实在在的打击。2014 年大庆市政府工作报告中提出的 GDP 预期目标为增长 9%，但实际增速只有 4.5%；而在 2015 年的政府工作报告中，这一目标大幅调低至 1.5%。作为典型的资源型城市，大庆与国内很多资源枯竭型城市一样，终将告别石油，以避免陷入资源依赖陷阱，及时、有效地进行经济转型。但自1960年开展石油大会战以来，在过去的近60年里，大庆享受着“共和国长子”的荣光，并在近十年来以两位数的GDP增速急速前进。但正是由于过度依赖油田，在大庆的三次产业结构中，第二产业占比高达77%，结构性矛盾突出，转型难度较大。数据显示，大庆的服务业占比仅为18.5%，低于全国平均水平29.7个百分点；而在工业结构中，石油工业又占到了全市规模以上工业的74.2%①。随着国家支持东北振兴和资源型城市转型发展政策力度的加大，黑龙江“中蒙俄经济走廊”以及黑龙江陆海丝绸之路经济带建设的加快等，大庆转型发展具备了更有利的政策环境，大庆应抓住机会，努力实现经济发展的多样化，在城市品牌评价中提升这一指标分值。

2. 国内外上市公司数

指标说明：在境内、境外上市的企业总数。

指标单位：个。

指标性质：正向。

数据周期：截至评价日前一年末。

释义：国内外上市公司数是指经国务院或者国务院授权的证券管理部门批准的向境内外投资者发行股票，并在境内外证券交易公开上市的股份有限公司总数。

案例：以浙江省宁波市为例，2015年宁波市上市公司总数为65家，其中国内上市公司数为51家，境外上市公司数为14家；2016年上市公司数为56家且全为国内上司公司；2017年，宁波市共有境内外上市公司87家，其中A股上市公司73家，境外上市公司14家，总数位居全国各大城市第六位。在2017年之前，中国境内IPO前五名——北京、上海、广州、深圳和杭州为人们目光聚集处，但2017年IPO榜单汇总中真正“吸睛”的是宁波，这一年宁波新增18家A股上市公司，数量居历年之最，超越了苏州、南京、无锡等多个“万亿俱乐部”。2017年全年，A股宁波板块

① 每日经济新闻．大庆自救：放下油田“金饭碗”捧起石化产业链［EB/OL］．http：//www. nbd. com. cn/articles/2015－07－21/931788. html.

先后迎来了太平鸟、大丰实业等18个新成员。其中，有江丰电子这样打破国外垄断的研发生产龙头企业，也不乏中大力德、戴维医疗这样细分行业的领军企业。除了上市新成员，宁波还有强劲的后援团。根据证监会发布的IPO首发申报信息统计，截至2018年1月8日，宁波报会待审核的有12家拟上市企业。除此之外，近40家处于辅导期的企业、159家股转系统挂牌公司和上千家宁波“四板”挂牌企业，构成了宁波今后几年上市企业的摇篮。在与新一线城市的比较中，宁波已跻身全国资本城市竞争力第一阵容。

3. AAA级以上景区数量

指标说明：依据GB/T 17775确定的质量等级为AAAAA、AAAA、AAA的旅游景区总量，在计算总量时，AAAAA、AAAA、AAA的权重设为4、2、1。

指标单位：处。

指标性质：正向。

数据周期：截至评价日前一年末。

释义：根据《旅游景区质量等级的划分与评定》(修订)(GB/T17775－2003)，旅游景区质量等级的划分依据与方法是根据旅游景区质量等级划分条件确定旅游景区质量等级，按照《服务质量与环境质量评分细则》《景观质量评分细则》的评价得分，并结合《游客意见评分细则》的得分综合进行。经评定合格的各质量等级旅游景区，由全国旅游景区质量等级评定机构向社会统一公告。旅游景区质量等级划分为五级，从高到低依次为AAAAA、AAAA、AAA、AA、A级旅游景区。旅游景区质量等级的标牌、证书由全国旅游景区质量等级评定机构统一规定。

案例：以山东省泰安市为例。泰安因泰山而得名，“泰山安则四海皆安”，寓国泰民安之意，城市位于泰山脚下，依山而建，山城一体。泰安是中国优秀旅游城市和国家历史文化古城，山东旅游以“一山一水一圣人”为旅游热线重点。市内的泰山为“五岳之首”，并于1987年被联合国教科文组织列为世界自然与文化遗产。截至目前，泰安共有A级景区68

家，其中 AAAAA 级景区 1 家，为泰山风景名胜区，AAAA 级景区 11 家，分别为新泰市莲花山风景区、东平县东平湖风景区、泰山区泰山方特欢乐世界景区、泰山区泰山花样年华景区、岱岳区台山森林温泉旅游区、岱岳区天乐城旅游休闲区、东平县白佛山景区、岱岳区太阳部落景区、泰山区泰山宝泰隆旅游区、岱岳区岳海新天街文化旅游区和泰安市徂徕山汶河景区；AAA 级景区 25 家，有泰安市泰山蓄能科普水城景区、岱岳区天庭乐园等。按照 AAA 级以上景区数量的指标说明计算，泰安市 AAA 级以上景区分值为 $1\times40\%+11\times20\%+25\times10\%=5.1$。

4. 获著名建筑奖数

指标说明：获得普利兹克建筑奖、阿卡汗建筑奖、拉法基豪瑞可持续建筑奖、梁思成奖、鲁班奖的建筑数量。

指标单位：项。

指标性质：正向。

数据周期：截至评价日前一年末。

释义：普利兹克奖为诺贝尔奖之称，是凯悦基金会赞助的针对建筑师颁布的奖项。阿卡汗建筑奖是由阿卡汗四世于 1977 年设立，每三年评选一次，旨在“肯定并鼓励那些成功诠释穆斯林社会的需求与期许的建筑概念”。拉法基豪瑞可持续建筑大奖赛是可持续设计领域最重要的全球赛事，旨在发现那些源自专业人才及新生代，充分展现可持续建筑解决方案与出色建筑设计完美融合的顶尖项目和奇思妙想。比赛由拉法基豪瑞可持续建筑基金会主办，将评选出为应对城市化加剧和提高生活质量而提出的最具潜力的创意。作品征集范围包括建筑、景观设计、城市设计、规划、建筑科技以及土木和材料工程领域体现可持续发展的项目和构想①。大赛每三年举办、评选一次，每届奖金总额高达 200 万美元，中国共计获奖五次。梁思成建筑奖是中国建筑学会授予中国建筑师的最高荣誉奖。鲁班奖是中国建筑行业工程质量最高荣誉奖。

---

① “第五届全球拉法基豪瑞可持续建筑大奖赛”近日启动［J］. 混凝土世界，2016（8）：111.

案例：以北京市为例。目前国内获得普利兹克建筑奖的仅有王澍，北京市内并未有建筑师荣获此奖项。截至目前国内荣获阿卡汗建筑奖的建筑师共有两名——李晓东和张轲，分别凭借福建省平和县夏石村的“桥上小学”和北京的“微杂院”荣获此奖项。目前中国共获拉法基豪瑞可持续建筑奖五次，其中来自清华大学的张悦教授带领他的学生吴俐颖、李培铭、聂聪，青年建筑师曹梦醒、王珏以及北京建筑大学的青年教师郝石盟所组成的团队设计的“中国北京白塔寺城市再生项目”获得2017“法拉基豪瑞奖”可持续建筑大奖赛亚太赛区荣誉奖。在第一届梁思成奖中，北京市建筑设计院的赵东日、张开济和清华大学建筑学院的关肇邺、吴良镛获奖；在第二届中北京市建筑设计研究院的马国馨和清华大学建筑设计研究院的胡绍学获奖；在第三届中北京市建筑设计研究院的刘力获奖；在第四届中北京市建筑设计研究院的柴裴义获奖；在第五届中北京市建筑设计研究院的柴裴义再次获奖；在第六届中北京市建筑设计研究院的刘力获奖；第七届北京市没有获奖单位及人员。北京市共计获得梁思成奖 10 次。2017 年度北京市共八项工程获得鲁班奖，分别为融科智地联想园区 B 座综合办公楼等四项、中国国学中心工程、中海油能源技术开发研究院项目、奥林匹克公园瞭望塔、北京天桥演艺区南区公建项目、和田市北京医院建设工程、援阿尔及利亚歌剧院项目、中国人寿研发中心一期和中航技研发展示中心工程。

5. 获地理标志产品数

指标说明：已获得国家相关部门审核批准（含中国和欧盟互相认可）的地理标志产品总数，计算总量时，欧盟互认地理标志产品数和中国地理标志产品数的权重分别设为 4、1。

指标单位：个。

指标性质：正向。

数据周期：截至评价日前一年末。

释义：在《地理标志产品保护规定》中，地理标志产品是指产自特定地域，所具有的质量、声誉或其他特性本质上取决于该产地的自然因素和人文因素，经审核批准以地理名称进行命名的产品。2006 年我国质检总局与欧盟贸易委员签署了《中华人民共和国国家质量监督检验检疫总局与欧洲委员会贸易总司关于地理标志的谅解备忘录》，中国和欧盟将各自确认 10 个地理标志产品，予以双边互认，打假保护。

案例：以山东省烟台市为例。作为农业、渔业大市，烟台的资源优势得天独厚。鉴于此，国家地理标志保护产品申报一直在进行。先后有烟台苹果、龙口粉丝、烟台葡萄酒、烟台大樱桃、莱阳梨、烟台鲍鱼、烟台海参、莱州梭子蟹、烟台绿茶等传统特产成为国家地理标志保护产品。其中，龙口粉丝被认定为首批中欧“10＋10”地理标志国际互认产品，后山东烟台葡萄酒和烟台苹果也被认定为欧盟地理标志国际互认产品。全市累计有 162 家企业获准使用地理标志产品保护专用标志，占山东全省使用专用标志企业的一半以上。烟台葡萄酒、烟台苹果分别以 905.06 亿元、476.60 亿元荣登 2016 年中国区域品牌价值评价前十名榜单，成为全国唯一一个同时有两个产品上榜的地市。截至目前，烟台全市拥有山东名牌产品 180 个、省服务名牌 53 个、省长质量奖 6 个；中国驰名商标 92 件、地理标志证明商标总数 52 件、马德里国际注册商标 112 件、全市鲁班奖达到 9 个、国家优质工程奖达到 15 个，数量均位居全省前列[①]。按照指标说明，烟台市获地理标志产品数共计 $52\times10\%+3\times40\%=6.4$ 个。

6. 机场、码头、火车站数

指标说明：已建成的民用机场、航运码头和火车站总数。

指标单位：处。

指标性质：正向。

数据周期：评价日前一个自然年。

释义：在《中华人民共和国民用航空法》中，民用机场是指专供民用航空器起飞、降落、滑行、停放以及进行其他活动使用的划定区域，包括附属的建筑物、装置和设施。民用机场不包括临时机场和专用机场。码头

① 我市共拥有 92 件中国驰名商标、180 个山东名牌、6 个省长质量奖——“烟台品牌”焕发新活力［EB/OL］. http：//www.shm.com.cn/ytrb/html/2018－05/10/content_3316780.htm.

是海边、江河边专供轮船或渡船停泊，让乘客上下、货物装卸的建筑物。火车站是从事铁路客、货运输业务和列车作业的处所，是铁路运输部门的基层单位。

案例：以北京市为例，截至指标制定时，北京一共有五个机场，分别为西郊机场、南苑机场、沙河机场、良乡机场和首都国际机场。其中，西郊机场为军用机场；南苑机场原为军用和农用机场；沙河机场是一个中型军用机场，是军用飞行试验训练中心，主要停靠大型军用飞机，承担沙河机场俯瞰演习与物资运输等任务，一般不对外开放；良乡机场是一个军用的小型机场，属于海军的军用机场，是海军航空兵飞行试验训练中心，主要用于海军航空兵、物资运输；首都国际机场是中国地理位置最重要、规模最大、设备最齐全、运输生产最繁忙的大型国际航空港，是中国民航最重要的航空枢纽，是中国民用航空网络的辐射中心，并且是当前中国最繁忙的民用机场，也是中国国际航空公司的基地机场①。由于地处内地，北京没有港口。北京共有五个火车站，分别为北京站、北京东站、北京南站、北京西站和北京北站。具体来说，北京站紧邻长安街；北京东站位于八王坟附近，是货运车站，极少有客运列车停靠；北京南站集中了大部分的动车组车次；北京西站多为往南方和西部的车次；北京北站为短途车站。综上，北京的机场、码头、火车站总数为10。

7. 普通高等学校数

指标说明：纳入国家教学规划实行全日制高等教育的学校总数。

指标单位：个。

指标性质：正向。

数据周期：截至评价日前一年末。

释义：普通高等学校是指由国家教育部或省级教育行政部门主管的实行高等教育的学校，我国实施普通高等教育的教育机构有大学和学院、高等职业技术学院/职业学院、高等专科学校、独立学院等。

案例：以河北省保定市为例。2016年，保定市内普通高等学校数为17

① 21世纪商务旅行盛典“商务旅行奖”放榜［J］．商务旅行，2009（3）：106－108.

所，其中大学三所，分别为河北大学、华北电力大学（保定）、河北农业大学；高等职业技术学校五所，分别为保定幼儿师范高等专科学校、冀中职业学院、保定电力职业技术学院、保定职业技术学院、河北软件职业技术学院；学院五所，分别为河北科技学院、中央司法警官学院、河北金融学院、保定学院、河北工艺美术职业学院；独立学院四所，分别为中国地质大学长城学院、河北农业大学现代科技学院、华北电力大学科技学院、河北大学工商学院。保定位于河北省最中部的位置，虽不是省会城市，但其人才资源非常丰富。保定是河北省拥有大学数量最多的城市。保定自古就是著名的学生城，在历史上宋有州学、明有府学。清代莲池书院提倡新学，开创了中国教育改革史上的先河，为晚清时代培育了大批政治、军事、法律、外交、工程、文、史、哲学等方面的人才。于1902年创办的保定陆军军官学校（保定军校）是中国近代史上第一所正规陆军军校，推动了中国军事教育与军队的近代化进程，是中国近代军事人才的培养基地。随着雄安新区的建立，越来越多的高校将入驻保定，保定将成为河北名副其实的大学城。

8. 省级及以上科研院所数

指标说明：已建并正常运营的省级及以上科研院所数。

指标单位：所。

指标性质：正向。

数据周期：评价日前一个自然年。

释义：科研机构是指有明确的研究方向和任务；有一定水平的学术带头人和一定数量、质量的研究人员；有开展研究工作的基本条件；长期有组织地从事研究与开发活动的机构①。

案例：以山东省青岛市为例。驻青岛国家级科研院所有19所，其中两所隶属中国科学院：中国科学院海洋研究所和中国科学院青岛生物能源与过程研究所；四所隶属中国船舶重工集团公司：中船重工第725、第711、

① 刘静沙．基于文献计量的我国农村生态环境的发展态势分析［J］．农村实用技术，2019（1）：118－119.

第719研究所青岛分部以及青岛自动化研究院；两所隶属中国电子科技集团公司：中电集团第41、第22研究所青岛分所；此外还有中国科学院声学研究所北韩研究站、国家海洋局第一海洋研究所、中国水产科学研究院黄海水产研究所、青岛海洋地质研究所、农业部动物检疫所、中国农科院烟草研究所、海洋化工研究院、青岛高科石油天然气新技术研究所、铁道部四方车辆研究所、中国石化集团安全工程研究院、青岛海洋腐蚀研究所。驻青岛省级科研院所有六所，分别为山东省科学院海洋仪器仪表研究所、山东省眼科研究所、山东省花生研究所、山东省海水养殖研究所、山东省纺织科学研究所、山东省社会科学院海洋经济研究所。青岛市科研院所的科技创新活动主要集中在中央属科研院所，对青岛市科技创新活动具有重要支撑作用；研究领域的科技创新活动以海洋领域为主，且除机车制造、医学和农业领域较活跃外，其他领域都很弱，汽车、造船和港口等领域为空白；R&D活动基础和应用研究占七成。

二、关于无形资产的指标

本标准中城市无形资产指城市拥有的无实物形态但可辨认的资产，包括城市的品牌形象类指标、荣誉类指标、口碑类指标等。具体指标包括以下七个：

1. 国家历史文化名城数

指标说明：国务院授予国家历史文化名城称号的城市数量。

指标单位：个。

指标性质：正向。

数据周期：截至评价日前一年末。

释义：根据《中华人民共和国文物保护法》，历史文化名城是指“保存文物特别丰富，具有重大历史文化价值和革命意义的城市”。从行政区划看，历史文化名城并非一定是“市”，也可能是“县”或“区”。截至目前，国务院已将134座城市列为国家历史文化名城。

案例：以山东省青岛市为例，青岛于1994年被列为第三批国家历史文化名城。青岛位于山东半岛南端、黄海之滨。青岛是国家计划单列市，副省级城市，国家历史文化名城。“青岛”之名最早记载于明代中叶，距今有400多年的历史。6000年以前这里就已经有人类生存和繁衍。东周时期，这里建立了当时山东地区第二个市镇——即墨。秦始皇统一中国后，曾三次登临现位于青岛胶南市的琅琊台。秦代徐福曾率船队由琅琊山起航东渡朝鲜、日本。汉武帝曾在现位于青岛市城阳区的不其山“祀神人于交门宫”，并在胶州湾畔女姑山祭天拜祖设立明堂九所。清朝末年，青岛已发展成为一个繁华小镇，昔称胶澳①。青岛市内全国重点文物保护单位有六处，分别为即墨故城遗址、齐长城遗址、天柱山摩崖石刻、德国总督府旧址、德国总督官邸旧址、八大关建筑群。青岛的山东省文化保护单位有19处，分别为城子遗址、南阡遗址、石源遗址、三里河遗址、徐家沟遗址、东岳石遗址、西黄姑庵遗址、琅琊台遗址、财贝沟墓群、田横五百义士墓、小桥墓群、六曲山墓群、康有为墓、石造像及碑刻、高家民兵联防遗址、青岛德国署遗址、江苏路基督教堂、浙江路天主教堂。青岛市级文物保护单位有81处，为天后宫、海云庵、青岛山炮台遗址、汇泉炮台、栈桥回澜阁、山东路矿公司旧址等。青岛市内历史文化古迹共计131处。

2. 国家级文化遗产名录项目数

指标说明：已由国家相关部门或国际组织批准确定的文化遗产和非物质文化遗产名录总数。

指标单位：个。

指标性质：正向。

数据周期：截至评价日前一年末。

释义：中国文化遗产是由中华人民共和国国家文物局为保护保存在中国境内的珍贵的历史文物、历史遗址、艺术形式而启动的计划。根据联合国教科文组织的《保护非物质文化遗产公约》，非物质文化遗产指被各群

---

① 东方资讯网．让世界为之倾倒的青岛魅力［EB/OL］．http：//mini. eastday. com/a/180726093009013. html.

体、团体、有时为个人所视为其文化遗产的各种实践、表演、表现形式、知识体系和技能及其有关的工具、实物、工艺品和文化场所。

案例：以陕西省西安市为例。大雁塔、汉长安城遗址未央宫前殿、小雁塔兴教寺玄奘塔和丹凤门被列为世界文化遗产名录。西安市已分六批次公布了非物质文化遗产名录，2008 年公布了第一批，共计 33 项，其中西安鼓乐和蓝田普化水会音乐入选第一批国家非物质文化遗产名录；2009 年公布了第二批，共计 36 项；2014 年公布了第三批，共计 33 项；2017 年公布了第四批，共计 150 项；同年公布了第五批，共计 42 项；2018 年公布了第六批，共计 80 项。其中，西安鼓乐被列入联合国教科文组织公布的人类非物质文化遗产名录，另有 7 个入选国家级名录、65 个入选升级名录。文化建设是中国特色社会主义建设事业的重要组成部分，包括文化遗产保护在内的诸多文化事业是西安的金字招牌。

3. 举办国家级以上节会数

指标说明：举办的国家级以上论坛、体育赛事、博览会、交易会数量。

指标单位：项。

指标性质：正向。

数据周期：评价日前两个自然年。

释义：同指标说明。

案例：以宁夏回族自治区银川市为例。在 2017 年，银川市成功举办了首届“丝绸之路”宁夏·银川国际马拉松赛，该赛事被中国田径协会评为 2017 中国自然生态特色赛事。此外，第十五届环青海湖国际公路自行车赛（银川段）顺利举办；由国家体育总局、教育部、共青团中央联合主办的国家级规格最高的青少年体育活动“2017 全国青少年‘未来之星’阳光体育大赛”成功举办；由中国乒乓球协会主办的“红双喜幼苗杯”全国最高水平少儿乒乓球比赛成功举办；2017 年 9 月 6 ~ 9 日，中国—阿拉伯国家博览会在宁夏银川举办，这是经国务院批准的一项国家级、国际性大型经贸会展活动，自 2010 年以来已在宁夏成功举办了三届中阿经贸论坛和两届中阿博览会，成为“一带一路”的重要平台；中国贸易促进委员会银川市支会主办的2016（首届）中国·银川“一带一路”沿线国家商品交易会顺利召开。

4. 外来常住人口比例

指标说明：外来常住人口占城市总人口的百分比。

指标单位:%。

指标性质：正向。

数据周期：评价日前一个自然年。

释义：外来人口是指现住地与户口登记地不一致的人，具体来说就是现住地在本市半年以上但其户口登记在外省市的人口。

案例：以北京市为例。2016年北京市外来常住人口有807.5万人，其中首都核心区外来常住人口有48.4万人，人口最多的三个区为朝阳区（174.8万人）、海淀区（139.3万人）、昌平区（103.8万人）；最少的区为门头沟区，仅有5万人。大量常住外来人口的存在，一方面作为最为活跃的生产要素，进一步促进了北京市产业和人口的聚集，实现了规模效应和劳动力的合理配置，进而推动着城市经济的高速发展；另一方面，通过消费需求扩张和投资需求扩张，大规模人口流动带动了北京市场需求的增长，为城市经济的可持续发展提供了动力源泉[①]。常住外来人口对北京市的影响还表现为改善了人口的年龄结构特征，降低了企业的劳动力成本，提高了平均受教育水平，常住外来人口社保缴费是社保基金结余的重要来源。

5. 城市网络年搜索量

指标说明：通过电子网络对该城市的点击搜索总量。

指标单位：人次。

指标性质：正向。

数据周期：评价日前一个自然年。

① 曹洋．基于C－D生产函数的北京常住外来人口对经济增长贡献度研究［J］．商业经济研究，2015（19）：136－138.

释义：同指标说明。

案例：以北京市为例。通过百度指数搜索，2017 年北京市搜索指数日平均值为 1587，其中 PC 端日平均值为 666、移动端日平均值为 921。由此可估计 2017 年北京市总指数搜索量为 1587 ×365 =579255。

6. 国家级以上特色品牌数

指标说明：已获得国家或世界权威机构认定并颁发的特色品牌（文明城市、卫生城市、园林城市等）的数量。

指标单位：个。

指标性质：正向。

数据周期：评价日前三个自然年。

释义：全国文明城市，简称文明城市，是指在全面建设小康社会中市民整体素质和城市文明程度较高的城市。全国文明城市称号是反映中国大陆城市整体文明水平的最高荣誉称号。国家卫生城市是由全国爱国卫生运动委员会办公室（中华人民共和国国家卫生和计划生育委员会疾病预防控制局）评选命名的国家级卫生优秀城市，是全国重要的城市品牌之一。国家园林城市是根据中华人民共和国住房和城乡建设部《国家园林城市标准》评选出的分布均衡、结构合理、功能完善、景观优美，人居生态环境清新舒适、安全宜人的城市，是国内重要的城市品牌之一。

案例：以广东省珠海市为例。在 2016 年公布的全国首批 7 个生态园林城市名单中，珠海市位居其中，并成为广东省唯一入选城市。作为全国首批园林城市，珠海围绕建设“生态文明新特区、科学发展示范市”的发展定位，走了一条与其他城市不一样的发展道路，珠海市着力建设资源节约型、环境友好型、人口均衡型的“三型”社会，成为目前珠三角地区环境质量最好、土地开放强度最小、人口密度最合适的城市。1992 年，珠海就获得“国家卫生城市”荣誉称号，是全国首批获得“国家卫生城市”荣誉称号的城市，并在国家卫生城市每三年一次的评选中一直稳居名单之列。在 2015 第四届全国文明城市评选中，珠海市获得“全国文明城市”称号，但在 2017 年 11 月公布的最新全国文明城市名单中，珠海没有上榜，这说明在发展过程中，珠海精神文明的基础建设并没有跟上。

7. 城市综合信用指数

指标说明：由国家级机构发布的城市综合信用指数。

指标单位：分。

指标性质：正向。

数据周期：评价日前三年综合得分的平均值。

释义：城市综合信用指数包括政府部门、企业、社会组织、司法机关在政务诚信、商务诚信、社会诚信、司法公信四个方面的信息。

案例：以北京市为例。2016 年 7 月至 2017 年 6 月，在全国 36 个省会直辖市副省级城市综合信用指数排名中，北京市以 89. 97 的信用指数位居第一，重庆市和上海市分别以 89. 69 和 89. 42 位居第二、第三。北京地区信用机构数量和信用服务市场规模居全国首位，在全国城市信用指数的最新排名中也位居第一。在城市信用方面，北京市做出了很多努力，首先，为方便公众及时掌握自己的信用记录，开通了北京市个人公共信用信息社会查询服务平台，使用户可通过网络和窗口网点查询个人信用记录，实现了半分钟即可现场调取信用记录。其次，建成北京市统一的公共信用信息服务平台，并加快构建信用联合奖惩机制，市工商局、市经信委等 45 个部门制定了《北京市失信企业协同监管和联合惩戒合作备忘录》，对安全生产、旅行社经营、食药经营、互联网上网服务等 13 个重点领域的失信企业采取限制从事政府采购、限制取得政府供应土地、限制任职资格、限制融资授信等 18 项惩戒措施。最后，北京将建成国内领先的社会信用体系，成为全国社会信用体系规范运行的示范区①。

三、关于质量的指标

本标准中城市质量主要指企业产品与服务质量、政府治理与公共服务质量、环境和可持续发展质量、生活和工作质量等，包括生态环境类指

① 潘福达. 北京城市信用指数排名全国第一［N］. 北京日报，2016 - 12 - 11（001）.

标、生活保障类指标、人口寿命类指标等。具体指标包括以下 12 个：

1. 环境空气质量达到或优于二级的优良天数

指标说明：依据《环境空气质量标准》（GB 3095）的规定，达到或优于二级的优良天数。

指标单位：天。

指标性质：正向。

数据周期：评价日前一个自然年。

释义：环境空气质量的好坏反映空气污染程度，是根据科技标准司颁布的《环境空气质量标准》（GB 3095）进行测定的，主要依据空气中污染物浓度的高低来判断。环境空气质量关系到一个城市的生活环境和生态环境，影响着城市居民的健康状况和生活状况，是居民生存质量的一个重要体现。《环境空气质量标准》（GB 3095）将环境空气功能区主要分为两类：一类区为自然保护区、风景名胜区和其他需要特殊保护的区域；二类区为居住区、商业交通居民混合区、文化区、工业区和农村地区。根据功能区的类别不同分别适用不同等级的浓度限值：一类区适用一级浓度限值，二类区适用二级浓度限值。显然，城市属于二类功能区，适用二级浓度限值。因此，笔者采用“环境空气质量达到或优于二级的优良天数”这一指标对具体城市的环境空气质量进行评价，指标单位为天。为获得一个较为稳定的测算结果，笔者选择了一个较长的数据周期即评价日前一个自然年。依据 GB 3095 的规定，统计具体城市在评价日前一个自然年中环境空气质量达到或优于二级的总优良天数。此外，该项指标测算的是环境空气质量的优良天数，所以这一指标对于城市的品牌评价而言是一个正向性质的指标。

案例：以贵州省贵阳市为例。根据贵阳市政府发布的 2017 年《贵阳市环境状况公报》，2017 年，贵阳市环境空气质量优良天数即环境空气质量达到或优于二级的优良天数为 347 天，优良率为 95.1%。其中，空气质量为一级（优）天数 172 天、二级（良）天数 175 天、三级（轻度污染）天数 18 天、四级（中度污染）天数 0 天、五级（重度污染）天数 0 天、六级（严重污染）天数 0 天，空气质量综合指数为 3.61。这是贵阳市的环境空气质量首次达到国家二级标准，在全国 74 个重点城市中名列第 9 位。环境空气质量的提升是贵阳市深入贯彻新发展理念，以提高环境质量为重心，全力实施大生态战略的工作结果。这一结果也是我们在进行城市品牌评价时想要看到的。在城市品牌评价中加入“环境空气质量达到或优于二级的优良天数”指标的直接目的是测算一个城市的环境空气质量，另外还有督促各个城市通过贯彻绿色发展理念来努力提高自身环境空气质量的意图。

2. 集中式饮用水水源地水质达标率

指标说明：提供饮用水的集中式水源地达标水量占总取水量的百分比。

指标单位:%。

指标性质：正向。

数据周期：评价日前一个自然年。

释义：水是生命之源，饮用水的质量状况关系到城市居民的身体健康，也是一个城市环境保护工作中的重中之重，因此应把与饮用水水质相关的指标纳入对城市品牌的评价。而对于具体的某一个城市而言，一般存在多个饮用水水源地，所以要对此进行一个整体性的评价。饮用水水源地水质达标率这一指标无疑是十分合适的，笔者在考察了饮用水水源质量的前提下，对一个城市所有的饮用水水源地水质做出了综合评价。具体来说，饮用水水质的检测和评价标准应依据卫生部 2006 年发布的《生活饮用水卫生标准》（以下简称《卫生标准》）执行。按照《卫生标准》对供水方式的划分，城市用水多为自水源集中取水，通过输配水管网送到用户或者公共取水点，属于集中式供水。因此，笔者进一步选择“集中式饮用水水源地水质达标率”这一指标对整个城市的生活饮用水质量进行评价，其单位为%，测算具体城市中提供饮用水的集中式水源地达标水量占整个城市所有饮用水水源地总取水量的百分比。其中，具体的生活饮用水水质参考指标及限值参照《卫生标准》。同时，为获得较为稳定的测算结果，笔者选择了一个较长的数据周期——评价日前一个自然年。显然，此项指标对于城市品牌评价是一个正向性质的指标。

案例：以浙江省温州市为例。温州市自2015年开始开展全国水生态文明城市试点建设，深入践行“绿水青山就是金山银山”的绿色发展理念，紧密结合“五水共治”美丽浙南水乡建设，努力构建现代科学的水管理体系、健康畅达的水环境水生态保障体系、高效集约的水资源利用体系、保障有力的防洪排涝体系和彰显特色的水文化体系，全面完成建设目标任务，全力建成具有温州特色的水生态文明城市，达到预期创建成效，极大地提升了水生态水环境质量，取得了良好的社会效益、生态效益和经济效益。最终在2017年底，温州市在水资源方面，63个重要水功能区水质达标率87.3%，集中式饮用水水源地水质达标率100%①。在城市品牌评价中，高达100%的集中式饮用水水源地水质达标率无疑会给温州市做出很大的正向贡献，也难怪温州市能在试发布的《2018中国城市品牌评价排名（地级市）》中名列第2位，城市品牌影响力指数高达477.18。

3. 森林覆盖率

指标说明：森林面积占土地总面积的百分比。

指标单位：%。

指标性质：正向。

数据周期：评价日前一个自然年。

释义：一个城市的生态环境可以说与城市居民的工作和生活都息息相关，联系紧密。随着我国城市化的不断发展，城市的生态环境越来越受到重视，森林城市的理念被越来越多的城市所接受。加强对城市的生态文明建设，有利于创造更良好的人居环境，有利于弘扬更环保的城市文明，有利于促进更和谐的人与自然关系，是一个城市建设的重要部分。为对城市品牌进行更加全面的评价，将与城市生态环境相关的指标纳入城市品牌评价体系。森林覆盖率是其中一个主要指标。依据国家林业局对国家森林城

---

① 水中耕耘 润泽瓯越——温州市全国水生态文明城市试点建设的主要经验和成效［EB/OL］. http：//www.xinhuanet.com/travel/2018-11/12/c_1123698347.htm.

市评价指标的说明，“森林覆盖率”是指以行政区域为单位森林面积与土地面积的百分比，即具体城市的森林面积占其土地总面积的百分比，指标单位为%。其中，森林面积包括郁闭度0.2以上的乔木林地面积和竹林地面积、国家特别规定的灌木林地面积、农田林网以及村旁、路旁、水旁、宅旁林木的覆盖面积。该指标对城市建设的贡献度为正，所以在对城市品牌进行评价时，指标性质应为正向。此外，为获得一个较为稳定的统计结果，笔者选择评价日前一个自然年为数据统计周期。

案例：以广东省中山市为例。依据中山市林业局发布的《2017年中山市林业局信息公开工作年度报告》，2017年，在市委市政府的带领下，中山市林业局深入贯彻落实“绿水青山就是金山银山”的绿色发展理念，在全市上下共同努力下，林业生态建设有序开展，生态环境质量持续优化，森林资源保护力度得到了进一步强化。截至2017年底，中山市全市森林覆盖率达到23.08%，林地43万亩，林地森林覆盖率96.7%，一、二类林率95.3%，森林蓄积量突破300万立方米，单位面积蓄积量达到76立方米，森林质量位于全省前列。此外，中山市在此次试发布的《2018中国城市品牌评价排名（地级市）》中也榜上有名，排在第26位，城市品牌影响力指数达到了383.62。

4. 城市建成区绿化覆盖率

指标说明：建成区的绿化覆盖面积占城市建成区总面积的百分比。

指标单位:%。

指标性质：正向。

数据周期：评价日前一个自然年。

释义：一个城市的生态环境关系到城市居民工作和生活的方方面面，因此城市的总体生态环境质量是十分重要的。但森林覆盖率这一总体性指标，在测算了具体城市整个行政区域内土地总面积所含森林面积比例的同时，对于处于城市居住区内的居民实际在较大程度上所能享受的绿化面积的刻画不够准确、详细。为进一步体现城市建成区的绿化覆盖面积对城市居民的重要性，笔者再引入一个与城市生态环境质量相关的指标——城市建成区绿化覆盖率。按照国家林业局颁布的国家森林城市评价指标，“城市建成区绿化覆盖率”是指在城市建成区的绿化覆盖面积占城市建成区总面积的百分比，指标单位为%。其中，绿化覆盖面积是指城市中乔木、灌木、草坪等所有植被的垂直投影面积①。与森林覆盖率一样，城市建成区绿化覆盖率对城市生态环境建设的贡献度为正，在对城市品牌进行评价时，其指标性质应为正向。同样，为获得一个较为稳定的测算结果，笔者将数据统计的一个周期设定为评价日前一个自然年。

案例：以云南省普洱市为例。作为茶马古道的重要驿站，普洱市是普洱茶的重要产地之一，也是中国最大的产茶区之一。普洱市气候宜人，冬无严寒、夏无酷暑，素来享有“绿海明珠”“天然氧吧”之称。绿色，一直是普洱市的底色，是最动人的颜色。这种天生的绿色，源于大自然的恩赐，基于世代人的守护。40 多年来，普洱始终坚守绿色“肌底”，走绿色发展之路，由名不见经传的边疆小城，发展成为名扬天下的绿色之城。普洱市凭借自身优势资源特点，把绿色发展融入城市建设，努力提升城市品质，先后成功创建国家卫生城市、国家园林城市、国家森林城市，获得国家旅游标准化示范市等称号。截至 2018 年 6 月，普洱市人均道路面积 10.61 平方米，人均公园绿地面积 10.3 平方米，城市建成区绿化覆盖率达到 35.94%，绿地率达 32.22%。在此次试发布的《2018 中国城市品牌评价排名（地级市）》中，云南省普洱市位列第 93 名，城市品牌影响力指数达到 336.25。

5. 污水处理率

指标说明：经过处理的生活污水、工业废水量占污水排放总量的百分比。

指标单位:%。

指标性质：正向。

数据周期：评价日前一个自然年。

释义：环境保护工作一直是城市发展建设的重中之重，深刻影响着一

① 国家森林城市评价标准［J］. 林业与生态，2011（5）：13－14.

个城市所容纳居民的生存和生活质量。在评价城市品牌时，不仅要衡量一个城市的“金山银山”开采量，还要关注它对“青山绿水”的保护程度。工业废水的无处理排放、生活中所产生的污水随意排放，会直接影响城市居民的生活环境质量，给一个城市的居民造成很大影响。因此，作为环保工作一环的污水处理在其中占有十分重要的位置，是城市发展、居民安全健康生活的重要保障，不仅直接体现了一个城市的水污染治理能力，还侧面反映出一个城市的发展含金量。为此，笔者将污水处理率这一指标纳入对城市品牌建设的评价。“污水处理率”测算一个城市经过处理的生活污水、工业废水量占城市污水排放总量的百分比，指标单位为%。环保工作有助于提升城市居民生活环境质量，对城市发展建设有一个正的贡献。因而，在评价城市品牌建设时，污水处理率的指标性质为正向。为获得较为稳定的测算结果，选择评价日前一个自然年为进行评价的数据统计周期。另外，值得一提的是，根据国家发展改革委员会同住房城乡建设部印发的《“十三五”全国城镇污水处理及再生利用设施建设规划》，到 2020 年底，城市污水处理率要达到 95%。

案例：以北京市为例。五年来，北京市加大“大城市病”治理力度，积极实施清洁环保计划，全面发挥环保督察“利剑”作用，在生态环境建设方面取得很大进展。其中，在城市水资源的管理与保护方面，北京市全面推行河长制，连续实施“两个污水处理三年行动”方案，最终在 2017 年使城市污水处理率提高到了 92%，再生水年利用量达到 10.5 亿立方米。同时，还坚持节水优先，对南水北调水进行安全、高效的利用，使密云水库蓄水量超过 20 亿立方米。2018 年北京市仍将继续深入实施河长制，落实污水治理和再生水利用第二个三年行动方案，努力完成非建成区 84 条段黑臭水体治理任务，计划将全市污水处理率提高到 93%，使再生水年利用量达到 10.7 亿立方米。城市污水处理率的提高体现了北京市在水资源管理和保护方面所做出的成就，但还应看到，要达到《“十三五”全国城镇污水处理及再生利用设施建设规划》规定的 95% 城市污水处理率，北京市未来仍有很多工作要做。

6. 生活垃圾无害化处理率

指标说明：无害化处理的城市市区垃圾数量占市区生活垃圾产生总量的百分比。

指标单位：%。

指标性质：正向。

数据周期：评价日前一个自然年。

释义：在绿色发展理念之下，每个城市都要积极推进生态文明建设。绿色发展主要关注城市的节能减排和污染物的治理。污染物的治理是城市建设发展的重要工作，是一个城市所有居民安全健康生活的重要保障。除污水处理率之外，有关污染物治理的评价指标还包括生活垃圾无害化处理率。随着城市的快速发展和人民生活水平的日益提高，我国城市生活所产生的垃圾总量也在快速增长，这是对一个城市的生活垃圾无害化处理能力和水平的考验，而生活垃圾无害化处理率正是对城市这一能力的评价测量。“生活垃圾无害化处理率”的具体指标含义是指进行无害化或安全化处理的城市市区垃圾数量占市区生活垃圾产生总量的百分比，其单位为%。同污水处理率一样，生活垃圾无害化处理率对城市生态文明建设的贡献度为正，在进行城市品牌评价时，其指标性质为正向。同样，为了得到一个较为稳定的测算结果，笔者选择评价日前一个自然年为一个数据统计周期。另外，根据国家发展改革委与住房城乡建设部印发的《“十三五”全国城镇生活垃圾无害化处理设施建设规划》，到2020年底，直辖市、计划单列市和省会城市（建成区）生活垃圾无害化处理率应达到100%，其他城市城镇生活垃圾无害化处理率应达到95%以上。

案例：以江苏省连云港市为例。城乡生活垃圾分类和治理一直是连云港市市委、市政府工作的重要内容，全市一直积极参与创建全国文明城市，在做好其他相关工作的同时，致力于推进城乡生活垃圾分类和治理。2017年以来，连云港市全面开展城乡生活垃圾分类和治理工作，促进了生活垃圾的减量化、无害化、资源化良性循环，提高了城市生态宜居宜业水平。目前，连云港市已初步形成了“村收集、镇转运、市（县）处理”的城乡统筹生活垃圾收运处理体系，垃圾减量化、无害化、资源化处理率逐步提升，市区、各县均已建成垃圾无害化终端处理设施，每天可规范有效处理生活垃圾 2500 吨。为规范垃圾分类投放、收集、运输及处置，连云港市先后编制了《连云港市建筑垃圾处理规划》《连云港市城乡生活垃圾分类和治理专项规划》《连云港市餐厨废弃物处理专项规划》《连云港市环境卫生规划》（修编），下属各县也分别就此编制了相应的规划。2017 年，连云港全市城市生活垃圾无害化处理率达 100%，农村生活垃圾无害化处理率达 82%[①]。100% 的城市生活垃圾无害处理率不可谓不高，不过令人遗憾的是，在此次试发布的《2018 中国城市品牌评价排名（地级市）》中并无连云港市，这表明在城市发展建设的其他方面，连云港市仍有许多不足之处有待进一步完善。

7. 城镇居民人均可支配收入

指标说明：反映居民家庭全部现金收入能用于安排家庭日常生活的那部分收入。

指标单位：元。

指标性质：正向。

数据周期：评价日前一个自然年。

释义：对一个城市进行品牌评价，要看城市的综合发展建设，这主要还是以具体城市的经济发展为参考。而一个城市经济发展状况的体现，除了常用的城市 CDP 之外，具体的人均可支配收入与城市居民生活质量的联系更加紧密，更能体现一个城市的居民福利水平的高低。所以，笔者选取城镇居民人均可支配收入这一指标对具体城市经济发展给居民生活福利水平带来的影响进行描述，并以此对城市品牌进行评价。依据国家统计局的解释，居民可支配收入是指居民可用于最终消费支出和储蓄的总和，即居民可用于自由支配的收入，既包括现金收入，也包括实物收入。按照收入的来源，可支配收入包括工资性收入、经营净收入、财产净收入和转移净

---

① 苏锋. 全力推进垃圾分类治理 加快改善港城人居环境 [N]. 连云港日报，2018-05-18 (003).

收入。进而，“城镇居民人均可支配收入”就是城镇居民人均可自由支配的收入，反映居民家庭全部现金收入能用于安排家庭日常生活的那部分收入，以元为单位。对于城市品牌评价而言，其指标性质是正向的。为获得一个较为稳定的测算结果，笔者仍然选择评价日前一个自然年为进行统计的数据周期。

案例：以四川省成都市为例。近年来，成都市全面贯彻新发展理念，努力保持经济稳定增长，在 2017 年实现了全年地区生产总值 13889.4 亿元、增长 8.1%，全社会固定资产投资 9404.2 亿元、增长 12.3%，社会消费品零售总额增长 11.5%，城乡居民人均可支配收入分别增长 8.4%、9.1%，居民消费价格上涨 2%，地方一般公共预算收入 1275.5 亿元、增长 11.3%①。更具体地，国家统计局成都调查队数据显示，2017 年成都市城镇居民人均可支配收入 38918 元，同比增长 8.4%，增速与四川省平均水平持平，高于全国平均水平 0.1 个百分点。从收入来源看，2017 年成都市全市城镇居民四大类收入保持全面增长态势。其中，人均工资性收入 22802 元，同比增长 8.2%；人均经营净收入 3795 元，同比增长 7.8%；人均财产净收入 4103 元，同比增长 7.1%；人均转移净收入 8218 元，同比增长 10.0%。工资性收入在成都城镇居民收入中占主导地位，占可支配收入的比重为 58.6%，对人均可支配收入的贡献最大。此外，在最新的成都市人民政府工作报告中还提到，2018 年要实现城镇居民人均可支配收入增长 8%。可以预见，成都市城镇居民人均可支配收入未来的持续增长一定会使其在城市品牌评价中的城市品牌影响力指数进一步提高。

8. 平均预期寿命

指标说明：城市人口的平均预期寿命。

指标单位：岁。

指标性质：正向。

数据周期：评价日前一个自然年。

---

① 2018 年成都市人民政府工作报告［EB/OL］. http：//gk. chengdu. gov. cn/govInfoPub/detail. action? id = 2051943&tn = 2.

释义：城市居民的身体健康是促进居民全面发展的必然要求，是城市经济发展的基础条件。实现城市居民的健康长寿，是城市繁荣发展的重要标志，也是所有居民的共同愿望。因此在进行城市品牌评价时，笔者还要考虑城市居民的健康状况。而人口平均预期寿命是反映一个城市人口健康状况的综合性指标，同时能在一定程度上反映具体城市的经济发展水平及医疗服务水平。所以，笔者将平均预期寿命这一综合性指标加入城市品牌评价体系。简单说来，“平均预期寿命”就是一个城市人口的平均预期寿命，更准确地说，是指假定同时出生的一批人按照当前的分年龄死亡率度过其一生，平均每人活过的年数，指标单位为岁。由于平均预期寿命是对分年龄死亡率的综合，且具有不受年龄结构影响的优点，成为衡量具体城市经济发展水平和健康服务水平的重要指标。在进行城市品牌评价时，其指标性质为正向。为得到一个比较稳定的测算结果，笔者选择评价日前一个自然年为一个数据统计周期。同时，根据中共中央、国务院印发的《“健康中国2030”规划纲要》，2030年要实现人均预期寿命达到79.0岁。

案例：以上海市为例。上海市从2006年开始推行“公共卫生三年行动计划”，大幅提升了公共卫生服务体系能级、管理效能和技术水平。上海市一直积极构建陆路、航空、水上立体化的医疗急救体系，并大力推动慢性病防控策略纳入政府公共服务政策，探索以“医防融合、全专结合、分级诊疗”为特点的慢性病全程健康服务管理模式，成为全国首个示范区全覆盖的省份。上海市已建成由“11家市级脑卒中临床救治中心、25家区脑卒中临床救治中心、市和区疾病预防控制中心以及全市社区卫生服务中心”组成的涵盖“健康教育—筛查—健康管理—干预—治疗—转诊—危重抢救”环节的脑卒中预防和救治服务体系。2016年起，上海市进一步推进以“健康云平台”为支撑的糖尿病预防和诊治服务体系建设。此外，上海还积极推进基本和重大公共卫生服务项目：2011年启动实施“社区居民大肠癌免费筛查”，累计完成大肠癌初筛318万余例；2013年启动“60岁以上老人肺炎疫苗接种”项目，累计完成接种131万余剂次。上海市卫生计生委最新统计数据表明，2017年上海户籍人口平均预期寿命达83.37岁（其中女性85.85岁，男性80.98岁），常住人口孕产妇死亡率降至3.01/

10万，常住人口婴儿死亡率3.71‰。平均期望寿命不断攀升，孕产妇死亡率又创新低，上海市民三大健康指标已连续十多年保持世界发达国家或地区的先进水平，并居全国领先水平，这为上海迈向卓越的全球城市打下了扎实的健康基础①。

9. 就业率

指标说明：就业人口与16岁以上总人口的百分比。

指标单位:%。

指标性质：正向。

数据周期：评价日前一个自然年。

释义：与城市居民生活质量最密切相关的应该是居民收入，而与居民收入联系最紧密的应该就是就业情况了。就业情况关系到一个城市社会经济资源的使用和宏观经济建设的产出，同时事关城市居民生活水平的高低和家庭幸福程度。就业问题一直是我国整个经济社会发展的一大难题，也是每个具体城市需要解决的一大难题。就业问题的解决程度从侧面反映了一个城市的经济发展水平和城市化水平，体现了具体城市社会经济发展建设的实际质量。在城市品牌评价时，为具体判断一个城市的就业情况，笔者选取就业率这一指标对其进行描述。具体而言，就业率是反映一个城市劳动力就业情况的指标，是就业人口与就业人口和失业人口之和的比。就业人口和失业人口之和即劳动力人口，是指一定年龄（通常以16周岁为界）以上正在就业的、积极谋取就业但仍未找到工作的人口总数。也就是说，“就业率”指标是城市就业人口与16岁以上总人口的百分比，单位为%。对于具体城市的品牌评价，就业率的指标性质是正向的。另外，为获得较稳定的测算结果，笔者选取评价日前一个自然年为进行城市品牌评价的一个数据统计周期。

案例：以内蒙古自治区呼伦贝尔市为例。呼伦贝尔市通过创业就业扶持、就业技能培训、失业保险等政策和方式对城市人口的就业进行帮助和

---

① 申城户籍人口平均期望寿命83.37岁［EB/OL］. http：//wenhui. news365. com. cn/html/2018-01/25/content_ 631663. html.

扶持，并取得不小的工作成果。据呼伦贝尔市人民政府发布的数据，呼伦贝尔市2017年全市城镇新增就业3.13万人，完成全年任务（3.05万人）的102%；失业人员再就业0.75万人，完成全年任务（0.71万人）的106%；就业困难人员再就业0.76万人，完成全年任务（0.74万人）的103%；城镇登记失业率3.73%，低于内蒙古自治区下达的目标值4.0%，即城镇登记就业率达96.27%；农牧民转移就业6.23万人，完成全年任务（6万人）的104%，其中转移就业6个月以上的5.2万人，完成全年任务（4.8万人）的109%。虽然多数城市政府部门在统计就业时多采用失业率来描述本市的就业情况，但在进行城市品牌评价时，笔者依然选择就业率作为一个城市就业情况的衡量，因为这样给人的感受更加直观。

10. 犯罪率

指标说明：犯罪者占人口总数的百分比。

指标单位:%。

指标性质：逆向。

数据周期：评价日前一个自然年。

释义：相关研究证实，随着中国城市化进程的不断推进，中国的犯罪率也在不断提高。正如谢利（Louise Shelley）所言，“若干世纪以来城市一直就是犯罪的堡垒”。一个城市的犯罪率直接体现了这个城市环境的安全度，影响着人们在这个城市的学习、工作和生活状况，同时在一定程度上体现了这个城市的社会秩序规范情况和社会公平度。犯罪率所体现出来的这些方面都是城市居民十分关心的问题，与一个城市的建设发展质量密切相关。为此，笔者将犯罪率这一指标放入对具体城市的品牌评价。目前，国内外对于犯罪率的计算存在不同形式，主要分为三种：人犯率、发案率和被害率。在本评价指标体系中，笔者选择人犯率的形式对犯罪率进行计算。所谓人犯率，主要是指“一定空间一年内经法定诉讼程序确认的犯罪人数与人口总数对比而计算的比率”。所以，此处的城市品牌评价指标——“犯罪率”——是指犯罪者占城市人口总数的百分比，单位为%。显然，一个城市的犯罪率越高，对该城市的负面影响就越大，因此犯罪率的指标性质为逆向。同时，为与人犯率对应并得到一个较为稳定的计算结果，笔者将进行数据统计的周期设定为评价日前一个自然年。

案例：以山东省泰安市为例。2018 年泰安市中级人民法院工作报告显示，2017 年全年泰安市依法惩处各类犯罪，共审结一审刑事案件 2623 件，判处罪犯 3348 人，笔者将这个数据作为泰安市一年内的犯罪人数。同时，由泰安市统计局公布的《泰安市 2017 年国民经济和社会发展统计公报》可知，泰安市 2017 年末常住人口 564.51 万人，以此作为犯罪率指标中的人口总数。进一步可计算出 2017 年泰安市的犯罪率，即人犯率为 0.059%。相对于 2017 年全国犯罪率水平 0.437%（6070000/1390080000）而言，这个犯罪率可以说是非常低了，说明泰安市的社会秩序相对良好，整个城市环境的安全度也比较高，城市经济社会发展质量较高。更能说明泰安市城市发展质量的是，在此次试发布的《2018 中国城市品牌评价排名（地级市）》中，泰安市居榜单第 41 位，城市品牌影响力指数为 371.87。

11. 人均 GDP

指标说明：人均国内生产总值。

指标单位：亿元。

指标性质：正向。

数据周期：评价日前一个自然年。

释义：城市品牌评价要重点关注一个城市的经济发展建设，而具体城市总的经济发展建设成果往往是以该市一定时期内的生产总值进行测算的。生产总值是人们了解和把握一个国家或地区的宏观经济运行状况和结果的一个有效工具，在经济学中经常作为衡量整体经济发展状况的指标，是最重要的宏观经济指标之一。不过，为进一步具体描述一个城市的总体经济发展状况对城市居民生活水平的影响，笔者在人均的基础上对一个城市的生产总值进行考察，将人均城市生产总值纳入城市品牌评价指标体系。“人均 GDP”，即人均城市生产总值，这一指标的计算方法就是将一个城市核算期内（通常是一年）实现的城市生产总值与这个城市的常住人口（或户籍人口）相比，指标单位定为亿元。一个城市经济发展建设的成果对该城市品牌评价的贡献度自然是正的，所以人均 GDP 的指标性质为正向。为获得一个较为稳定的计算结果，笔者将人均 GDP 的核算期，即进行城市品牌评价的数据统计周期，设置为评价日前一个自然年。

案例：以广东省佛山市为例。2017 年佛山市坚持贯彻新发展理念，努力推进供给侧结构性改革，深化改革创新，推动结构优化、动力转换和质量提升，使全市经济社会保持平稳健康发展。总的来说，2017 年全年佛山市经济运行保持稳中有进、稳中向好态势。投资保持较高增速，地区生产总值、工业生产、税收增长稳中有升，消费、财政收入、金融存贷款增幅略有回落，进出口规模进一步扩大，市场价格维持稳定。随着经济的平稳发展，佛山市人均地区生产总值和居民收入也同步增长。佛山市统计局公布的数据显示，佛山市人均地区生产总值超过 12 万元，达 126332 元，甚至超过京、沪等一线城市，连带其人均可支配收入也大幅增长，同比增长 9.2%。佛山市在此次试发布的《2018 中国城市品牌评价排名（地级市）》中排在第 4 位，城市品牌影响力指数更是达到了 456.96。

12. 重特大安全生产事故数

指标说明：《生产安全事故报告和调查处理条例》认定的重特大安全生产事故数。

指标单位：起。

指标性质：逆向。

数据周期：评价日前五个自然年。

释义：根据《安全生产法》，安全生产是中国的一项长期基本国策，是保护劳动者的安全、健康和国家财产，促进社会生产力发展的基本保证，也是保证社会主义经济发展，进一步实行改革开放的基本条件。实际上，安全生产不仅事关参与生产的劳动者，还有可能因为发生的安全事故给其他非生产人员带来身体或财富的损害。因此，做好安全生产工作具有十分重要的意义。一个城市的经济发展建设不应该以可能存在或发生的生产风险为代价，应该以安全生产为发展的前提，确保城市全体居民群众的生命和财产均不受到损失。为了在对具体城市进行品牌评价时能够考虑到该城市的安全生产状况，笔者选取重特大安全生产事故数这一指标对一个城市的安全生产状况进行测算。按照国务院公布的《生产安全事故报告和调查处理条例》：特别重大事故是指造成 30 人以上死亡，或者 100 人以上重伤（包括急性工业中毒），或者 1 亿元以上直接经济损失的事故；重大事故是指造成 10 人以上 30 人以下死亡，或者 50 人以上 100 人以下重伤，或者 5000 万元以上 1 亿元以下直接经济损失的事故。“重特大安全生产事故数”就是对一个城市所发生的《生产安全事故报告和调查处理条例》认定的重特大安全生产事故数进行统计，指标单位为起。其指标性质在进行城市品牌评价时，显然是逆向的。另外，为得到一个较为稳健的计算结果，笔者将该指标的数据统计周期定为评价日前五个自然年。

案例：以山西省大同市为例。通过汇总大同市安全生产监督管理局公布的全市安全生产报告可以得知，2013～2017 年，大同市并没有发生过任何重特大安全生产事故，即大同市“重特大安全生产事故数”的指标值为 0。出现 0 这一指标值是在笔者的预期范围之内的。原因在于，近些年来，中国始终坚持发展要以安全生产为前提，严抓、狠打安全生产问题，切实防范重特大安全生产事故的发生，所以除少数城市偶尔发生过重特大安全生产事故外，大多数城市的安全生产状况都较为良好。重特大安全生产事故发生量为零既是国家政策方针想要达到的目标，也是大同市近五年来不断强化安全生产措施、加大安全生产检查力度的结果。另外，大同市也在此次试发布的《2018 中国城市品牌评价排名（地级市）》榜单之中，排在第 81 位，城市品牌影响力指数为 349. 60，在城市品牌建设方面还有不小的提升空间。

四、关于服务的指标

本标准中城市服务主要指城市的公共服务，包括医疗类指标、教育类指标、基本社会保险类指标。具体指标包括以下六个：

1. 每千人口医疗卫生机构床位数

指标说明：每千人在医疗机构所拥有的床位数量。

指标单位：张。

指标性质：正向。

数据周期：评价日前一个自然年。

释义：医疗卫生工作是一项重大的民生工程，事关人民群众的健康福祉和经济社会的发展。医疗卫生服务的质量与城市居民的身体健康息息相关，更体现了一个城市的经济建设发展水平和居民社会福利水平。医疗服务质量主要取决于医疗资源的总量和配置，且传统的医疗资源主要分为有形资源和无形资源两种。有形资源主要是指看得见的医疗资源，包括卫生人力资源、医疗机构床位资源、医疗设备和卫生材料等。无形资源则是指肉眼不可见的资源，包括医疗技术资源、卫生相关政策和法律法规、医疗机构经济管理手段等。作为有形资源的主要构成部分之一的医疗机构床位资源，是卫生服务的重要物质基础之一，也是衡量一个国家或地区卫生资源发展水平的重要指标。因此，在进行城市品牌评价时，为准确评价一个城市的医疗卫生服务质量，选取每千人口医疗卫生机构床位数这一指标来描述该城市的医疗卫生服务质量。"每千人口医疗卫生机构床位数"具体是指一个城市里每一千人在该城市的医疗机构（包括医院、卫生院、社区卫生服务机构、门诊部、诊所、妇幼保健机构和专科疾病防治机构等）所拥有的床位数量，指标单位为张。在进行城市品牌评价时，其指标性质是正向的。为获得一个较为稳定的计算结果，笔者设定评价日前一个自然年为这一指标的数据统计周期。

案例：以新疆维吾尔自治区乌鲁木齐市为例。根据《2017 年乌鲁木齐市国民经济和社会发展统计公报》，2017 年末乌鲁木齐市全市共有医疗卫生机构 1757 个，比上年末增长 0.8%，其中医院 127 个、基层医疗卫生机构 1597 个、专业公共卫生机构 29 个、其他卫生机构 4 个；卫生机构床位数 3.08 万张，增长 4.7%，其中医院床位数 2.75 万张、基层医疗卫生机构床位数 0.27 万张，平均每千人拥有床位数 8.44 张；卫生技术人员 3.85 万人，增长 0.4%，其中执业（助理）医师 1.45 万人、注册护士 1.69 万人；全年总诊疗 2387.06 万人次；疾病预防控制中心 11 个；卫生监督检验机构 10 个；乡镇卫生院 27 个，拥有床位 380 张、卫生技术人员 500 人。

乌鲁木齐市每千人口拥有医疗卫生机构床位数为8.44张，这已经远远超过了《全国医疗卫生服务体系规划纲要（2015—2020年）》所计划的2020年目标——6张。所以，乌鲁木齐市的医疗卫生服务质量已经可以说是很不错了。

2. 每万人口全科医生数

指标说明：每万人拥有的全科执业医生（含家庭医生）数。

指标单位：人。

指标性质：正向。

数据周期：评价日前一个自然年。

释义：《世界卫生组织组织法》中声明，“享受可能获得的最高健康标准是每个人的基本权利之一，不因种族、宗教政治信仰、经济及社会条件而有区别。实际上，对健康的追求是每个人的权利，即每个人都有获得基本医疗卫生服务的权利”。根据全科医学理论，全科医生是接受过专门全科医学训练的新型医生，能将80%~90%的常见病、多发病、老年病及慢性病问题在基层解决，是提供连续性、个体化、综合化的基层医疗卫生服务的主体，他们借助一切可以利用的资源，最大限度地满足社区居民的卫生服务需要，被称为居民健康的最佳“守门人”。因此，全科医生资源的总量和配置对城市居民获得基本医疗卫生服务具有重要意义。在对一个城市进行品牌评价时，要对城市的基本医疗卫生服务做出评判，“每万人口全科医生数”是较为可取的指标之一。该指标的具体含义就是一个城市每万人所能拥有的全科执业医生（含家庭医生）数，指标单位为人。基本医疗卫生服务显然对城市的品牌评价有一个正的贡献度，因此“每万人口全科医生数”的指标性质为正向。同样，为得到一个比较稳定的统计结果，笔者将数据统计周期设为评价日前一个自然年。

案例：以上海市为例。近年来，在全科医生培养方面，上海市做出不少积极的探索。为了让更多医学生理解到全科医生并不比专科医师低一等，医学院特别增加了全科教育门类，毕业后还有专门针对全科医生规范化培养，从最开始每年招收几十人，到现在可以招收到近500人，使越来越多的青年人认可了全科医生的发展前景。上海市还专门制定全科医生国外交流计划，让他们紧跟现代医学步伐，与国际前沿发展同步。在全科医生职称评审制度方面上海市也做出重大突破，特别增加高级职称评定，还提供参与教学工作的机会。从 2006 年上海市开始开展全科医师规范化培养，到 2010 年在全国率先开展住院医师规范化培养，将全科医师规培纳入其中，再到 2018 年 5 月，上海市拥有全科医生总数已超过 8000 人，每万人口全科医生数达到了 3.3 人，超过了国家医疗卫生服务体系 2020 年的规划目标（城市地区每万常住人口全科医生数 2 人）。

3. 九年义务教育巩固率

指标说明：完成国家义务教育法规定的 9 年义务教育的学生数占初始学生总数的百分比。

指标单位：%。

指标性质：正向。

数据周期：评价日前一个自然年。

释义："再穷不能穷教育，再苦不能苦孩子"，对于一个国家乃至一个家庭而言，孩子是国家和家庭的希望，教育则是孩子的未来。教育是兴国之本，树人之基。多少年来，无论国家、社会，还是个人都始终对教育问题保持高度关注。国家一直推行科教兴国战略，坚持教育为本，把科技和教育摆在经济、社会发展的重要位置；社会整天关心、讨论着上学难的问题；个人更是把教育当成自己的成功之始。因此，对于一个国家而言，整体的教育水平是十分重要的，对于一个地区、一个城市来说更是如此。因此，在进行城市品牌评价时，要考虑一个城市的整体教育水平。整体教育水平主要体现在城市居民的受教育程度上，所以笔者对一个城市的"九年义务教育巩固率"进行测算，它是与城市居民受教育程度相关性较高的指标之一。"九年义务教育巩固率"是"十二五"规划新增的一项指标，具体测算方法是将一个城市内完成国家义务教育法规定的 9 年义务教育的学生数与初始学生总数相比，其单位为%。明显地，在参与城市品牌评价时，"九年义务教育巩固率"的指标性质是正向的。为获得一个相对稳定的测算结果，笔者选取评价日前一个自然年为一个数据统计周期。

案例：以广西壮族自治区钦州市为例。钦州市2017年国民经济和社会发展计划执行情况报告显示，2017年钦州市不断深化教育事业的改革发展，在全市范围内全面开展了义务教育学区制改革，开启了集团化办学，全市九年义务教育巩固率达88%，但比年度计划低0.5个百分点。新建、改扩建公办幼儿园44所、公办中小学校9所，有效缓解了入园、入学难问题。同时，落实教育惠民政策，新建36所乡村学校少年宫，“全面改薄”项目加快实施，累计发放各类学生资助金3.48亿元，受助学生25.15万人。88%的九年义务教育巩固率并不算高，且低于原定目标水平，说明钦州市的教育水平仍有待提高。另外，说明钦州市也未能进入本次试发布的《2018中国城市品牌评价排名（地级市）》。

4. 学前三年毛入园率

指标说明：在园学习学生人数占户籍所在城市三周岁以上六周岁以下适龄儿童总人数的百分比。

指标单位:%。

指标性质：正向。

数据周期：评价日前一个自然年。

释义：百年大计，教育为本。《国家中长期教育改革和发展规划纲要(2010－2020年)》中提到，“教育是民族振兴、社会进步的基石，是提高国民素质、促进人的全面发展的根本途径，寄托着亿万家庭对美好生活的期盼。强国必先强教，优先发展教育、提高教育现代化水平，对实现全面建设小康社会奋斗目标、建设富强民主文明和谐的社会主义现代化国家具有决定性意义”。而一代人的教育始于学前教育，它是人生发展的奠基性教育，是基础教育的基础、终身教育的开端，是国民教育体系的重要组成部分，对于促进个体早期的身心全面健康发展，巩固和提高义务教育质量与效益，提升国民素质，促进教育和社会公平具有重要价值。学前教育直接关系到千家万户、广大人民群众的切身利益，始终是国家、社会、个人关注的热点。因此，在对一个城市进行品牌评价时，笔者将“学前三年毛入园率”这一指标也加入对具体城市整体教育水平的考察。此项指标就是在幼儿园学习的学生人数占户籍所在城市三周岁以上六周岁以下适龄儿童总人数的百分比，其单位为%。在城市品牌评价指标体系中，学前三年毛入园率的指标性质为正向。为得到一个较为稳定的结果，笔者将这一指标的数据统计周期定为评价日前一个自然年。此外，根据《国家中长期教育改革和发展规划纲要（2010－2020年）》，全国的学前三年毛入园率在2020年要达到70.0%。

案例：以海南省三亚市为例。近年来，三亚市十分重视学前教育建设，已先后实施了两轮学前行动三年计划，投入了大量学前教育经费，还将继续实施第三轮学前教育改革和发展三年行动计划，大力推进幼儿教育普惠化。数据统计，截至2017年12月，三亚市全市注册的幼儿园有148所，其中公办幼儿园（含部队办园）18所、民办幼儿园130所。全市注册幼儿园在园幼儿28618人（公办幼儿园3949人），2017年全市学前教育三年毛入园率达到了95.58%。全市户籍适龄入园幼儿28986人，在注册幼儿园人数为14573人，三亚户籍适龄儿童入园率为50.28%。高达95.58%的学前三年毛入园率是三亚市高度重视学前教育的结果，一定程度上体现了三亚市的基础教育水平。在此次试发布的《2018中国城市品牌评价排名（地级市）》中，三亚市位列第12名，同时城市品牌影响力指数达到了415.62。

5. 每百人公共图书馆藏书量

指标说明：每百人在公共图书馆拥有的图书总量。

指标单位：本。

指标性质：正向。

数据周期：评价日前一个自然年。

释义：一个国家乃至一座城市的软实力不止与其整体教育水平相关，还与其文化服务建设水平有关。文化服务建设水平反映了一个国家、一个城市的文明进步程度，也体现了国家公民或城市居民的社会福利水平。在基础的文化服务建设之中，公共图书馆是一个重要的公益性文化服务机构，承担着保存人类文化遗产、传播先进文化和开展社会教育等多项重要职能，对于提高全民科学和文化素养、推进科技创新与进步、促进社会主义和谐社会建设都发挥着重要的基础性保障作用。藏书建设是公共图书馆借阅服务工作的基础，直接关系到一个图书馆对读者需求的满足程度，也在一定程度上反映了公共图书馆所在城市的经济社会发展水平。所以，在城市品牌评价时，为判断一个城市的文化服务建设水平，笔者选择“每百人公共图书馆藏书量”这一指标对其进行衡量。该项指标具体测算一个城市中每百人在城市公共图书馆所拥有的图书总量，指标单位为本。对于一个城市的品牌评价，每百人公共图书馆藏书量的指标性质为正向。同时，为获得一个比较稳定的测算结果，笔者将进行数据统计的周期设为评价日前一个自然年。

案例：以广东省佛山市为例。根据佛山市统计局发布的《佛山市2017年国民经济和社会发展统计公报》，2017年末佛山市的常住人口数量为765.67万人，而2017年佛山市共拥有县级以上公共图书馆6所，公共图书馆的图书总藏量达到567.18万册。由此可以计算出，2017年佛山市每百人公共图书馆藏书量约为74本，这个藏书量水平并不算高。根据文化部印发的《“十三五”时期全国公共图书馆事业发展规划》，2015年全国每百人公共图书馆藏书量已经达到61册，预计2020年人均公共图书馆藏书量将达到1册，即每百人公共图书馆藏书量为100本。对比之下，佛山市公共图书馆藏书量的增加速度略显迟缓，还需进一步加快公共图书馆的藏书建设。不过，佛山市在本次试发布的《2018中国城市品牌评价排名（地级市）》中依然名列前茅，占据了第4名的位置，城市品牌影响力指数达到了456.96。

6. 基本社会保险覆盖率

指标说明：根据《中国全面建设小康社会进程统计监测报告》(2011)，基本社会保险覆盖率指已参加基本养老保险和基本医疗保险（或新型合作医疗）人口占政策规定应参加人口的百分比。

指标单位:%。

指标性质：正向。

数据周期：评价日前一个自然年。

释义：社会保险属于社会性事业，它能够保障人民群众的基本生活，维护社会稳定；同时能够促进生产的发展，保证经济的正常运行；并能够维持社会公平，增进一国人民的福利水平。因此，社会保险是一国必不可少的一项基本制度，其发展建设体现了一个国家的经济发展水平和公民社会福利水平。于国家尚且如此，于城市亦如是。所以，在对一个城市进行城市品牌评价时，应该考虑该城市的社会保险制度的发展建设水平。在此，笔者用基本社会保险覆盖率这一指标来描述一个城市的社会保险制度发展建设水平。根据城市品牌评价需要并参照国家统计局科研所发布的《中国全面建设小康社会进程统计监测报告》（2011），笔者将城市基本社会保险覆盖率规定为一个城市内已参加基本养老保险和基本医疗保险（或新型合作医疗）人口占政策规定应参加人口的比重，是社会和谐程度的监测指标之一，指标单位为%。在城市品牌评价时，其指标性质为正向。为得到较为稳定的统计结果，笔者将数据统计周期设定为评价日前一个自然年。最后，需要指出的是，基本社会保险主要包括基本养老保险、基本医疗保险、失业保险、工伤保险和生育保险五项，其中基本养老保险、基本医疗保险最为重要，所以在计算基本社会保险覆盖率时只计算基本养老保险和基本医疗保险的覆盖率。

案例：以江苏省镇江市为例。根据镇江市统计局发布的《2017 年镇江市国民经济和社会发展统计公报》，2017 年镇江市企业职工养老保险、医疗保险、失业保险参保人数分别为 89.80 万人、92.87 万人、53.47 万人，各类保险保持较高水平，主要险种参保率稳定在 98% 以上。同时，镇江市 2018 年的人民政府工作报告也表明其城乡基本社会保险覆盖率达 98% 以上。98% 的城乡基本社会保险覆盖率体现了 2017 年镇江市在保障和改善民生方面所做出的努力和取得的成果，也是镇江市整体社会福利水平较高的表现。对于镇江市的城市品牌评价，基本社会保险的高覆盖率无疑是其加分项。镇江市在此次试发布的《2018 中国城市品牌评价排名（地级市）》中居第 19 位，城市品牌影响力指数为 396.13。

五、关于技术创新的指标

本标准中城市技术创新主要体现在城市研究与开发（Research and Development，R&D）经费的投入和企业、高校等创新主体的成果上，具体指标包括以下四个：

1. R&D 经费支出

指标说明：在研发方面的总支出。

指标单位：亿元。

指标性质：正向。

数据周期：评价日前一个自然年。

释义：R&D 经费指全社会研究与试验发展经费，即统计年度内全社会实际用于基础研究、应用研究和试验发展的经费支出。

案例：以江苏省南京市为例。2016 年，南京市全社会 R&D 经费为 320. 34 亿元，比上年增长 10. 2%；全社会 R&D 投入强度 3. 05%，比上年提升 0. 06 个百分点。2016 年全社会 R&D 研发人员 123926 人，比上年增长 3. 7%；研发与开发机构 2340 个，增长 7. 5%；专利申请 65198 件，增长 16. 2%；专利授权 28782 件，增长 2. 4%；发明专利申请 31556 件，增长 13. 4%；发明专利授权 8697 件，增长 5. 5%。南京全社会研发 R&D 经费的主要特点体现为：主体在企业，约占 2/3；高校和科研院所比较强，比重超 1/3。2016 年，国家统计制度调查的规模以上企业 R&D，占全市 R&D 总投入的 63. 4%；高等院校 R&D 占 20. 7%；科研院所 R&D 占 11%；另有近 5% 其他单位数据。工业、服务业、建筑业三类企业 R&D 投入 203 亿元，占全市的 63. 4%。2016 年高等院校 R&D 66. 47 亿元，比上年增长 8. 4%，占全市 R&D 比重 20. 7%。高校的研发投入占全社会研发投入的比例一直保持在 20% 左右，是南京市研发投入队伍中一支不可忽视的强有力的保证。有数据显示，江苏省高校的研发整体实力在全国排名第 2，仅次于北京，其中理工农医学科排名第 2、人文社会学科排名第 3，次于北京和上海。江苏省高校的主体在南京，江苏“985”高校2所中的2所、“211”高校11所中的8所均在南京①。

2. 省部级及以上科学技术奖数

指标说明：企事业单位及个人被省政府或国家相关部委评定为省级及以上科学技术类奖项的数量。

指标单位：项。

指标性质：正向。

数据周期：评价日前一个自然年。

释义：国家科学技术奖励每年评审一次，包括国家自然科学奖、国家技术发明奖、国家科学技术进步奖，此外还包括授予外籍科学家或外国组织的中华人民共和国国际科学技术合作奖，以及分量最重的国家最高科学技术奖②。省部级奖励是指经中华人民共和国科学技术部批准，由社会力量设立，面向全国评选的经常性科学技术奖（中国汽车工业科学技术进步奖、中国科学院杰出科技成就奖、何梁何利基金科学与技术奖、光华工程科技奖、中华医学科技奖、冶金科学技术奖等）。

案例：以山东省青岛市为例。青岛农业大学参与的花生机械化播种与收获关键技术及装备获得2017年度国家科学技术进步奖二等奖，青岛镭创光电技术有限公司参与的低发散角半导体光子晶体激光器关键技术及应用获得2017年度国家技术发明奖二等奖。2017年度山东省科学技术奖最高奖授予2人，自然科学奖、技术发明奖、科技进步奖共授予146项，国际合作将授予3人。海军航空大学信息融合研究所何友院士、山东省眼科研究所的史伟云教授荣获山东省科学技术最高奖。青岛市共有52项科技成果获奖，其中最高奖1人，是青岛市科学界继2016年连续获得此项殊荣，自然科学奖7项，技术发明奖3项，进步奖41项；获奖总数较2016年增长24%，占全省1/3。获奖项目中由青岛市牵头完成的有39项，其中一等奖

① GDP万亿元以上城市与南京市研发强度对比分析［EB/OL］. http://www.360doc.com/content/18/0121/01/42882462_723763312.shtml#.

② 半导体所四项成果荣获2017年度国家科学技术奖［J］. 功能材料信息，2018，15（1）：39－40.

项目6项。青岛海尔智能技术研发有限公司的“循环节水洗涤技术在洗衣机上的应用及产业化”、山东科技大学的“综掘工作面气载粉尘抑制关键技术及装备”获省技术发明一等奖。中国电子科技集团公司第四十一研究所的“微波毫米波大调制带宽复杂调制信号发生技术及仪器开发”，中国海洋大学的“面向领域的智能计算理论方法与产业技术应用”，青岛理工大学的“基于性态设计的结构振动控制理论、关键技术及装备研发与应用”，青岛大学附属医院的“神经母细胞瘤增殖与转移的分子机制和干预及应用”获省科技进步一等奖①。

3. 国家级高新区和经济技术开发区总数

指标说明：经国家相关部门认定的高新区和经济技术开发区总数。

指标单位：个。

指标性质：正向。

数据周期：截至评价日前一年末。

释义：国家级新区，是由国务院批准设立，承担国家重大发展和改革开放战略任务的综合功能区。经济技术开发区是中国大陆为实行改革开放政策而设立的现代化工业、产业园区，主要解决中国大陆长期存在的审批手续繁杂、机构叠床架屋等制约经济社会发展的体制问题。国家级经济技术开发区是由国务院批准成立的经济技术开发区，在我国现存经济技术开发区中居于最高地位②。

案例：以长沙市为例。长沙市内共有1个国家级高新区，为长沙高新技术产业开发区。国家级经济技术开发区共1个，为长沙经济技术开发区。湖南省国家级高新区和经济技术开发区总数共14个。长沙市的目标是创立中国麓谷，使长沙成为中国的科技新城，以长沙高新技术产业开发区作为示范区载体，为创新发展提供政策环境，并且此开发区本着创新研发的宗旨，着力发挥互联网的优势，推行“麓谷智造”工程，吸引全世界的创新型产业加盟，逐步形成工程机械、汽车制造、电子电器三大主导产业以及

① 王娉．青岛再获省科技最高奖［N］．青岛日报，2018－05－18（003）．

② 部分国家级经济开发区概览［J］．城市开发，2015（9）：14－16．

新材料、食品饮料、轻印包装三大优势行业。长沙经济技术开发区建设是长沙经济发展的“推动器”，带动着长沙经济社会的全面发展。开发区建设带来的产业聚集以及第三产业的发展，促进了长沙产业结构优化升级；高素质人才在开发区的集聚，带来的科学的企业文化和社区文化促进了长沙城市文化的发展；在开发区因素的主导下，长沙城市用地面积得到迅速增加，城市化进程不断加快；在开发区空间布局的影响下，城市空间扩张方式由单一的外部空间扩展填充与外围空间扩展相结合转变，逐步形成了“一主一次四组团”的多中心分散组团式城市空间结构①。

4. 授权专利总数

指标说明：由国家专利部门授权的国家发明专利、实用新型专利和外观设计专利总数，计算总量时，发明专利、实用新型专利和外观设计专利的权重可分别设为4、1、1。

指标单位：件。

指标性质：正向。

数据周期：评价日前一个自然年。

释义：根据《中华人民共和国专利法》，专利是受法律规范保护的发明创造，它是指一项发明创造向国家审批机关提出专利申请，经依法审查合格后向专利申请人授予的在国内规定的时间内对该项发明创造享有的专有权，并需要定时缴纳年费来维持这种国家的保护状态。发明专利是指对产品、方法或者其改进所提出的新的技术方案。实用新型专利是指对产品的形状、构造或者其结合所提出的适于实用的新的技术方案。外观设计专利是指对产品的形状、图案或其结合以及色彩与形状、图案的结合所做出的富有美感并适于工业应用的新设计。

案例：以上海市为例。2016年，上海专利授权总量为64230件，同步增长6%，其中发明专利授权量为20086件，同步增长14.1%；实用新型授权量为34101件，同比增长3%；外观设计授权量为10043件，同比增

① 李艳．开发区建设对长沙经济社会发展的影响机理及影响程度研究［D］．湖南师范大学硕士学位论文，2011.

长1.5%。每万人口发明专利拥有量为35.2件。根据授权专利总数计算方法，2016年上海市专利总数为20086×40%+34101×10%+10043×10%=12448.8件。上海高度重视知识产权工作，在2018年发布了《全力打响上海“四大品牌”，率先推动高质量发展的若干意见》，提出知识产权是激励创新的基本手段，是创新原动力的基本保障，是国际竞争力的核心要素，也是推进上海“五个中心”建设的战略支撑①。上海作为我国对外开放的重要地区，要以完善的知识产权保护为基础，充分借助人才和科学技术的力量，以知识带动上海市的发展。

① 吕国强．上海应成为知识产权保护“首善之地”[N]．联合时报，2018-06-12（003）．

第二章

城市品牌综合影响力计算方法和评价流程

一、指标的处理

在该标准中，城市品牌评价指标共有37个，涉及经济、政治、生活等各个领域，度量单位也千差万别，若将这些指标放在一起进行评价，需要对指标进行规范化处理。

1. 正向处理

在37个指标中，有些指标值越大评价结果越好，称为正向指标（也称效益型指标），如获著名建筑奖数、国家历史文化名城数等；有些指标值越小评价结果越好，称为逆向指标（也称成本型指标），如犯罪率、重特大安全生产事故等。在计算城市品牌综合影响力时，首先必须将指标同趋势化，一般是将逆向指标转化为正向指标，所以也称为指标的正向化。

2. 无量纲化处理

37个指标的度量单位也不尽相同，如国内生产总值（GDP）的单位为“亿元”、AAA级以上景区数量的单位为“处”、基本社会保险覆盖率为“%”等，要将这些度量单位不一致的指标放在一个维度下计算，需要采用无量纲化处理的办法。

无量纲化处理的方法很多，如综合指数法、极差变换法、高中差变换法、低中差变换法、均值化法、标准化法、比重法、功效系数法、指数型功效系数法、对数型功效系数法、正态化变换法等。应用较多的是属于直线型无量纲化方法的极差变换法、标准化法和均值化法。

设综合评价中共有n个单位、m个指标，各指标分别为x_1，x_2，…，x_m，用x_{ij}（$i=1，2，…，n；j=1，2，…，m$）表示第i个单位的第j个原始指标值，y_{ij}表示经过无量纲化处理的第 i 个单位的第 j 个指标值。根据极差变换法有式（3 -1）：

$$y_{ij}=\frac{x_{ij}-\min\limits_{1\leqslant i\leqslant n}\{x_{ij}\}}{\max\limits_{1\leqslant i\leqslant n}\{x_{ij}\}-\min\limits_{1\leqslant i\leqslant n}\{x_{ij}\}} \tag{3-1}$$

标准采用的该方法，对正向指标，单项评价结果 $S_{i(+)}$ 按式（3 -2）计算：

$$S_{i(+)}=\frac{S_{xi}-S_{min}}{S_{max}-S_{min}} \tag{3-2}$$

对逆向指标，单项评价结果 $S_{i(-)}$ 按式（3 -3）计算：

$$S_{i(-)}=1-\frac{S_{xi}-S_{min}}{S_{max}-S_{min}} \tag{3-3}$$

其中，S_i为第 i 项指标的单项评价结果；S_{xi}为第 i 项指标的实际值；S_{min}为第 i 项指标的逆向基准值，取最小值；S_{max}为第 i 项指标的正向基准值，取最大值。

部分地级市 2016 年国内生产总值，机构、码头、火车站数，外来人口比例和犯罪率四个指标统计结果如表 3 -1 所示。

表 3 -1　部分城市 2016 年四个指标结果

地级市（部分）	亳州市	芜湖市	铜陵市	安庆市	池州市	黄山市	合肥市	淮南市
国内生产总值（亿元）	1046.1	2699.44	957.3	1531.18	589.02	576.77	5274.26	963.84
机场、码头、火车站数（个）	2	4	3	8	3	5	11	2
外来人口比例（%）	21	19	28.6	19	27	39.3	23.2	27
犯罪率（%）	0.56	0.79	0.63	0.81	0.69	0.58	0.49	0.58

在表 3 -1 中，除了犯罪率为负向指标外，其他均为正向指标，分别按照式（3 -2）和式（3 -3）进行无量纲化处理，其中 S_{max}和 S_{min}取自 293 个被评价城市，得出结果如表 3 -2 所示。

表 3 -2　无量纲化处理后的结果

地级市（部分）	亳州市	芜湖市	铜陵市	安庆市	池州市	黄山市	合肥市	淮南市
国内生产总值（亿元）	0.05	0.13	0.05	0.07	0.03	0.03	0.27	0.05
机场、码头、火车站数（个）	0.06	0.13	0.10	0.26	0.10	0.16	0.35	0.06
外来人口比例（%）	0.27	0.25	0.37	0.25	0.35	0.52	0.30	0.35
犯罪率（%）	0.36	0.09	0.28	0.07	0.21	0.34	0.44	0.34

由此可见，正向指标值越大，处理后的结果越大，负向指标相反。

二、城市品牌综合影响力计算方法

1. 计算公式

城市品牌综合影响力为各指标评价结果与其评价指标权重值的乘积之和，反映了城市品牌建设的总体水平，按式（3-4）计算：

$$CICB = \sum_{i=1}^{m} S_i \times Q_i \tag{3-4}$$

其中，CICB为城市品牌综合影响力；m为指标总数；Q_i为第i项评价指标的权重值，权重值的确定方法采用层次分析法。

2. 权重值的确定方法

层次分析法（AHP）是一种将定性分析和定量分析相结合的多目标决策方法。AHP的基本思路是先按问题要求建立起一个描述系统功能或特征的内部独立的递阶层次结构，通过两两比较因素（或目标、准则、指标）的相对重要性，给出相应的比例标度，构造上层某要素对下层相关元素的判断矩阵，以给出相关元素对上层某要素的相对重要序列。采用层次分析法确定权重值的步骤如下：

首先，构造判断矩阵。判断矩阵表示针对上一层次某因素而言，本层次与之有关的各因素之间的相对重要性。城市品牌评价指标体系的两两比较判断矩阵，根据各指标之间的相对重要性构造。以确定一级评价指标的权重为例，构造的判断矩阵B如表3-3所示。同理可构造各二级评价指标的判断矩阵B_1、B_2、B_3、B_4。

表3-3　一级评价指标的判断矩阵

一级指标A	有形资产B_1	无形资产B_2	质量B_3	服务B_4	创新B_5
有形资产B_1	b_{11}	b_{12}	b_{13}	b_{14}	b_{15}
无形资产B_2	b_{21}	b_{22}	b_{23}	b_{24}	b_{25}
质量B_3	b_{31}	b_{32}	b_{33}	b_{34}	b_{35}
服务B_4	b_{41}	b_{42}	b_{43}	b_{44}	b_{45}
创新B_5	b_{51}	b_{52}	b_{53}	b_{54}	b_{55}

其中，b_{ij}是B_i对B_j相对重要性的数值表示，b_{ij}的取值根据所选择标度的不同而不同。一般采用1~5比例标度，即b_{ij}取1，2，3，4，5及它们的倒数，其含义如表3-4所示。

表3-4 （1~5）标度含义

标值	含义
1	两个元素相比，前者和后者同样重要
2	两个元素相比，前者比后者稍重要
3	两个元素相比，前者比后者重要
4	两个元素相比，前者比后者强烈重要
5	两个元素相比，前者比后者极重要

其次，确定各级评价指标的权重。一级评价指标的判断矩阵B的特征值方程为$BW_b=\lambda_{max}W_b$，求得特征根λ_{max}和特征向量W_b。当判断矩阵B通过一致性检验后，W_b即为一级评价指标的权重，$W_b=[w_1, w_2, w_3, w_4, w_5]$。同理可得一级指标下二级评价指标的权重。

最后，确定城市评价指标权重值。依据层次分析法，确定了城市评价指标百分制的权重值，千分制需要乘10倍，如表3-5所示。

表3-5 城市品牌评价指标权重值 单位：分

品牌要素	二级指标	权重值
有形资产（22）	国内生产总值（GDP）	3
	国内外上市公司数	3
	AAA级以上景区数量	4
	获著名建筑奖数	2
	获地理标志产品数	3
	机场、码头、火车站数	3
	普通高等学校数	2
	省级及以上科研院所数	2
无形资产（22）	国家历史文化名城数	2
	国家级文化遗产名录项目数	2
	举办国家级以上节会数	4
	外来常住人口比例	2
	城市网络年搜索量	4
	国家级以上特色品牌数	5
	城市综合信用指数	3

续表

品牌要素	二级指标	权重值
质量 (28)	环境空气质量达到或优于二级的优良天数	2
	集中式饮用水源地水质达标率	2
	森林覆盖率	1
	城市建成区绿化覆盖率	2
	污水处理率	2
	生活垃圾无害化处理率	2
	城镇居民人均可支配收入	2
质量 (28)	平均预期寿命	3
	就业率	3
	犯罪率	2
	人均 GDP	3
	重特大安全生产事故数	4
服务 (16)	每千人口医疗卫生机构床位数	2
	每万人口全科医生数	3
	九年义务教育巩固率	2
	学前三年毛入园率	2
	每百人公共图书馆藏书量	3
	基本社会保险覆盖率	4
技术创新 (12)	R&D 经费支出	3
	省部级及以上科学技术奖数	3
	国家级高新区和经济技术开发区总数	3
	授权专利总数	3

注：如果某一级别城市全部缺失某二级指标，如县城没有城市综合信用指数指标，则其所属一级指标下所有其他二级指标权重值按比例增加。

按照以上评价方法，计算出部分城市一级和二级指标的评价结果，结果按照千分制给出，如表 3－6 所示。

表 3－6　部分城市品牌评价结果

排序	城市	城市品牌综合影响力	有形资产	无形资产	质量	服务	技术创新
1	苏州市	608. 55	417. 76	684. 22	680. 89	604. 72	545. 55
2	深圳市	594. 78	483. 01	490. 23	725. 80	565. 80	743. 64
3	广州市	581. 63	495. 13	353. 24	724. 49	691. 79	666. 08
4	武汉市	565. 90	514. 62	416. 80	672. 87	647. 75	548. 83
5	成都市	564. 63	487. 93	469. 22	655. 18	601. 90	495. 13
6	杭州市	549. 36	359. 29	498. 37	754. 65	612. 68	454. 05
7	南京市	537. 82	364. 74	402. 23	737. 82	602. 04	471. 70
8	厦门市	483. 99	209. 05	390. 32	805. 76	636. 89	192. 05
9	青岛市	476. 78	400. 90	225. 20	663. 54	638. 92	336. 53
10	长沙市	468. 49	326. 91	223. 49	687. 48	699. 47	342. 17

续表

排序	城市	城市品牌综合影响力	有形资产	无形资产	质量	服务	技术创新
11	泉州市	461.65	180.34	385.65	706.67	688.78	233.67
12	福州市	457.61	260.47	322.42	727.47	611.68	299.17
13	宁波市	456.16	264.91	314.05	720.27	534.23	388.06
14	沈阳市	454.91	339.81	287.85	692.92	562.29	212.27
15	大连市	452.75	353.78	238.43	659.98	570.12	377.86
16	西安市	447.37	332.87	267.43	623.37	599.68	358.82
17	哈尔滨	444.62	397.86	302.36	647.52	510.28	169.43
18	郑州市	439.87	334.16	396.16	590.11	579.36	261.81
19	无锡市	438.83	214.18	266.96	723.16	586.96	207.62
20	济南市	433.84	331.90	190.85	630.47	736.48	178.52

三、评价流程

1. 评价准备

（1）完善组织结构。城市品牌评价工作关系到城市的品牌整体建设绩效，关注度非常高；数据涉及政治、经济、文化、生态、环境、社会服务等各个方面，城市多、数据量庞大。因此，需要评价过程严谨、科学、高效，应成立专门的评价组织，职责包括但不限于数据收集、数据分析、专家委员会对全过程的诊断和咨询。

（2）建立城市数据档案。城市品牌评价的数据要求权威、客观，根据评价实践，数据基本来自统计年鉴、各部委公开发布的产业报告、部分省市政府官网公布的新闻报道，还有部分来自专业的数据系统，如专利数据来自 Soopat 等。笔者将通过各种渠道获取到的信息按照城市主线进行梳理和校正，形成了城市数据档案，做到数据的科学客观，实现数据的可追溯。在数据获取过程中，会出现多种现象，如来自多个渠道的数据不一致、城市在某个指标的数据缺失、城市某个指标值严重超出常规等，因此需要采取多渠道信息对照核实、专家对数据进行综合评判等方法确认。城市品牌数据的获取是长期、不间断的过程，为便于数据的存取，最好的策略是开发软件系统，能够实现存取、导入、导出、自校验、简单统计分析等。

（3）确定评价日。城市品牌评价一般按年开展，确定评价日期后，基本能确定数据的获取年份。

（4）声明评价结果有效期。品牌评价工作是动态的，评价指标值也是动态变化的，一般一次的评价结果在该评价品牌内有效，下一次评价结果发布后即失效。

2. 数据收集和验证

（1）人工定点主动收集。对于统计年鉴，以及来自公安部、生态环境部等部委的数据，可以在摸清规律后定时进行人工采集。

（2）开发软件工具自动收集。对于举办国家级以上节会数、重特大安全生产事故数等指标，可以开发简单的数据抓取软件自动采集、分析和处理，实现自动采集功能。

（3）与数据拥有组织约定收集。对于城市网络年搜索量、授权专利总数等指标，可以和数据拥有组织签订协议后定时获取。

3. 结果计算和展现方式

通过以上方法计算得出的评价结果，可采用以下展现方式：

（1）得分。如果为百分制，根据评价方法进行调整，使评价结果位于区间［0，100］，同理，若让得分为千分制，评价结果位于区间［0，1000］。

（2）分级。根据分数区间进行分级，如 A、B、C、D，或者优、良、中、差等。

（3）报告。可深入分析评价结果，从指标维度、城市类型维度、城市区域维度等多个维度对评价结果进行报告。

第四章

城市品牌建设案例

三亚城市品牌的核心要素

解树江　胡胜龙

近年来，随着国务院和海南省政府相继发布《海南国际旅游岛建设行动计划》《关于推进海南国际旅游岛建设发展的若干意见》《关于〈海南国际旅游岛建设发展规划纲要（2010－2020）〉的批复》等政策文件，海南国际旅游岛建设已经上升到国家战略的高度。作为著名旅游城市的三亚，在海南国际旅游岛建设中的地位是不言自明的。三亚要发挥城市品牌在国际旅游城市发展中的引领作用，就必须立足于城市的核心竞争力，牢牢把握城市品牌的六大核心要素，在此基础上树立三亚国际旅游城市品牌的崭新形象。

一、热带

虽然我国幅员辽阔，但是属于热带季风气候的区域很小。三亚是我国最南部的热带滨海旅游城市，“四时常花，长夏无冬”，与夏威夷同处一个纬度，被称为“东方夏威夷”。热带季风气候是三亚的独特竞争优势，《三亚市旅游发展总体规划（2008－2020）》（修编）将三亚的国际旅游形象定位为“永远的热带天堂”。因为地理位置优越，加上开发较晚，三亚的生态环境保护较好，拥有大片热带原始森林，森林植被覆盖率高达64%，城市绿化覆盖率高达44.4%。此外，三亚的热带水果、热带花卉深受游客喜爱。三亚引进和选育了许多优质种源，并建立了国家热带农业科学中心、国家热带现代农业基地。“三亚芒果”已经被成功地打造成国家地理标志产品，未来还将继续扩大“三亚莲雾”“三亚甜瓜”等热带水果的品牌影响力。

二、滨海

早在1988年三亚就提出了建设“国际著名滨海旅游城市”的目标，近年来更是提出建设世界级滨海旅游城市和“中国唯一的热带滨海旅游城市”的口号。三亚特有的海岸景观、沙滩景观、大海景观共同构成了其独特的滨海风情，具有独特的休闲度假和旅游观光的功能。海鲜是三亚当地特色美食，其中鲍鱼、海参、海胆被称为“海中三珍”，营养价值较高并被视为珍品。同时，三亚还盛产珍珠、珊瑚等深受消费者喜爱的高品质饰品。

三、国际

三亚具备打造国际旅游城市的交通运输条件。2018年三亚凤凰国际机场的年旅客吞吐量达到2004万人次，成为全国首个空港年吞吐量突破2000万的非省会地级城市。同年，三亚新开通至英国伦敦等13条境外航线，全年运行境外航线达36条，被列为空港型国家物流枢纽承载城市。此外，三亚凤凰岛国际邮轮港是亚洲最大的邮轮母港之一，有目前国内最好的邮轮码头，一次能同时停靠6艘3万~25万吨级的国际邮轮。

三亚抓住海南省建设国际旅游岛的契机，充分利用出入境免签证和落地签证的政策优势，在打造国际旅游城市方面走在了全国的前列。2018年，三亚制定并通过了《三亚市国际化城市指标体系和评估体系》，就是希望通过不断提升以旅游产业为核心的城市国际化水平，做到“让世界了解三亚、让三亚走向世界”。近年来，三亚成功举办了一系列具有国际影响力的品牌活动，如澜湄合作领导人会议、海南岛国际电影节、世界沙滩排球巡回赛、世界小姐选美总决赛等，吸引了众多国际游客的光临和众多国际媒体的关注，促进了三亚城市国际化水平的提升，也拓展了三亚城市品牌的国际影响力。

四、浪漫

天涯海角是一个美丽而浪漫的风景区，也是三亚一张别具一格的城市名片。“天涯海角”已经升华为一种代表着誓言、代表着承诺的符号。来自世界各地的成千上万的情侣们在这里漫步、拍摄婚纱照、举行婚礼等。以“天涯海角”为主题的歌曲不断地被创作出来，如《请到天涯海角来》《天涯海角》《天涯海角珍重》《我在天涯海角等你》《陪你到天涯海角》《美丽三亚浪漫天涯》等。这些歌曲要么介绍了三亚的风土人情，要么传递着“天涯海角”的爱情寓意。三亚顺势而为，倾力打造了椰梦长廊、情人岛、玫瑰风情小镇、亚特兰蒂斯等特色旅游项目，举办了天涯海角国际婚庆节、三亚国际音乐节、海南岛国际电影节等诸多活动，努力让游客全方位置身于浪漫氛围之中。

五、长寿

海南是全国百岁老人密度最大的省份，长寿指数居全国之首，百岁以上老人共1565名，平均每10万人中有17.13名百岁及以上老人，远超联合国“长寿之乡”的标准。2014年9月25日，海南岛被国际人口老龄化长寿化专家委员会评为“世界长寿岛”，截至2017年底，全世界仅有韩国济州岛、中国海南岛这两个“世界长寿岛”。如果说海南省是中国的长寿省，那么三亚市就是海南省的长寿市。三亚日照时间充足、气候生态适宜、地下矿物质元素含量高，所以人均预期寿命超过80岁，是中国最长寿的城市之一。

六、佛教

三亚的佛教文化源远流长。唐天宝年间，律宗祖师鉴真法师五次东渡日本受阻，漂至南山登陆弘法，最终从南山出发，六渡日本成功。唐贞元年间，日本遣唐僧空海大师西渡中国，亦被台风阻至南山，进而登陆求学求法。南山历来被佛家视为因缘殊胜的福泽之地，是佛教名山圣地。为了纪念鉴真法师在三亚弘扬佛法，三亚在南山脚下修建了中国最南端的寺庙——南山寺，并成功打造了南山佛教文化旅游区，包括南山寺、108 米南山海上观音、观音文化苑、十方塔林与归根园等。一大批海内外游客被南山佛教文化的魅力吸引而来到三亚。

三亚城市品牌的六大核心要素也是三亚打造城市品牌的六张王牌。热带、滨海、国际、宗教、浪漫、长寿六大核心要素构成了三亚城市品牌的独特内涵，形成了三亚在旅游市场的差异化竞争优势。只要三亚抓住海南自由贸易试验区建设的历史性机遇，紧紧围绕城市品牌核心要素，培育丰富多彩的旅游消费新业态，创建国际一流的旅游消费环境，进一步提升三亚城市品牌建设的一致性和系统性，进一步拓展三亚城市品牌知名度和影响力，三亚打造世界级滨海旅游城市的战略目标一定会早日实现。

（作者单位：中央民族大学中国品牌研究院）

杭州打造城市品牌的基本经验

胡胜龙　宋治环

杭州是中国全面、快速、高品质发展的典范城市之一，也是世界城市品牌建设工作成效显著的城市之一。总结和提炼杭州城市品牌建立、培育与发展的基本经验，不仅有利于杭州城市品牌的自我认知和优化改进，也有利于为其他城市品牌建设提供参考与借鉴。

一、城市管理者重视城市品牌工作

长期以来，历任杭州城市管理者普遍高度重视杭州的城市品牌工作，这对杭州城市品牌的发展带来了深远影响。杭州市委书记周江勇、杭州市长徐立毅，以及主政杭州十年之久的前市委书记王国平等，都十分尊重杭州的城市发展规律，对与城市品牌相关的具体工作有非常严格的要求，这极大提升了杭州的城市格局和城市品质。

例如，王国平通过打造杭州“东方休闲之都，生活品质之城”的城市品牌，促进城市无形资产的经营，进而提升了城市的知名度、美誉度和竞争力，使杭州获誉无数，此外进一步带动了土地、基础设施等有形资产的经营，实现了城市品牌的增值。在其卸任之际，杭州已经真正成为一座具有“中国特色、时代特点、杭州特征”的城市。

在杭州享受着城市品牌溢价的同时，周江勇和徐立毅也进一步将杭州的城市品牌建设工作向前推进，提出要以筹办亚运会为契机，从城市设计的高度去规划，秉承“产城人融合”的发展理念，深入推进“八八战略”，既强调推进流域治理、绿道建设等工作，完善各项城市功能，又注重打造杭州城市品牌的独特韵味和别样精彩，以期持续提升城市品质，把杭州“生态文明之都”“美丽中国样本”等品牌做得更好，让杭州发展更强劲、人民生活更美好。

二、政府有明确的城市品牌战略

政府拥有明确的城市品牌规划与实施路径，是杭州成功打造城市品牌的又一项重要经验。历届杭州政府始终坚持“一张蓝图绘到底、一任接着一任干”的明确思路，确保了政策的稳定性，从而在建设品牌名城的进程中不断地取得成果。

杭州市几乎每年都对品牌强市战略进行具体布局。2005 年政府工作中强调要“努力打响东方休闲之都品牌”；2006 年政府工作中再次强调“打响东方休闲之都品牌”，并提到要“积极实施品牌战略”；2008 年政府工作中继续“实施品牌战略”；2011 年政府工作继续“实施品牌战略”；2012 年政府工作开始实施“品牌和标准化战略”与“品牌建设”工程；2015 年政府工作强调实施“品牌强市”战略；2016 年政府工作提出“打响城市国际化品牌”和“实施品牌战略”；2017 年政府工作中提出实施“品牌 +”战略与行动；2019 年政府工作中强调推进“品牌强市”建设。在 2017 ~ 2019 年的政府工作报告中，杭州市政府连续三次提到打造“赛事会展之城”和“一会一赛”品牌，这些都体现了其一直以来明确、延续的城市品牌规划与实施路径，这也是杭州在城市品牌发展的道路上不断进步，最终成为享誉全国的品牌名城的原因。

三、企业品牌助力城市品牌发展

《品牌评价　城市》（GB/T 35779 – 2017）中将“国内外上市公司数”和“授权专利总数”指标列为城市发展实力考量的一部分，体现了企业品牌和企业创新能力对城市品牌发展的重要性。

杭州拥有一流的企业创新创业环境，在 2018 年中国民营企业 500 强名单中，杭州入围企业有 36 家，占全国的 7. 20%，占浙江省的 38. 71 %，连续十六次蝉联全国城市第一名。根据《2018 杭州创新创业指数》，杭州创业项目数量连续四年排名全国第一，同北京、深圳一道被公认为中国创业潮的三大中心。一方面，截至 2018 年底，杭州境内上市公司数量达 132 家，总市值达 13284 亿元，两项数据在全国各大城市中名列第四位，仅次于北京、上海和深圳，超越广州位居省会城市第一名，境外上市公司数量也有 42 家；另一方面，2018 年杭州市全年发明专利授权 10267 件，增长 4. 0%，排名国内城市第五名。

可以说，阿里巴巴、吉利、万向、娃哈哈等一批民营企业品牌的发展推动了杭州城市品牌的发展，反过来杭州城市品牌的发展也推动了企业品牌的发展。

四、重大节会提升城市品牌价值

“举办国家级以上节会数”是《品牌评价　城市》（GB/T 35779 - 2017）的重要指标，杭州在该项指标上表现非常突出。

近年来，杭州举办了多次重大节会，最重要的是 2016 年 9 月举办的第十一次 G20 峰会。这次峰会共有 36 位国家元首和国际组织负责人参加，是当年中国举办的级别最高、规模最大、影响最深远的主场外交活动。

G20 峰会的召开给杭州带来了巨大机遇，使杭州的开放型经济实力显著增强，基础设施建设全面升级，城市风貌焕然一新，人民生活大幅改善，市民素质日渐提高，这些都扩大了杭州的国际美誉度和影响力，提升了杭州的城市品牌价值。自峰会以后，杭州的对外开放和国际化道路进入新阶段，不仅发布《关于全面提升杭州城市国际化水平的若干意见》，还将 G20 峰会圆满结束的 9 月 5 日设为“城市国际化日”，从而进一步推进杭州的国际化。

当前，杭州正在全力以赴备战 2022 年第十九届亚运会。“莲花”奥体中心、杭州西站、10 条城市地铁线等各项工作都在有序展开。未来，杭州将秉持“绿色，智能，节俭”的理念，通过办好亚运会，向各国人民展示杭州的城市特色和中国文化，扩大杭州城市品牌影响力。

五、历史文化传播城市综合口碑

“国家历史文化名城数”和“国家级文化遗产名录项目数”是评价城市综合口碑的核心指标。

杭州是中国八大古都之一，被评为第一批国家历史文化名城，拥有世界级非遗名录 4 项、国家级非遗名录 44 项，历史文化悠久，文化资源丰富。众多文人墨客在杭州留下的事迹数不胜数，这些历史文化积淀已成为杭州的一笔珍贵财富，使杭州在当代仍能不断焕发新的生机。

另外，杭州的历史文化早已融入杭州人的生活，既有代表“中国篆刻艺术”的西泠印社、象征典雅精致水墨气息的美丽西湖，又有代表历史记忆和地方特色的杭剧、杭扇、杭绣、清河坊等，它们都载有杭州的历史文化，是活化石一般的存在。一直以来，杭州人以手工艺与民间艺术为载体，很好地传承与发展了历史文化，为此还入选了联合国“全球创意城市网络”中“手工艺与民间艺术之都”的城市名单。

如今的杭州已经走在中国城市品牌发展的前列，未来杭州需要做的就是进一步提升国际化水平，打造国际著名的城市品牌。

（作者单位：中央民族大学中国品牌研究院；中国文旅品牌集群）

黄山市：城市品牌中的改名风波

胡胜龙

身为一个土生土长的安徽人，当别人提到黄山时，笔者总是会想到两个概念，一个是有着世界文化与自然双重遗产、被徐霞客赞为“五岳归来不看山，黄山归来不看岳”的风景名胜；另一个是位于安徽省最南部、皖浙赣“三省通衢”的地级市，好在每次都可以结合上下文语境来理解。不过值得注意的是，到黄山旅游一定要搞清楚黄山市、黄山区、黄山风景区三个概念，因为这是三个不同的地方，其中黄山区位于黄山市的北部，距离市中心屯溪区有一百五十里，而黄山风景区占黄山区的2/3，所以如果打车只说去黄山，司机都不知道你要去哪里。

事实上，笔者相信这样的困扰每一个了解、关心黄山的朋友都遇到过，追根溯源，它来源于之前的城市改名风波。

一、黄山市改名由来

徽州古称新安，宋徽宗宣和三年（1121年），徽州之名由歙州诏改而来，距今已有近900年的历史，直到当代，徽州遭遇了改名风波。

1979年7月，正值改革开放后不久，国内还没有旅游业，这是因为新中国成立以来，旅游活动被视为游山玩水、吃喝玩乐的资产阶级生活方式，常被指责为“崇洋媚外”“洋奴哲学”。此时，75岁高龄的邓小平特意来到安徽爬黄山，在登山期间发表著名的“黄山谈话”，提出“要有点雄心壮志，把黄山的牌子打出去”，并再次表达“旅游事业大有文章可做，要突出地搞，加快地搞”的思想，还建议设立黄山风景区。可以说，这次谈话给国内传统经济发展领域开辟了一条新道路、一种新模式。

此后，安徽省政府召开省委常委会议，聘请各方面专家学者对黄山及皖南的旅游资源进行调查研究，并最终于1983年先后三次上报国务院，要求设立黄山市。1983年12月，国务院批准撤销太平县建制，将黄山和汤口从徽州市划分出来，联合太平县成立省辖县级黄山市。应该说，到这个阶段为止，县级黄山市的发展是顺应历史潮流和人民心意的，对于打造黄山风景区的旅游品牌也大有裨益，但是事情很快发生了转变。

1986年6月，省辖县级黄山市改由徽州市代管，徽州市开始辖县级黄山市等两市七县。1987年，因行政利益之争，徽州市想“名正言顺”地管理县级黄山市，于是向上级提议合并徽州市和县级黄山市，其结果是上级同意合并，但是为了黄山风景区的旅游宣传作用和带动更多行政区域发展，决定撤掉地级市徽州市，改名为地级市黄山市，原属徽州市的石台县、绩溪县、旌德县也分别划归池州市、宣城市，形成了现有黄山市下辖三区四县①的局面，古徽州一府六县②的格局则被彻底打破。这样一来，徽州市政府可谓“赔了夫人又折兵”，消息一出，不仅徽州市政府官员大为吃惊，人民群众也是反应激烈。

二、徽州市改名黄山市的利弊分析

在改革开放后，国内很多地方掀起了改名大潮，时至今日，城市改名的很多。其中，地级市改名成功的有，如湖南大庸市改为张家界市、云南思茅市更名为普洱市等；县级市改名成功的也有，如湖北蒲圻县改为赤壁县、福建崇安县改为武夷山市、云南中甸县改为香格里拉、四川灌县改为都江堰市、四川南坪县改名九寨沟县等。这些城市原有名称的历史文化涵义较少，改名也大多突出了当地的风景名胜、优势资源和历史事件，因此

---

① 三区指屯溪区、黄山区、徽州区，四县指歙县、休宁县、祁门县、黟县。

② 古徽州一府六县，指歙县、黟县、休宁、祁门、绩溪、婺源，府治在歙县，其中前四个县在现在的安徽省黄山市，绩溪县1987年划归安徽省宣城市，婺源县1949年划归江西省上饶市。

推动了当地旅游业的发展，是成功的改名经验。而和徽州一样有上千年历史的地级襄阳市，自1950年改名为襄樊市后，期间不断变更行政区划，直到2010年才恢复为襄阳市，这对徽州市与黄山市的改名之争有很大借鉴意义。

从利的方面看，黄山市设立后，便于政府对外宣传安徽旅游的标志，且为此投入了大量宣传费用，一定程度上打响了黄山风景区在世界旅游界的知名度，让外国游客便于获取信息和查找路线等，短期内促进了黄山风景区的旅游国际化。时至今日，黄山市的目标也还是打造“安徽旅游龙头、华东旅游中心、中国旅游名牌、世界旅游胜地”，希望实现“国际旅游城市”的目标。

从弊的方面看，首先，古徽州是徽商故里、徽文化的重要发祥地，徽墨、徽剧、徽菜、徽派建筑、徽派四雕、徽派文献等物质遗产流传至今，新安画派、新安理学、新安医学等文化遗产影响深远，这些不是黄山所能涵盖的。用30余年的黄山市替换掉近900年的徽州市，让城市品牌少了很多历史和文化底蕴。

其次，徽州市改为黄山市，是一种不严肃的改名方式，显得过于草率。事实上，城市改名应该有一个科学的程序，其最终目的是最大限度推动当地发展。在我国，全国地名管理的主管部门是民政部，同理，县级以上行政区域的地名工作由相关民政管理部门或地名委员会主管。类似徽州市改名为黄山市的案例，《人民日报》曾专门发声，认为城市改名会涉及行政区划名称的命名、更名，需要按照国务院《关于行政区划管理的规定》报由国务院审批，在未经批准的情况下，任何单位和个人不得擅自决定。城市改名更需要的是一个民主的程序，要能符合最广大人民的利益和需求，与城市名称打交道最多的就是当地居民，所以地方政府应该建立公共参与机制，让当地居民参与到地名更名、命名的过程中，这既是对当地居民的尊重，也是对地名的负责①。

① 城市改地名“规矩”：更名需征得当地群众同意［EB/OL］. http：//news. cctv. com/2016/08/02/ ARTIQePd9ZrbXoDAd4FV6xzr160802. shtml.

再次，“名不正则言不顺”，安徽省的“安”字来自于安庆府，而“徽”取自徽州府的徽字，提到安徽自然少不了徽州，现在却变成有“安”无“徽”。又如前文所述，地名的价值还包括便利市民生活，如果一个地方既有黄山市，又有黄山区、黄山风景区，山名、区名、市名的混用必然会给游客带来很多不便，也不利于政府借改名发展旅游业的初衷，这也是一种“名不正则言不顺”。

最后，黄山市一味打造国际旅游城市品牌，却忽视了境内游客的需求，使改名之后的黄山市没能打响在国内的知名度，境内游客大多只知黄山而不知黄山市。根据文化和旅游部发布的《2018 年旅游市场基本情况》，2018 年中国全年接待海内外旅游者 56.802 亿人次，其中接待境内游客 55.39 亿人次，占比 97.5%；接待入境旅游者 1.412 亿人次，占比 2.5%。全年旅游总收入 5.97 万亿元，其中国内旅游收入 5.13 万亿元，占比 85.9%；旅游外汇收入达 0.841 亿元，占比 14.1%。再根据《黄山市 2018 年国民经济和社会发展统计公报》，2018 年黄山市全年接待海内外旅游者 6486.59 万人次，其中接待境内游客 6223.80 万人次，占比 95.95%；接待入境旅游者 262.79 万人次，占比 4.05%。全年旅游总收入 572.76 亿元，其中国内旅游收入 517.04 亿元，占比 90.27%；旅游外汇收入 55.72 亿元，占比 9.73%。由此可见，如今境内游客带来的旅游人数和收入都大幅超过境外游客，优先考虑境内游客的需求也变得越来越重要，这是当初政府没有想到的事。

三、徽州市复名的现实问题

近年来，徽州文化不断得到挖掘和提升，坊间关于“成立徽州市”的呼声又逐渐兴起，认为“徽州的美可以包括黄山的美，而黄山的美却不足以涵盖徽州的美”。直到现在，在地级市改回旧名的舆论中，黄山改回徽州的呼声仍是最高的。对此，黄山市的人大代表及政协委员曾多次在全国两会上提出恢复徽州地名，前黄山市市长也认为，“考虑到文化的正本清源，现在是改回来的时候了”，身为徽州人的陶行知夫妇更是早早就呼吁改回原名。

徽州市的复名，一方面要衡量成本—收益核算的问题，此处以经济学中的机会成本进行分析，分为显性成本与隐性成本。显性成本包括：一个地方如果需要改名，则其市、区、乡以下所有单位的地图、公章、牌匾、出版物等都要改制重印，换上新地名；企业的工商营业执照、税务登记证、卫生许可证、土地使用证等也都要修改；市民个人还需要更改户口本、改身份证、改房产证、改经营许可证等各类证件。例如，襄樊市复名襄阳市，显性成本费用是1亿元；石家庄市曾欲更名为正定市或西柏坡市，如若更名成功，则至少需要耗费超过10亿元的行政开支。隐性成本包括：地名更改后为了修改名称，各机关单位、企业及个人所耗费的时间、人力成本等，这是无法估算的，而地方政府之前为了吸引国际游客所宣传打造的国际旅游品牌，也将失去效用。

另一方面，徽州市的复名牵涉面广，如果恢复中华人民共和国成立后的徽州市之名，则牵涉到宣城市绩溪县的行政利益，而如果恢复成中华人民共和国成立前的古徽州市之名，更是牵涉到江西省上饶市婺源县的行政利益。所以，徽州市复名的牵涉面较广，情况比较复杂。对此，民政部表现出谨慎态度，答复称需要进行科学的研究和论证，广泛征询民意，待时机成熟时，由安徽省、江西省人民政府按程序上报审批。

综上所述，有关徽州市复名，政府如欲启动此事，应该先向社会公开改名显性成本、隐性成本、牵涉面广的问题，广泛征求人民群众和专家学者的意见之后，再做决定。

从“黄山市”与“徽州市”的地名之争可以看出，地方政府在打造城市品牌的过程中，只侧重黄山风景区的自然景观，忽视了徽州市的历史人文底蕴，缺乏一定的文化自信，造成了巨大争议，未来必须二者融合、协同发展，才能打造好徽州和黄山的城市品牌，真正让徽州文化、黄山风景走向世界。

（作者单位：中央民族大学中国品牌研究院）

诸暨城市品牌中的西施要素

胡胜龙

诸暨市位于浙江省中北部，属绍兴市管辖，是著名的越国故地、西施故里。千百年来，中华大地上出现过的国家、朝代数不胜数，古越国虽是春秋五霸之一，但在整个历史长流中仍然只是沧海一粟，诸暨市很难仅依靠“越国故地”打造成功的城市品牌。因此，诸暨市最大的城市品牌还是在“西施故里”，千百年来，在受到每一个华人认可的中国古代四大美女①中，“秀色掩古今”的西施稳坐第一名位置，在国人心目中的地位可谓尊崇和不可替代，而西施作为诸暨人，天然地便成为了诸暨城市形象的代言人，是诸暨城市品牌中的重要元素。

一、西施故事梗概

早在2006年，“西施传说”便被列为第一批国家非物质文化遗产名录，而在既根据史实又参照传说写成的诸多西施故事中，内容最为翔实的便是《吴越春秋》，后被改编成昆曲《浣纱记》，描写了西施与范蠡二人相恋、离别又最终团圆的爱情故事，形成了大多数国人对西施的印象。

公元前494年，越国攻打吴国，越王勾践战败请降，在范蠡陪同下到吴国为奴三年，逐渐赢得吴王夫差信任后才获释返国。回国后，勾践卧薪尝胆，接纳范蠡、文种的建议，一方面发展经济、整顿兵力，另一方面使用美人计，消磨夫差意志。为了国家社稷，范蠡想到了拥有倾国倾城貌的

① 中国古代四大美女，指西施、王昭君、貂蝉和杨贵妃。

民间浣纱女西施，虽然他们之间已产生感情并私订终身，但最终他还是同意将西施献给夫差，以此成功削弱吴国实力。最终，越国于公元前 473 年打败吴国，成功报仇雪恨，范蠡和西施虽立有大功，却都急流勇退，离开越国而泛舟五湖。

一方面，西施帮助越国打败吴国后，历代文人墨客们纷纷称赞西施割裂私情、以身救国的慷慨大义，认为她不贪图荣华富贵，用她的姿色挽救了越国；另一方面，西施与范蠡有情人终成眷属的结局也深受中国老百姓的喜爱，老百姓们对此津津乐道又回味无穷。正因为此，西施故事慢慢成为中国人美的文化符号和理想生活的代名词，在中华大地上广为流传①。

二、西施排名四大美女第一

有人认为，按照时间来说，西施生活在距今 2500 年的春秋末年，而昭君生活在西汉、貂蝉生活在东汉、杨贵妃生活在唐朝，因为西施第一个在历史上出现，便习惯性先被提起，慢慢地就变成中国古代四大美女以西施为首，排名第一。事实上，西施、王昭君、貂蝉、杨贵妃之所以能被合称为中国古代四大美女，除了“沉鱼落雁之姿、闭月羞花之貌”外，主要还在于她们在历史发展过程中的重要地位和作用，西施能够名列第一名，知名度相对于其他三个美女要高，就在于她发挥的作用最大。

西施本是越国苎萝村（今诸暨市苎萝村）贫穷山野间的浣纱女，心脏还有点问题，身体状况不是很好，被送进吴宫时也只是宫女身份，需要不断向上晋升，在这样的条件下，西施要想做好如此重要的卧底工作，其难度可见一斑。但西施做到了，她成功颠覆了敌国，既迷惑消磨了夫差意志，又挑拨离间了吴国君臣，成功削弱了吴国国力，最终使越国能够一雪前耻并成为春秋五霸之一，此后西施也功成身退，与范蠡泛舟五湖。

王昭君去匈奴和亲，历史上也是影响了一个国家，带来汉匈四十几年

---

① 谢芳芳.《浣纱记》故事源流考［D］. 苏州大学硕士学位论文，2004.

的和平，虽然她也是宫女出身，但却是以昭君的身份去和亲，相当于公主地位，所以进入匈奴后受到了重视和优待，其工作难度比不上西施，结局是在边塞孤独终老。

貂蝉是个歌女，美貌动人，使的是离间董卓和吕布的美人计，最终帮助司徒王允借吕布之手除掉董卓，对政局产生一定的影响，但并没有影响整个东汉末年兵马混战的局面，貂蝉自身也在吕布被杀后下落不明。

杨贵妃是唐玄宗的爱妃，一生经历颇为传奇，与之相关的有妃子笑、贵妃醉酒等故事，最为人称道的是她和唐玄宗之间的诚挚爱情，引发后人憧憬与向往，至于间接引发安史之乱、自缢马嵬坡的祸果，杨贵妃都只能是被动接受。

由此看来，出身低微、身体柔弱，却在历史发展过程中发挥了大的作用，并且结局圆满的西施，位列中国古代四大美女第一是当之无愧的。

三、西施故里的着力点

西施故里是国家 AAAA 级风景名胜旅游区，诸暨市政府围绕该城市品牌，着力打造西施殿、范蠡祠、浣纱石、中国历代名媛馆、古越文化区等景点，举办西施文化节、西施马拉松、中国（国际）珍珠节等节庆活动，生产西施豆腐、西施团圆饼、西施舌等特色产品。此外，诸暨市政府还通过影视、戏曲、文学作品、微电影等多种形式，对内、对外不断弘扬传统西施文化、展示现代西施之美、传承西施精神。

其中，西施故里最具特色的活动当属西施文化节，每两年举办一次，期间诸暨市会进行秋祭西施大典活动、越剧《西施断缆》公演、《西施姑娘回故乡》特色节目、十番古民乐、擂马舞蹈、草塔仪仗、全民诵西施群文活动、“全民画西施”书画活动等诸暨民间文化艺术的表演，并再现蛋雕、棕编、根雕、竹刻、剪纸等诸暨民间手工艺产品的展示与制作，呈现浓郁的地域文化特色。当地政府对西施故里的招牌非常重视，西施文化的品牌效应也在诸暨有所显现，但是这张牌到底还是没打好，因为在平常人眼中，诸暨还是没有等同为西施故里，或许等到有一天诸暨市改名成“西施市”，反而会带来更好的城市品牌效应。

综上所述，笔者建议，充分发挥西施故事的品牌效应，立足西施在国人心目中的文化认同，围绕西施的文化符号，继续按照“讲好西施故事、弘扬西施文化、打响西施品牌”的思路，打造好诸暨市的水乡古城和历史街区，加强对西施文化的研究、保护、发展，做到既传承诸暨市的优秀传统文化内涵，又打响“西施故里、好美诸暨”的城市品牌。

（作者单位：中央民族大学中国品牌研究院）

澜沧拉祜族自治县的特色城市品牌之路

胡胜龙

澜沧拉祜族自治县是全国唯一的拉祜族自治县，位于云南省西南部的普洱市，因东临澜沧江而得名，目前聚集了全世界1/3、全中国1/2的拉祜族人口。拉祜族是一个古老而神秘的民族，有着独特的民族风情和丰富多彩的史诗、舞蹈、节日等，是一个跨国分布的民族，其以口头流传的创世史诗《牡帕密帕》最为著名，舞蹈则以芦笙舞、摆舞和跳歌最具民族特色，最为盛大的节日是每年一次的葫芦节。可以说，澜沧拉祜族自治县拥有天然的城市品牌要素，这样独特而有意义的文化与活动，能够与城市品牌实现最完美的融合，未来只需要利用好这三大方面的优势，打造拉祜族文化与活动的特色旅游，该县的城市品牌就能轻松打响。

一、创世史诗《牡帕密帕》

“牡帕密帕”是拉祜语的音译，意为“造天造地造人”，是澜沧拉祜族自治县最重要的传统民间文学作品，是拉祜族内流传最广的一部长篇诗体神话，入选2007年第一批国家级非物质文化遗产名录。

《牡帕密帕》讲述了拉祜族开天辟地的故事，记录了天神厄莎造天造地造物造人、教人制造工具生产等传说，从开天辟地写到生儿育女，从筚路蓝缕写到美满幸福，涉及拉祜族生活的方方面面，整体内容十分丰富，可分为歌头、正文、歌尾三个部分，共2300余行，涵盖了政治、经济、文化、历史等多方面的内容，堪称拉祜族的历史文化百科全书，如若完整演唱需要三天三夜。

《牡帕密帕》全诗体现了浓郁的神话色彩，想象力极为丰富，故事生动离奇，具有很高的艺术性，诗歌中既展示了拉祜族原始唯物主义的思想，又反映了原始宗教崇拜的观念，还记录了拉祜族婚姻形态的演变，是一曲真正体现拉祜族民族精神的赞歌，也是集历史、宗教、民俗、伦理观念于一体的文化财富与精神财富①。

在传承方面，大多数的民间史诗仅用来吟诵，《牡帕密帕》却是群体性的演唱活动，一般伴有台唱和轮唱，会在传统节日、宗教活动或农闲时节进行，娱乐成分较大，且旋律简单、曲调通俗流畅、歌词格律固定、对偶句居多，易于上口和传唱，所以拉祜族人民往往围着篝火，一边通宵达旦地饮酒听歌，一边对年轻人言传身教、口口相传。

在发展方面，经过专家学者的收集整理，拉祜文和汉文版本的《牡帕密帕》已经在2007年顺利出版发行；2016年，经过民族舞蹈专家和县民族文化工作队的多次编排、提炼和精选，《牡帕密帕》被转化为舞台剧，登上了澜沧县城民族剧院的舞台并获得圆满成功；2018年，澜沧拉祜族自治县又创作了精编版歌舞诗《牡帕密帕》，引发观众的一番高潮；此外，还有动漫公司以拉祜族历史文化为题材，将《牡帕密帕》拍成动画片等。

未来澜沧拉祜族自治县可以继续将史诗《牡帕密帕》作为文化IP，学习西安大唐芙蓉园的做法，围绕它打造更多电影、舞蹈、戏剧、大型演出等。

二、摆舞、跳歌、芦笙舞

拉祜族能歌善舞，舞蹈具有独特的民族风格和浓郁的生活气息，最广为流传和具有特色的舞蹈主要是摆舞、跳歌和芦笙舞三种，每年能够吸引很多游客慕名而来。

摆舞是拉祜族特有的一种民间舞蹈，摆舞多由女性参加，为拉祜族妇女所钟爱，主要表现了拉祜族女性在生产劳动和生活中的各种情趣，共81

① 牡帕密帕［EB/OL］. http：//www.ihchina.cn/project_details/12182/.

个舞蹈套路，可分为步法型和摆手型两类，其中步法型以下肢动作为主，摆手型以手臂和肩部动作为主，每个套路都有自己的含义。摆舞一般不受时间、地点的限制，只要高兴便可以聚众进行，要是遇到节假日等欢庆活动，则更加盛行。具体来看，摆舞一般会由几个舞技娴熟的人领头，一边敲打长鼓、象脚鼓、镲、锣等，一边领舞，其余参舞者按照轻快的鼓点、节奏随之翩翩起舞，其形式不拘一格、灵活多样，既可围成一圈或几圈跳，又可排队列队跳。摆舞中的姿势舒展优美、婀娜多姿，所以往往带给人们以美的享受。

拉祜族拥有“七十二套路”的跳歌，是拉祜族自成体系的又一古老舞种，曾被美国国际民间艺术组织评价为“全球十大民间舞蹈”之一，颇受欢迎。舞蹈开始时，大家会在平地上围成一圈，伴随着芦笙音乐翩翩起舞，一边舞还一边唱，歌词可以是即兴即景的，可以是调情逗趣的，可以是猜调出谜的，可以是表现生产生活的，还可以是神话传说和传统故事等。

芦笙舞是一种传统集体舞，是摆舞与跳舞形成的基础，内容丰富多彩，或再现劳动场面，或模仿动物的姿态等，舞姿细腻而又热情奔放。具体来看，芦笙舞一般需要先在广场上放置篾桌，篾桌上盛有水稻、玉米、茶叶等各色丰收产品，篾桌前有村寨长老在向神祷告，感恩神灵保佑风调雨顺。祈祷完毕后，芦笙演奏者带领全寨人围成圆圈，手拉手地边唱边跳，歌舞达旦①。像20世纪50年代拉祜族电影《芦笙恋歌》和其主题曲《婚誓》在人们心中留下了深刻印象一样，芦笙舞也随电影和歌曲被推广到全国，至今仍在许多观众心里留有印象。

总的来看，拉祜族没有自己的文字，这所有的歌舞、套路都是一代代拉祜人在口传身授过程中保存下来的，实属不易。未来还需要借助这些灿烂的文化遗产，打造澜沧拉祜族自治县的文化与旅游IP，实现少数民族地区的特色发展与可持续发展，如《摆舞之乡》被作为“中国拉祜族歌曲演

① 韩志勇．论地域文化在主题酒店室内设计中的运用［D］．昆明理工大学硕士学位论文，2015.

唱大赛”的参赛歌曲进行了展播。

三、葫芦节与葫芦文化

在澜沧拉祜族自治县，人们到处可见葫芦的标志和图案，因为葫芦包含着拉祜族特有的民族风情和民族文化，是拉祜族的生活伴侣。据说拉祜族人的身上总离不开葫芦，尤其是男人，至少会有一个用来装水或装酒，一个用来装火药，一个用来做葫芦笙。

根据拉祜族创世史诗《牡帕密帕》的传说描述，拉祜族的祖先是天神“厄莎”在农历十月十五那天用葫芦培育出来的，葫芦就是带给他们生命的圣灵，所以拉祜族认为他们是葫芦的后代，把葫芦看成是祖先的化身和全民族的吉祥物，而葫芦也已经成为拉祜族的标志，每年4月8~10日举办的葫芦节就是拉祜族最大最隆重的节日。

葫芦节，拉祜语称为“阿朋阿龙尼”，举办葫芦节的时候，各村寨都会举行歌舞狂欢，各村民也都会穿着灿烂的民族服饰，载歌载舞，纷纷带着自酿美酒与糯米粑粑，集中在每个村子的广场，开始一年一度的庆祝活动。活动开始时，人们会在歌舞场地中央放置一对葫芦，这象征着拉祜族的祖先，并让每个人对它表示恭敬，以便随时把祖先的恩情记在心里。随后，领舞男子开始吹奏芦笙、敲打象脚鼓，大家共跳摆舞、打歌、芦笙舞，男女青年则会进行民歌对唱，举行荡秋千、背水、打陀螺、射弩等体育比赛与游戏表演，老人们也会相约在火塘边，边饮酒边颂唱创世史诗《牡帕密帕》①。

如今，澜沧拉祜族自治县将文化遗产《牡帕密帕》与三大舞蹈的艺术遗产，结合民族服饰、民族美食，成功打造了独一无二的葫芦节。葫芦节期间，澜沧拉祜族自治县等地会举行隆重的物资交流会，开展非物质文化遗产展示、农特产展销、手绘葫芦大赛、芦笙舞比赛以及打陀螺、丢包等趣味文化活动。2018年葫芦节期间，当地宾馆旅社价格普遍上翻了3倍，

① 拉祜族葫芦节：葫芦信仰［J］. 文化月刊，2010（9）：11-12.

而且家家爆满，星级酒店入住率超过95%。

可以说，葫芦节已经成为澜沧拉祜族自治县的传统民族节庆品牌，成功延伸了拉祜族文化，未来澜沧县还要进一步打好“葫芦文化”这一张牌。

总的来看，澜沧县的三个特色城市品牌都立足于拉祜族鲜明的历史文化，所以未来可以在充分挖掘拉祜族民间文化的价值和作用的前提下，遵照乡村振兴战略，继续打造“中国民间文化艺术之乡”，加强其过程管理和文旅融合，进而推动优秀民族民间文化艺术的发展和创新，推进全民族文化和旅游的发展。

（作者单位：中央民族大学中国品牌研究院）

曲水县：擦亮净土健康产业品牌

格桑邓珠

党的十九大报告指出，“实施乡村振兴战略，要坚持农业农村优先发展，按照产业兴旺、生态宜居、乡风文明、治理有效、生活富裕的总要求，建立健全城乡融合发展体制机制和政策体系，加快推进农业农村现代化”。而发展净土健康产业，正是曲水县做强农牧业、致富农牧民、建设美丽乡村的具体实践①，对促进城市转型发展，提高城市质量，突出地域个性具有重要意义，有利于曲水县打造自身城市特色品牌。根据《曲水县2019年政府工作报告》，净土健康产业是指以青藏高原纯天然和无污染的草原、耕地、水土为条件，以提高高原生态环境服务生活的效率和价值为核心，以促进高原有机农业和畜牧业生产为基础，以发展高原有机保健食品、高原有机生命产品、高原正宗保健品、快乐旅游和清洁能源为主体，以先进技术改造和推广传统产业为重点②，集中各种独特的资源，实现产业升级和复式化。

一直以来，青藏高原被称为世界上“最后一方净土”，拥有水、土壤、空气和人文环境“四不污染”的独特地域优势③。在这种纯天然、无污染的环境下，特别适合发展以高原有机健康食品、高原有机生命产品、高原地道保健药材、乐活旅游和清洁能源为主的净土健康产业。

---

① 人民网．2017 年拉萨市创新方式方法大力发展十大产业［EB/OL］．http：//xz. people. com. cn/n2/2018/0104/c13890 1－31105.

② 格桑玉珍．达孜县城郊观光型生态农业发展对策研究［D］．中国农业科学院硕士学位论文，2014.

③ 陈献森．对堆龙德庆县发展净土健康产业的思考［J］．新西藏，2014（1）：33－34.

拉萨市曲水县作为最先抓住净土健康产业发展机遇的城市，自 2013 年成立净土健康产业园区后，一直以推进高原有机农牧业生产为基础，重点打造了以藏中药材、高原球根花卉、奶牛养殖等为主，以有机青稞增产增效、藏鸡养殖等为特色的净土健康产业。经过多年的发展壮大，曲水县的净土健康产业已经取得较好的发展成果，在农牧业产业化经营、规模化运作、科学化管理上实现突破，产生巨大的经济外溢性，走出一条可供借鉴的高原特色产业发展之路，获得了人们的广泛认可①。曲水县净土卫生产业已成为当地经济发展的支柱产业，是最亮眼的城市品牌名片之一，所以总结曲水县打造净土健康产业城市品牌的经验，将有利于其他城市进行学习和借鉴。

一、擦亮净土健康产业的生态品牌

拉萨市委常委、副市长周普国曾对净土健康产业进行过概括，"所谓纯土地卫生产业的实质是发展绿色 GDP，重点是健康和污染"，可见净土健康产业所带来生态效应的重要性。

青藏高原的生态环境极其脆弱，生态稳定性极低，且一旦遭受破坏将很难恢复，所以很多农业生产活动会受到限制。为此，曲水县深入学习践行"绿水青山就是金山银山""冰天雪地也是金山银山"的重要论述，坚持绿色发展理念，一直朝着绿色有机的示范县努力并获得诸多有机示范认证，其中一个重要抓手就是净土健康产业。净土健康产业因为土壤农药和化肥施用量低，能够有效减少以往农业生产过程中容易出现的空气污染、水质污染和土壤污染等，顺理成章成为曲水县重点发展的产业之一。2018 年曲水县通过发展净土健康产业，实现绿色有机种植总面积 7.87 万亩，占全年总播种面积的 62.81%，这一天然、有机、健康、环保的生产方式，真正实现了当地绿色发展，最大限度地保护了生态环境，使曲水县的生态品牌声名远扬。

---

① 曹雅青. 西藏农牧业发展步入快车道［J］. 中国产业，2012（1）：6－11.

可以说，在绿色环保、低碳生态、高效健康的生活方式被人们日益重视的今天，以提高高原生态环境服务生命的效能和价值为核心的净土健康产业，正迎来最好的时代，焕发出新的生机。

二、擦亮净土健康产业的经济品牌

我国健康产业发展非常迅速，市场容量不断扩大，市场份额每年高达1500亿元，净土健康产业正是其中的重要组成部分。目前，曲水县的净土健康产业被打造成一种地域型、复合型的新兴产业，横跨第一、第二、第三产业，既包括绿色环保、健康有机的农业生产，又包括先进技术改造和传统产业提升的农产品加工业，还有文旅结合的服务业，从而融合了生产、生活和生态等各个方面，形成产、加、销、购、娱为一体的规模化、集约化、现代化产业结构，扎实推进了曲水县的农村产业融合发展，成为曲水县经济发展的支柱性产业，是曲水县打造绿色GDP增长极的重要组成部分，极大程度上促进了曲水县经济的可持续发展。

通过净土健康产业培育出的产品拥有很高的质量，西藏自治区农科院副院长尼玛扎西就对这样的产品深有感触，“水果和蔬菜并不是西藏独有的，但在高原上阳光明媚的环境中种植的西瓜、葡萄等果蔬，糖和颜色比平原好得多，形成了藏族特色的果蔬产品。同样是蝴蝶兰，西藏的种植亮度也远高于平原”。西藏特有的青贮大麦和牦牛，其产业发展优势和潜力巨大。事实上，未来的中国农业，也只有高质量产品和品牌，才能带来高经济效益。

曲水县正是通过发展净土健康产业中高附加值的“四品工程”（食品工程、药品工程、饮品工程和观赏品工程建设）特色品牌，如净土黑青稞、藏红花、“茅台拉萨玛咖酒”、郁金香等，才成功实现产业升级和效益倍增，推动经济快速发展。2018年，曲水县成功将综合贫困发生率降低至0.02%，顺利脱贫“摘帽”，预计到2020年底，曲水县净土健康产业产值有望实现50亿元。

三、擦亮净土健康产业的文旅品牌

在大乘佛教中，“净土”是传说中佛国清净国土之地，是佛所居住的地方，是诸佛在成佛前行菩萨道发愿成就众生而建立的庄严处所。这样的文化背景使净土思想在现世人间中具有积极的意义与价值，是平常人修行的重要法门。特别是在当下物欲横流的时代，曲水县立足“净土思想”，成功将自身打造成青藏高原的“净城”、现实人间的净土，通过特色旅游乡镇、精品旅游村，做到特色旅游乡镇有品牌、精品村有特色，成功开发出净土心灵休闲旅游，并最终取得较好的效应，使旅游品牌一炮打响。

拥有蓝天白云、雪域高原、湖泊草场、绿水青山、洁净空气、质朴民风的曲水县，在发展净土健康产业的思路下，充分发挥了区位、资源、品牌、服务、产业等优势，着力打造了净土健康产业秀色才纳 AAA 景区和净土健康动物保护园。曲水县的自然环境特别适宜郁金香、格桑花、大树月季、万寿菊等旅游观光花卉的生长，因此因势利导举办了郁金香旅游文化节等节庆活动，每次都能吸引来自世界各地的诸多游客，并给国内外游客们留下深刻印象。曲水县 2019 年政府工作报告显示，2018 年曲水县接待游客 109 万人次，同比增长 384%；旅游收入 1890 万元，同比增长 351%；旅游就业人员近 700 人，其发展速度不可谓不快。

正如拉萨市委书记白玛旺堆曾对净土健康产业总结的那样，“净土健康产业是顺应时代和形势的绿色产业和朝阳产业。具有强大的生命力和广阔的发展前景。坚决打赢脱贫攻坚战，是全市的主要支柱产业”①。这是习近平总书记在拉萨“治边稳藏”重要战略思想的成功实践。

如今的曲水县，在发展净土健康产业方面渐行渐稳，不仅发展出覆盖全区域、全产业链的农牧产品区域公用品牌，转变了当地特色产业长期有名无牌的境况，还抓住了打造城市品牌的一大动力，通过擦亮净土健康产

---

① 2017 年拉萨市创新方式方法大力发展十大产业［EB/OL］. http://xz.people.com.cn/n2/2018/0104/c1389 01 -31105.

业品牌，推动曲水县城市品牌的发展。值此新中国成立70周年、西藏民主改革60周年之际，曲水县正以净土健康产业的明珠姿态为祖国献礼、为西藏喝彩，未来曲水县将继续朝着团结、美丽、健康、幸福、和谐的愿景大步迈进。

（作者单位：中央民族大学经济学院（博士生）、
西藏自治区拉萨市曲水县（县长））

都江堰：打造“水文化”城市名片

欧周文

作为世界闻名的文化旅游名城，都江堰广为人知。其中，尤以“拜水都江堰，问道青城山”十分响彻。全市辖区面积1208平方公里，市域总人口66万，城市建成区面积37平方公里，城市人口近40万。都江堰市是国内外知名的旅游目的地，坐拥青城山—都江堰、大熊猫栖息地两处世界文化、自然遗产，是国家首批优秀旅游城市和少有的“三遗”城市，拥有国家AAAAA级景区，先后荣获“国家历史文化名城”“国家园林城市”“国家级重点风景名胜区”“中国最佳旅游城市”等殊荣。都江堰市坚持以山水为景观、以人文为特质、以水文化为核心，打造独特的水文化之城，这对都江堰的城市品牌独特性具有重要作用。

一、都江堰的水文化内涵

水文化就是以水为基础产生的文化现象，是指人以水为基础而进行的活动，和在此类活动中人与水的关系，以及在水的影响下人与人之间的关系。水本身并不能形成文化，在与人有了联系后，才能形成水文化，其实质是对水的“人化”①。

都江堰地区的水文化可以大致分为三个层面：首先是物质层面的表层水文化，主要体现于都江堰景区内与水有关的设施、工具、建筑物等；其次是行为层面的中层水文化，具体是指许多与水相关的仪式活动等，包含

① 葛剑雄．水文化与河流文明［J］．中国三峡，2008（6）．

景区内的规划建设、科学研究、艺术活动、民俗民风等；最后是更深层次的衍射到人们生活中的水文化，其主要包括当地人民在从事与水相关的活动中所产生的宗教信仰、价值体现、情趣观念等方面的内容。

二、都江堰的水文化表现

都江堰水利工程不仅是一座影响深远、利及千秋的水利生态工程，更是中华民族治水史上的文化丰碑和水文化遗产。都江堰水文化的思想精神内涵十分丰富，值得后人挖掘、传承和发展。都江堰因水而生，水文化的核心是人对水的治理与利用，在其城市文化中具有特殊的地位。主要表现为以下三个方面：

（1）人本主义的水神信仰。都江堰流传着不少治水人物勇斗恶龙的传说故事，最有代表性的是《二郎擒恶龙》。这些故事本质上折射了人本主义的精神。李冰作为治水有功的神话人物取代了早期的自然之神，自汉代立祠，长期成为民众祭祀的神灵，也是官祭的对象。治水之神是由人神化而来，是人类战胜自然，兴利除害的图腾。

（2）道法自然的治水哲学。都江堰水利工程取材自然，顺应自然，蕴含着道法自然的哲学观念。长期以来，都江堰所用材料充分利用当地丰富的竹木资源和卵石资源，就地取材，天然易得。渠首工程选址巧妙，布局合理，充分利用水流规律，鱼嘴、飞沙堰、宝瓶口三大工程及其附属工程相互配合，巧妙应用，使都江堰顺利完成引水、排沙、泄洪、导漂任务。都江堰水利工程构成简洁，建筑物构造简单，工程各个组成部分是一个内在的科学联系的整体，适应当地自然环境的要求，实现人水和谐，与中国古代哲学观相一致。

（3）人水和谐的价值观念。都江堰开始修建后，各朝各代把都江堰的修复、整治和扩大看作“兴水农之政，为足民之大事”。都江堰水利工程对蜀地农业的兴盛，文化的保存与传承起到了巨大作用。都江堰创造了人水和谐的典范，是人与自然和平相处的范例。

三、都江堰城市品牌的水文化元素展现

联合国教科文组织在2011年11月10日通过了《关于城市历史景观的建议书》（*Recommendation on the Historic Urban Landscape*），标志着文化景观在遗产保护领域进入了城市范围，并成为引领城市历史及遗产保护的新方法。都江堰运用遗址的地形、地貌、水文和自然特征，历史和当代的建成环境，地上、地下的基础设施，开放空间和花园、土地使用模式和空间组织，感觉和视觉关系，以及城市结构的所有其他要素，以此来打造以水文化为核心的一系列城市历史景观，并将其运用到城市品牌塑造的实践中。

（1）水系文化遗产景观。都江堰是世界文化遗产、世界灌溉工程遗产、全国重点文物保护单位、国家级风景名胜区、国家AAAAA级旅游景区。它位于成都平原西部的岷江上，始建于秦昭王末年（约公元前256~251年），是蜀郡太守李冰父子在前人鳖灵开凿的基础上组织修建的大型水利工程，由分水鱼嘴、飞沙堰、宝瓶口等部分组成，两千多年来一直发挥着防洪灌溉的作用，使成都平原成为水旱从人、沃野千里的“天府之国”，至今灌区已达30余县市、面积近千万亩，是全世界迄今为止年代最久、唯一留存、仍在使用、以无坝引水为特征的宏大水利工程，凝聚着中国古代劳动人民勤劳、勇敢、智慧的结晶[①]。

都江堰的兴建最初是为了治理岷江的水患。秦李冰修建渠首工程，使川西平原的河流水系发生了根本性的改变。穿两江（今柏条河、走马河）开辟了流经成都川西平原新的河流，最早为军事所用，通过两江将源源不断的兵力、木材和粮食运往成都，支撑作为以成都为后方的秦朝征战六国[②]。自唐朝开始，灌溉成为两江最重要的功能，兼具行舟功能。灌溉之

---

① 都江堰［EB/OL］. https：//baike. baidu. com/item/% E9% 83% BD% E6% B1% 9F% E5% A0% B0/122963？ fr = aladdin，2019 - 04 - 20.

② 谭徐明. 都江堰史［M］. 中国水利水电出版社，2009.

利与航运之便，使成都成为中国古代著名的繁华都市之一[①]，享有“一扬二益”之誉[②]。近代以来，都江堰渠系主要功能为灌溉、生活、游憩，在都江堰市域范围内演变为内江沿河游憩型公园。都江堰不仅是一个宏大的水利工程，其价值内涵远超水利工程的范畴；它更是一个有意设计的、持续演进的、至今仍发挥巨大作用的与水文化相关联的文化景观。

（2）城市景观的规划设计。都江堰城市广场的规划设计也充分体现了与水文化有关的设计灵感。广场地处城市中心，岷江在鱼嘴分出的内江穿城而过，在此处又分为江安河、走马河、柏条河和蒲阳河四条河流。因此，广场所处地块为河水分流处常见的康形地块。同时，城市主干道横穿东西，道路与河流将场地大致分为三块。其重点景观为一座 30 米高的规则式雕塑水塔，整个塔的外观形似都江堰景区中的用于挡水的竹笼卵石，塔身外部用镂刻的方式刻画方格状的肌理，水池中的红色卵石让人联想到竹笼卵石中的卵石。整个广场以水作为主导元素，反映了当地文化特色与历史特征。又如都江堰市的主要街道路灯设计，为了体现当地特有的文化形式，在灯杆方面，结合其地方杩槎文化，进行量身定制设计。杆体由三根金属圆柱组成，示意杩槎外部的三根木质圆柱。杆体外围用网状金属纹理模仿杩槎内部的竹笼，在杆体中加入钢网和不锈钢球，寓意竹笼中的卵石。此设计有效地提升了城市品位，增加了市民的城市归宿感、自豪感，增强了市民的文化自信。

（3）以水文化为核心的“李冰文化”。2017 年都江堰市启动实施四川历史名人李冰文化传承创新工程，成立了一系列李冰研究机构，举办了都江堰放水节及水生态文明高峰论坛等活动，成功加入世界运河历史文化城市合作组织、世界历史都市联盟等，都江堰水利工程申报世界灌溉工程遗产顺利通过考察。为进一步推动李冰文化的发展建设，都江堰计划到 2020 年底，基本完成李冰博物馆等设施场馆建设，建立“国际水利城市联盟”

---

① 罗美洁，李鹏．都江天府川路泉流——都江堰水文化漫谈［J］．三峡论坛（三峡文学·理论版），2013（5）：23－29.

② 陈渭忠．都江堰与成都二江［J］．四川水利，2005（4）：55－57.

"中国·都江堰放水节"等品牌文化活动，国际吸引力逐步增强，系列文创产品开发初具规模；到2025年底，形成李冰文化传承创新体系，塑造一批现代化、国际化的李冰文化传习基地，打造一批国际知名的品牌文化活动，创作出一批文艺精品力作①。

都江堰因水设堰，因堰兴城，农业、聚落、城市、园林皆围绕水关联起来，成为与乡村、城市及整个成都平原密切联系在一起的文化景观。从其发展历史可以折射出相应时期都江堰的政治、经济、社会、文化各方面的状况；也体现出智慧的人地关系，持续动态演进的生命力，以及内涵丰富的水文化。由古蜀文明延续至今的治水技术，遗留下来的杩槎、干砌卵石埂、竹笼卵石等水工技术均体现了都江堰特有的治水理念。它们不仅成为水利工程技术的重要内容，也对一个城市起到了标志性的作用，明确了城市带有文化特色的规划建设方向，结合水文化层面设计城市景观和弘扬"李冰文化"，这对塑造独特的城市品牌有着重要的推进作用。

（作者单位：中央民族大学中国品牌研究院）

参考文献

［1］肖芸．都江堰水文化内涵解析［J］．兰台世界，2011（19）：71－72.

［2］刘嘉豪，许红飞，张玉萍．从水文化造型语义论都江堰的景观设计［J］．工业设计，2018（1）：35－36.

［3］谭徐明．古代区域水神崇拜及其社会学价值——以都江堰水利区为例［J］．河海大学学报（社科），2009（1）：15－21，96.

［4］张敏，韩锋，李文．都江堰水系历史景观价值分析及其整体性保护框架［J］．中国园林，2018，34（4）：134－138.

---

① 2020年都江堰将建成李冰博物馆［EB/OL］．http：//epaper. scdaily. cn/shtml/scrb/20180807/197517. shtml，2019－04－20.

[5] 张敏. 城市历史景观视野下的都江堰水系文化景观保护与发展[J]. 城市发展研究，2016，23（8）：60.

[6] 马疏影. 环境空间机能与景观构成研究——以都江堰水文化广场为例[J]. 现代装饰（理论），2016（1）.

[7] 刘嘉豪，许红飞，张玉萍. 从水文化造型语义论都江堰的景观设计[J]. 工业设计，2018（1）：35-36.

凯里：苗侗文化与现代文明的共融

欧周文

凯里位于贵州省东南部，地处云贵高原向中部丘陵过渡地带的苗岭山麓、清水江畔，是黔东南苗族侗族自治州州府所在地。凯里有少数民族33个，占总人口的75%，其中苗族人口占67%，是一个以苗族为主体，多民族聚居的新兴城市①。凯里具有享誉天下的人文生态之美，自然景观得天独厚，民族风情古朴浓郁，素有“百节之乡”“芦笙故乡”“东方斗牛之乡”的美称②，被联合国世界文化保护基金会列为“返璞归真，重返自然世界十大旅游景区”和“世界少数民族文化保护圈”[1]。

一、民族文化：城市的灵魂

凯里是苗族、侗族文化遗产保留核心地，这里会聚了千载苗侗风情，民族节日瑰丽多姿，民族民间传统工艺丰富多彩，民族特色餐饮美味多滋[2]。

（1）凯里非常注重民族文化的传承保护和文化产业发展。在《凯里市旅游发展规划》中明确提出：依托贵州东线旅游集散中心区位，全力打造国内外知名民族文化旅游目的地。浓缩苗侗民族文化艺术经典的中国·凯里甘囊香国际芦笙节、中国·凯里原生态文化旅游节、中国·凯里银饰刺绣博览会每年在这里举办；走向国际化的国家级大型音乐赛事平台“金芦

①② 凯里市人民政府．凯里市概况（2018版）［EB/OL］．http：//www. kaili. gov. cn/zjkl/klјj/201809/t20180917_ 3260614. Html，2019－04－15.

笙”中国民族器乐大赛起源于这里；反映苗侗文化精髓的大型苗侗歌舞剧《银·秀》在这里常年演出[2]。

（2）凯里重点打造大健康医药产业园、苗侗医药文化街、云谷田园大健康养生服务产业集聚区等一批各具特色的聚集区、示范基地[3]。实施大健康战略以来，凯里着力构建以“医、养、健、管”为核心的大健康医药产业体系，大健康产业给全市经济社会发展注入了生机和活力。“苗侗医药养生之乡——凯里”的城市品牌越发响亮，全市大健康医药产业蓬勃发展，凯里已成为一座让心灵自由栖息的生态之城、养身之城，书写着生态文明与经济发展融合推进的华彩篇章。

（3）建筑极具民族特色。在凯里市区，建筑独具一格，都“穿”上了苗族、侗族民族文化元素的“外衣”。旅游景区、民族村寨星罗棋布，文化遗存、民族风情各有千秋。有被誉为“中国西南高原之花”的南花苗寨，有“百年粮仓”的季刀苗寨，有“苗族民间绘画之乡”的石青苗寨，有“苗族芦笙制作之乡”的新光苗寨，有以古商埠文化为基础、以山水田园为依托、以“天造山水，人文下司”为主题的下司古镇，有集黔东南州民族文化之大合、汇黔东南州文化产品之精华的凯里苗侗风情园，有集秀丽山水、田园风光、民族文化和历史遗存为一体的巴拉河乡村旅游带[2]。凯里遍布着地标性的民族建筑：585 米风雨长廊的中国最具苗侗特色的凯里民族体育场；长 377 米的凯里清水江风雨桥，被誉为“当今世界上最长最宽的风雨桥”；具有苗侗民族建筑风格的中国民族博物馆黔东南分馆；集苗侗民族建筑与银饰造型于一体的艺术珍品——“2010 年上海世博会贵州馆”……鼓楼、风雨桥、风雨长廊、芦笙场、美人靠等极具苗侗民族元素的建筑符号点缀着凯里的城市、乡村，散发出独有的苗侗民族建筑魅力[2]。

二、人文精神：培育了这座城市的气质

但凡到过凯里的人，第一眼便会被这里的“高颜值”所吸引。进而，当他们逐渐融入这座城市时，更会迷醉于这座城市散发出的气质。

早在2002年，凯里进行文明城市创建，以“不闯红绿灯”“过马路走斑马线”的“凯里文明”声名远扬。如今，人让车、车让人，礼让斑马线在凯里随处可见，小小的斑马线见证着这座城市的文明和秩序，升级的是凯里文明新高度，彰显的是凯里最朴实、最动人的气质。

2014年底，凯里市顶层设计提出“人文凯里、素质凯里、实力凯里、平安凯里、法治凯里、生态凯里”的“六个凯里”建设理念，以此全力提升城市综合竞争实力。此后，凯里市以全国文明城市创建为统领，加快国家环境保护模范城市、国家园林城市等品牌城市建设，不断增强城市内涵，提升城市气质，全方位地实现城市的美丽嬗变。

三、民族文化元素——苗侗风情园

文化旅游产业是21世纪的朝阳产业，民族文化旅游综合体是民族地区在推进新型城镇化大背景下拉动文化旅游产业发展的重要载体[4]，也是打造凯里特色城市品牌的重要举措。文化旅游产业的发展和文化旅游品牌的打造，使凯里苗侗风情园作为凯里市重点打造的文化旅游综合体应运而生。

凯里苗侗风情园位于凯里市西侧，总占地面积595亩，建筑面积15.4万平方米。景区定位为黔东南民族文化旅游窗口，体现苗侗文化一家亲、会聚黔东南文化产品之精华的“浓缩版黔东南”。风情园是融汇了苗侗的建筑文化、歌舞文化、餐饮文化及银饰手工艺品文化为一体的综合型景区。其中，苗侗特色建筑310栋620户、苗族特色建筑430户、侗族特色建筑190户，组构成13个功能区，分别为民族风情展示与民族餐饮区、金融服务区、银饰刺绣及手工艺品生产加工区、特色旅游商品区、非遗展示及会议会展中心、多彩贵州城、特色小吃夜市区、文化旅游信息区、休闲茶饮区、苗侗生活体验区、苗侗医药养生区、休闲娱乐住宿区及微信企业创新创业区。

2013年3月，凯里苗侗风情园被列为全省100个重点旅游景区和100个城市综合体之一，成为全省100个重点旅游景区中首个建成开园的景区；

2015年被贵州省委改革办确定为“文化旅游聚集改革示范区”，被贵州省发展和改革委员会认定为“贵州省省级现代服务业聚集区”，被列为贵州省“十大文化产业基地”之一，获贵州省省级现代服务业聚集区等荣誉称号；2016年，凯里市人民政府划行规市，将原凯里市红梅街300多个闲散摊位的天然苗侗草药市场搬迁到风情园，同时用76栋楼重新布局，高起点、高标准，统一规划、统一运营，将凯里市内著名的中医及苗侗医生请入坐诊，并建立民族药浴、熏蒸为特色的“健康养生体验训练营”，大力推动中医药、苗侗医药与旅游产业快速融合发展，全力打造“苗侗医药养生之乡”的城市品牌。

凯里在民族文化与现代文明的共融中，其衍生的每一块城市品牌都是一张闪亮的名片，彰显的都是其独特的魅力与气质。

（作者单位：中央民族大学中国品牌研究院）

参考文献

［1］方亚丽．“产城景一体”：厚植文化绘就大美黔图［J］．当代贵州，2017（4）：26－27.

［2］姜秀波，许勇．凯里“底气”——解读凯里“大文化、大旅游”［J］．当代贵州，2014（25）：54－55.

［3］佚名．苗岭无闲草，侗乡多灵药——凯里全力打造“苗侗医药养生之乡”［J］．晚晴，2017（11）.

［4］钱阳．凯里苗侗风情园文化旅游综合体开发研究［D］．贵州大学硕士学位论文，2015.

绥芬河：城市品牌中的俄罗斯元素

欧周文

绥芬河位于黑龙江省东南部，是东北亚经济圈的中心地带，与俄罗斯远东大开发的核心区滨海边疆区和符拉迪沃斯托克自由港毗邻，与亚太地区的日、韩等发达经济体互联互通①，是黑龙江省唯一一个具有铁路、公路的国家级一类陆路口岸，货物进出境不受季节影响。2005 年 7 月，原国务院总理朱镕基为绥芬河题词“百年口岸”②。借助国家沿边开放政策，绥芬河对外开放不断走向深入，逐步发展成全国对俄经贸合作的重要前沿。2016 年，国务院批准设立绥芬河—东宁重点开发开放试验区，被国家确定为“改革开放三十年中国特色发展之路 18 个典型地区之一”[1]。在“一带一路”的大背景下，绥芬河将如何扩大与俄罗斯的经贸合作和文化交流，在众多的口岸城市中脱颖而出？最有效的策略无疑是打造具有俄罗斯元素的城市品牌。

一、依俄而生的“国境商都”

素有“国境商都”之称的绥芬河地处中国东北经济区的中心地带，是一个风光秀丽的山城，与俄罗斯远东滨海边区陆地相连，距俄罗斯的符拉

① 黑龙江牡丹江市：发挥中俄合作“桥头堡”作用［EB/OL］. http：//www. cinic. org. cn/xy/hlj/525829. html，2019 - 04 - 21.

② 绥芬河人民政府 . 投资合作—城市靓名片［EB/OL］. http：//www. suifenhe. gov. cn/channels/53. html，2019 - 04 - 21.

迪沃斯托克 210 公里，是赴俄边境旅游的重要通道①。

绥芬河口岸历史悠久。1860 年，俄国通过《中俄北京条约》吞并了中国乌苏里江以东 40 多万平方公里领土，使绥芬河地区开始与俄国接壤。1896 年，清政府与俄国签署《中俄名办东省铁路章程》，决定由俄国在中国境内修建中东铁路，中东铁路的经营权归俄国。这条横穿中国东北地区的铁路开始于海参崴（今符拉迪沃斯托克），那里被称为第一站，到绥芬河是第五站，因此绥芬河又被称为五站。1903 年 1 月，清政府设立“总理绥芬河铁路交涉局”，始有绥芬河地名之称。1903 年中东铁路建成，奠定了绥芬河地区交通、通信、通商的基础，曾与俄罗斯符拉迪沃斯托克、哈尔滨得到同步的发展②。当时来自俄、日、朝、英、法、意、美等 18 个国家的使节齐至，商贾云集，带来了欧洲的商品、文化和建筑。文化和经贸交流异常繁荣活跃，五颜六色的各国旗帜林立市区，时称“旗镇”和“国境商业都市”，并有“东亚之窗”的美誉。而且绥芬河在东北最先开通了火车、汽车，最先有了电灯、电话，被冠之“文明中心”③。

通过对绥芬河历史的分析，可以说，绥芬河是一个火车拉来的城市，由于中东铁路的通车，绥芬河的边境效应开始显现。当时所谓的西方列强，英、法、美、俄等十多个国家都在此设置领事馆，进行经济贸易，促进了各国的文化交流，尤其是中俄之间的经济文化交流。因此，绥芬河作为一个边境城市，有着成为国际城市的基因，对当前的绥芬河来说，想要打造出独特的城市品牌，提升城市形象和知名度，增加与类似口岸城市的竞争力，最重要的在于在塑造城市品牌的过程中强调其特有的俄罗斯元素，形成别具一格的特色。

---

① 郁洁．当今中国．绥芬河：中俄边境第一站［EB/OL］．http：//www. chinatoday. com. cn/china/z200310/74. htm，2019－04－21.

②③ 绥芬河人民政府．走进绥芬河—基本市情—历史沿革［EB/OL］．http：//www. suifenhe. gov. cn/channels/135. html，2019－04－21.

二、"俄语城"的优势条件

从绥芬河的区位条件和俄罗斯风格建筑这两方面来分析绥芬河运用俄罗斯元素打造城市品牌的实践，这是绥芬河相对于其他同样具有俄罗斯风格的城市具有的优势基础。

（1）交通区位条件。黑龙江有两个最大的对俄口岸：黑河口岸于1982年经国务院批准恢复，1983年中俄两国政府换文确认，俄方对应口岸是布拉戈维申斯克；绥芬河口岸于1999年经中俄两国外交换文，成立绥芬河中俄互市贸易区，俄方对应口岸为波格拉尼奇内①。绥芬河与俄罗斯的滨海边疆区接壤，距离俄罗斯的港口城市符拉迪沃斯托克200多公里。绥芬河位于东北亚经济圈中心地带，是距离俄远东大开发的核心区滨海边疆区和远东港口最近的中国城市，是中国面向俄罗斯及东北亚开放的重要多边口岸，是中国"一带一路"和"中蒙俄经济走廊"的重要窗口和枢纽[2]。近年来，绥芬河深以"哈牡绥东"产业带为支撑，借助俄罗斯远东港口群，开通至日韩的"中外外"国际货物走廊、至我国南方港口的"中外中"内贸货物跨境运输走廊、对接哈欧班列的"外中外"欧亚国际运输走廊，是中国"一带一路"建设对接俄罗斯"欧亚经济联盟"的重要成果。随着中国和周边国家经济的发展，绥芬河市对外贸易得到了空前快速的发展。虽然黑河市对外贸易也高速增长，但由于受交通条件的限制，与绥芬河市相比，对外贸易总量和边境贸易总量仍然偏低[3]。

（2）俄罗斯风情建筑。中东铁路沿线保留下的历史建筑众多，这些建筑物多是由俄国人设计，利用中国人工、材料建设的，被作为20世纪重要的线性文化遗产加以保护[4]。2013年国务院批准为全国重点文物保护单位的绥芬河市中东铁路建筑群的六处建筑为：绥芬河火车站候车室、东正教堂旧址、苏俄学校旧址、苏俄领事馆旧址、日本领事馆旧址（人头楼）和

---

① 王志远．关于中俄边境贸易发展的几点思考——基于满洲里、绥芬河、黑河三市边境贸易的调查分析［J］．欧亚经济，2009（5）：32－38.

铁路大白楼①。日本领事馆旧址（人头楼）是六处中东铁路建筑遗址之一。人头楼修建于1914年，因檐下雕有人头面孔浮雕而得名。人头楼为砖结构，建筑装饰独特，色彩鲜艳明快，是绥芬河最具特色的俄式建筑之一。与人头楼隔街相对的欧罗巴旅馆旧址始建于1916年，是一座长方形二层单体俄式建筑，共产国际曾经派人在这里以经营旅馆为掩护设立国际交通站。苏俄驻绥芬河领事馆旧址曾为远东公司办事处，继为军政委员会、中共绥芬河市委、中共绥芬河市纪委、绥芬河市邮政局办公楼。这栋建筑现为绥芬河中俄文化艺术交流展览馆，主要从事俄罗斯油画展览、创作以及中俄文化交流等社会事业。建于1913年的苏俄侨民学校是一座山字形俄式二层楼，楼正面向东，山字形突出部分顶呈尖状，正门在一楼南部，顶呈人字形。墙石基较厚，灰色。一楼窗口为长方形，二楼窗口为下方圆拱形。东正教堂旧址是六处中东铁路建筑遗址之四。协达亚·尼古拉东正教堂，俗称喇嘛台。绥芬河铁路工程开工后，在车站附近建有木结构教堂，1908年被火焚毁。1913年，在车站正东约200米处建成砖结构协达亚·尼古拉教堂。绥芬河老站于1899年建站，中东铁路时期称五站，即因从俄罗斯海参崴起排序为第五站而得名。俄罗斯人一度称其为“边境站”。绥芬河站是中东铁路东部线的终点车站，过境与俄罗斯铁路相连[5]。绥芬河火车站主体建筑是当时中东铁路上最漂亮的车站。

三、打造“中俄友谊城”

绥芬河市正在建设成为经济繁荣、环境优美、城市基础设施良好、具有浓郁异域风情的城市。通过发挥传统的口岸经济效应和扩大品牌化的中俄文化交流活动为支撑，努力打造符合绥芬河的城市品牌，提升城市的知名度和影响力。

（1）加大中俄经贸合作，推动口岸经济。绥芬河在“中蒙俄经济走

---

① 火车拉来的城市——绥芬河［EB/OL］. http：//labs. qunar. com/youji/6756687，2019-04-21.

廊”建设中发挥着重要的前沿窗口、开放平台和战略枢纽作用。早在 1992 年，绥芬河就被国务院批准设立国家级边境经济合作区，是中国最大的对俄民贸商品集散地。绥芬河中俄边民大集是中俄文化纽带和载体，也是中俄边民和单边市场的一大特色市场交易内容和形式，政府实施激励、优惠扶持政策，极大地促进了民贸市场的繁荣发展，填补了国内中俄民间互市贸易市场的空白。绥芬中俄边民大集还存在很多问题，要进一步协调，做到物畅其流，才能做到边民互市贸易的繁荣，边民才能真正地享受到国家赋予边民的优惠政策。绥芬河中俄边民大集的历史近百年，是两国民间自发形成的“边贸交易”，这种交易形式是对以前“欠欠”交易形式的传承和再现，是复苏口岸的文化符号，同时提升了沿边城市的品位，对绥芬河市形成独特的城市品牌具有重要的作用。绥芬河中俄互市贸易区边民互市贸易点的正式启动运营，是黑龙江省对俄边民互市贸易的突破，体现了国家对边境地区的优惠扶持，是加强中俄双边地区友好往来，增进友谊，促进双方合作的一个有效载体。

作为我国重要的对俄口岸城市，绥芬河是一座名副其实的中西文化交融之城，不仅在中国“一带一路”建设中发挥着重要作用，更在中俄各领域特别是文化交流合作中发挥了桥梁和纽带作用①。

（2）深耕中俄文化交流，打造品牌活动。绥芬河与俄罗斯乌苏里斯克、符拉迪沃斯托克等城市每年都会定期举办形式丰富的文化、体育交流活动，越来越多地受到市民和来绥游客的追捧，进一步增进了两国人民友谊。中俄国际越野车赛、中俄美术交流展、中俄青少年文艺交流演出、中俄儿童手拉手、“中俄舞蹈节”“秋季马拉松国际舞蹈大会”等体育、文化交流活动，也成为两国人民缔结友谊的纽带②。

中俄国际摄影展和中俄油画展等活动成为绥芬河的文化特色品牌，犹如一道连通高雅艺术的桥梁，让中俄艺术家们互鉴交流，不断创新，不仅

① 李雅文．品牌活动让文化互通民心相通［EB/OL］．http：//epaper. hljnews. cn/hljrb/20190307/410718. html，2019－5－28.

② 绥芬河人民政府．中俄友谊城［EB/OL］．http：//www. suifenhe. gov. cn/channels/55. html，2019－04－21.

加强了两国文化艺术方面的交流，更加深了中俄两国之间的友谊，也提升了绥芬河的城市影响力①。中俄民间体育交流大会的赛事既有篮、排、足、乒、羽等传统项目，又涵盖了体育舞蹈、武术、射箭、山地自行车等新兴体育项目。同时，冰上摩托赛、汽车越野赛、滑雪比赛、中俄自驾游、边境露营大会等颇具北方特点和边境特色赛事的举办，不仅形成了特色品牌，更有力推动了中俄体育交流向多元化、常态化发展②。

为了展示"百年口岸"绥芬河改革开放四十周年取得的丰硕成果，增强口岸城市的文化自信，以及促进中俄两国民间的文化交流，绥芬河于2018年7月14日举办了"中俄友谊大巡游"活动，活动主题为"欢乐喜庆、幸福祥和、全民参与、中外联欢"。参加巡游的队伍有109支，由全市各党委、中省直单位、文化体育社团、各行业协会、品牌企业、快递公司、运输企业、金融企业、两镇社区居民、村民等组成，总人数达万人以上。穿着节日盛装的巡游队伍、各具特色的表演方队，成为百年口岸绥芬河最美丽的风景。最为引人注目的是，由绥芬河市旅游局邀请的100名俄罗斯嘉宾也参加了大巡游，成为大巡游中一道别具特色的风景线③。

绥芬河充分发挥地处中俄边境的地域优势，不断加强对俄的经贸和文化交流与合作，丰富多彩的中俄文化交流活动增进了中俄两国边境地区人民的理解和友谊，使其对外开放不断向更深层次和领域延伸、拓展。同时，绥芬河在打造城市品牌的实践中积极运用特色俄罗斯元素，塑造其独特的城市形象。在绥芬河，吃一顿地道的俄餐，去中俄边民大集、俄罗斯商品大市场逛一逛，不出国门就能感受到浓郁的俄罗斯风情。

（作者单位：中央民族大学中国品牌研究院）

---

①② 李雅文．品牌活动让文化互通民心相通［EB/OL］．http：//epaper. hljnews. cn/hljrb/20190307/410718. html，2019－5－28.

③ 绥芬河中俄友谊大巡游盛装启幕 100 多名俄罗斯嘉宾与绥芬河人大联欢［EB/OL］．http：//hljen. cn/content/16026. html，2019－04－21.

参考文献

[1] 赵连钧．黑龙江省绥芬河综合保税区推介 [J]．西伯利亚研究，2011 (5)：13.

[2] 王璇．翻译目的论在俄语交替传译中的应用 [D]．辽宁师范大学硕士学位论文，2018.

[3] 王志远．关于中俄边境贸易发展的几点思考——基于满洲里、绥芬河、黑河三市边境贸易的调查分析 [J]．欧亚经济，2009 (5)：32 -38.

[4] 张志勇．关于推进我省俄罗斯风情旅游集群发展的对策性思考 [J]．经济研究导刊，2015 (12)：251 -252.

[5] 张陆琛．中东铁路干线沿线自然景观视觉质量研究 [D]．哈尔滨工业大学硕士学位论文，2015.

赫哲族文化：靓丽的城市名片

欧周文

同江市位于黑龙江省东北部，松花江与黑龙江交汇处南岸，三江平原腹地。辖区总面积6300平方公里，辖5镇5乡、6个国营农场，总人口21万，辖区耕地总面积575万亩，其中市属耕地面积225万亩，是国家一类口岸、全国粮食生产先进县、国家级生态示范区和全国双拥模范城。境内湿地面积占全市总面积的1/6，有草原42万亩、林地126万亩，有两江十三河及大量泡沼，总水域面积759平方公里，有洪河、三江和八岔岛三个国家级自然保护区和街津山国家级森林公园，素有“湿地天堂”“天然氧吧”“鱼米之乡”的美誉①。

悠久的赫哲族文化已成为同江城市品牌中极具特色的识别符号，街津口“赫哲故里”和“赫哲第一乡”的品牌效应逐渐显现。同江是我国赫哲族的发祥地和主要聚居区，境内现有赫哲族人口1500余人，占全国赫哲族总人数的1/3以上。全国仅有三个赫哲民族乡，在同江就设置了街津口和八岔乡两个。捕鱼狩猎是赫哲人的传统生活方式，生鱼是赫哲人的传统美食，萨满舞是他们信仰的宗教礼仪。近年来，赫哲族文化遗产得到有效保护和发展，文学创作从口头转向书面，文化生活由民间业余走进专业艺术殿堂，现已成为中华民族文化宝库的一枚瑰宝②。赫哲族的神话和传说在赫哲语中称“特伦固”，是赫哲族历史与艺术的完美统一；“伊玛堪”是赫

① 领导致辞［EB/OL］. http：//www. tongjiang. gov. cn/TongJiang. aspx? CategoryID = 108&ID = 250，2019 - 04 - 28.

② 同江概况［EB/OL］. http：//www. tongjiang. gov. cn/TongJiang. aspx? CategoryID = 107&ID = 249，2019 - 04 - 28.

哲族说唱文学作品，现已被联合国教科文组织列入“急需保护非物质文化遗产名录”；萨满舞、口弦琴、嫁令阔、鱼皮画传承着赫哲民族悠久、深厚的历史文化。目前，同江正大力实施赫哲文化保护工程，着力挖掘、保护和传承赫源文化，“赫哲故里”和“赫哲第一乡”已成为同江靓丽的城市名片。

一、赫哲族的渔猎文化

赫哲族文化不断完善着渔猎经济的文化内涵，使之在渔猎物质生产文化基础上构建了较为完整的渔猎文化体系[1]。其中，以渔猎生活习俗文化和以伊玛堪为主要体裁的民族文学为主要形式，《乌苏里船歌》是赫哲族最具有代表性的民歌。

同江赫哲族鱼文化系统是赫哲族在两江流域世代相传的渔猎生产生活文化系统。赫哲族起源于东海女真赫哲部落，清代时被称为“鱼皮部落”。赫哲人以天然鱼皮制作服装，一件鱼皮制品从剥皮、晾晒、清理、裁剪、粘贴到缝制，需要十几道工序才能完成，这样制成的鱼皮服装远销世界各地①。在用鱼皮制作衣服的实践中，赫哲人逐渐摸索出一套奇特、复杂的鱼皮制作技艺，其工艺流程可示意如下：选料→剥皮→熟软→剪裁→缝制→装饰。因不同种类鱼皮特质存在差异性，在选料时也有差异②。随着鱼皮作为服饰主要原材料的时代渐行渐远，与之相关的熟皮、染色、缝制等技艺也渐渐淡出人们的视野[2]。

在渔猎生产中，为更有效率地捕获鱼类和兽类需要，赫哲人熟练运用渔网、钓钩、鱼叉、桦皮船、扎枪和弓箭等生产工具，为生活便利他们还需要熟练掌控“乌木日沉”“特莫特肯”“说克说里”和“拖日乞”等交通工具。而为了更方便地练习使用这些生产生活工具，聪明的赫哲族人以

---

① 中国农业展览馆．黑龙江同江赫哲族鱼文化系统［EB/OL］．http：//www. ciae. com. cn/detail/zh/16165. html，2019－04－22.

② 李海峰，程丽云．赫哲族鱼皮制作技艺及传承的社会文化功能［J］．贵州民族研究，2015（12）：116－119.

渔业生产生活中的捕鱼技能为蓝本，以网、钩、叉、船为工具发明了撒旋网、钓鱼、叉鱼、赛船等具有浓重“渔”特征的体育活动，以狩猎技术为基础，以扎枪、弓箭、踏板为器械创造了叉草球、射箭、地箭、滑雪等“猎”体育[3]。

赫哲族人拥有鲜明民族特色的说唱文学艺术——伊玛堪，其说唱的民间故事或传说承载了赫哲族的历史发展、渔猎生产生活方式、宗教信仰、风俗禁忌等内涵，被誉为“北部亚洲原始语言艺术的活化石”。其特点主要有以下两点：第一，从伊玛堪作品的本身看，一是形式活泼。有叙述、有歌咏，说一段、唱一段，散韵结合，形式活泼自由；二是内容丰富。既有歌颂英雄人物降魔伏妖又有赞美纯真爱情，既有叙述宗教神话又有描述狩猎捕鱼；三是随处可唱。沙滩上、庭院中、篝火旁、大树下，随处可以说唱，无须乐器伴奏；四是出自一人之口。无论是千军万马还是男女老少，无论是飞禽走兽还是神仙怪物，都出自一人之口，有声有色。说唱到一个段落，常常还留有一个悬念以吸引听众。第二，从伊玛堪作品的形成看，是集中了说唱、彩录、翻译、整理的劳动成果。伊玛堪的篇幅较长，结构复杂，人物繁多，风格独特。能够完整地说唱伊玛堪的，一般是喜欢听、留心记、阅历广、善联想而又具有诗人的创作才能的说唱人。他们是传承伊玛堪的主体，但是如果没有采录，没有翻译，没有整理，再好的作品也早已失传。伊玛堪是赫哲族世代传承的宝贵民族文化遗产，是其民族心目中神秘而古老的英雄史诗，是反映原始渔猎生活和风俗习惯的百科全书，是黑龙江流域古老文明的重要篇章[4]，是民族民间文学工作者默默抢救的珍贵成果，是屹立于世界文学之林的一座丰碑。

《乌苏里船歌》是一首充满生活气息的东北民歌，表现了赫哲族人民过上幸福生活后，欢快、甜美、开朗的心情。乌苏里江一带，是赫哲族祖居地之一。在长期的渔猎生产和生活中，逐渐形成了一些反映赫哲人生产、生活习俗的具有鲜明民族特征的民歌曲调。《乌苏里船歌》就是在赫哲族传统民歌曲调基础上改编的，并在广泛传播中成为赫哲族民歌的代表作。《乌苏里船歌》对赫哲族的重要性表现在以下四点：一是赫哲族每四年一次的“乌日贡”文体大会的主题歌就是《乌苏里船歌》；二是国内的听众只要听到《乌苏里船歌》，就知道这是赫哲族民歌；三是谈起赫哲族，就会提到《乌苏里船歌》，这首歌已成为赫哲族的文化象征和标志；四是在 1980 年它就被联合国教科文组织选定为亚太地区音乐教材，这是赫哲族人民的光荣[5]。

二、以赫哲族文化元素打造城市品牌

同江是赫哲族的聚集地之一，在漫长的历史进程中，赫哲族创造了独具魅力的民族文化，形成了宝贵的精神财富，经过世代传承和发展形成了独具特色的渔猎文化。同江市充分发挥本地赫哲族文化的资源优势，从进一步深入挖掘赫哲族文化遗产入手，以发展赫哲族优秀传统文化为方向，通过“申遗”、打造特色节日活动和发展民族旅游等措施将赫哲文化元素融于同江的城市形象中，形成了其城市品牌中最为靓丽的名片，努力实现赫哲族文明历史的传承。

（1）通过“申遗”提升赫哲文化的影响力。2006 年，传统赫哲族鱼皮制作技艺入选国家首批非物质文化遗产名录，并同时公布了名录保护单位和代表性传承人。此后，陆续公布了一批省级代表性传承人。2011 年 11 月 23 日，在印度尼西亚巴厘岛国际会议中心举行的第六届联合国教科文组织政府间保护非物质文化遗产委员会议上，正式批准赫哲族伊玛堪进入联合国“急需保护的非物质文化遗产名录”。乌日贡大会、伊玛堪、鱼皮制作技艺这些赫哲族非物质文化遗产保护项目，不仅推动了赫哲族伊玛堪的保护与传承的工作，而且向世界其他国家和地区的民族展示了赫哲族优秀的非物质文化遗产，为同江打造极具赫哲族文化的城市品牌提供了源源不断的文化滋养。同江采用科学方法广泛深入地挖掘赫哲族文化遗产，在街津口、八岔两个民族乡中心学校开展民族语言的教学并推广使用，使其为传承发展赫哲族历史文化和为赫哲族的文明进步发挥独特的功能与作用。同时，深入挖掘赫哲族的音乐舞蹈艺术及民间文学，重点抓好萨满舞、天鹅舞、伊玛堪、嫁令阔、口弦琴的挖掘保护和实际展演工作，进一步研究挖掘传统体育项目，抢救挖掘传统工艺美术、赫哲族服饰、饮食文化，挖掘保护健康有益的生产生活习俗[6]。

（2）通过打造赫哲节日活动提升城市知名度。同江充分利用现有资源，积极保护和发展赫哲族文化，举办了4届中国同江赫哲族旅游节，被誉为赫哲族文化发展里程碑的赫哲族乌日贡大会一共举办了6届，其中在同江举办了3届。这些场馆的建立和活动的举办，为挖掘赫哲族文化遗产和发展赫哲族文化奠定了坚实基础[6]。乌日贡大会是赫哲族人特有的节日，诞生于1985年。“乌日贡”意思为娱乐或文体大会，每两年举行一次，一般在农历五六月间举行，历时三天。大会期间，开展极具渔猎文化色彩和特点的体育比赛活动、以萨满文化为核心的舞蹈展演与比赛活动、以“伊玛堪”“嫁令阔”为主要内容及形式的说唱表演与比赛等，展示了古老的鱼皮制作技艺及富有民族特色的聚餐宴饮活动。在当代赫哲族传统渔猎文化逐渐成为边缘文化并面临濒危之际，“乌日贡”大会的召开给予了赫哲族传统渔猎文化的物质或非物质文化得以集中展示的平台，并使民众从中体悟到其中蕴含的民族文化的内在价值追求，发挥着抢救、保护和传播赫哲族历史文化的重要作用，也提升了同江的城市品牌知名度①。同江市还立足发掘与弘扬当地特色冰雪文化，充分发挥旅游业发展速度快、关联带动作用强的优势特点，整合赫哲族风情为特征的区域旅游资源，打响具有赫哲族文化特色的区域旅游形象品牌，努力建设和打造“民族文化名城”。2017年，同江举办了“中国东极·同江赫哲”冰雪嘉年华，以“欢乐冰雪、激情同江”为主题，以界江冰雪旅游为平台，营造“江城冰雪景观，全民广泛参与”的氛围，提升同江市冰雪文化旅游品牌的知名度和影响力。

（3）通过传承发展赫哲文化打造民俗旅游新名片。为打造赫哲文化旅游品牌，同江市建设了赫哲族文化中心，着力打造城区民族文化生态旅游集中展示区，推动三江口至街津口界江旅游项目，打造街津口赫哲族民俗文化传承保护区。建设八岔伊玛堪传习所、天赐湖公园、部落遗址等项

① 刘敏，程丽云．赫哲族历史文化遗产开发与利用的成就及影响［J］．黑龙江民族丛刊，2016（6）：131－136.

目，全力打造八岔赫哲族渔猎文化参与体验区。同江市街津口赫哲民族乡有一座建在街津山国家森林公园中的全国唯一的赫哲民族文化村。

赫哲民族风情园是以赫哲人独特的民族文化为底蕴，以自然风光为依托，集观赏、考察、餐饮、游乐为一体的旅游区。赫哲民族文化村将自然环境与民族文化融为一体，展现赫哲族历史，通过赫哲村落建筑、大型雕塑群以及一系列活动，将赫哲族的民族宗教风俗、历史文化、民族歌舞、服饰、手工艺品等做了一次集中展示。赫哲民俗馆是全国唯一权威性、特色性、全方位展示赫哲族民俗风格艺术的展馆。展馆以同江赫哲族现有史料为依据，以现有赫哲实物为基础，以赫哲历史为主线，传承赫哲文明。民俗馆总面积545平方米，分为四个展区：第一展区为赫哲先民、第二展区为古代赫哲、第三展区为赫哲族人家、第四展区为赫哲文化艺术及习俗。街津口赫哲族乡德勒乞河民俗体验休闲度假区位于同江市东北50公里处，街津口乡卫垦村卫丰屯网滩，地处于第三和第四积温带之间，是街津口赫哲族乡旅游发展圈的辐射地带，也是街津口乡乡村旅游项目重点建设区，具有赫哲族民俗特色的地窨子已建成3个，计划建设7个。

同江通过整体打造、错位发展，形成最具优势和吸引力的特色旅游品牌，推动赫哲文化旅游产业发展，带动了赫哲族群众增收致富和当地经济发展。

三、总结

2017年，同江全年接待国内游客80万人次，比上年增长14.2%；旅游收入2.48亿元，增长12.7%。出入境人数1.18万人次，同比下降56.6%；国内旅游人数78.82万人，同比增长17.15%。由此可以看出，在打造特色城市品牌的实践中，同江充分吸收了传统的赫哲族民俗文化，采用多种方式将赫哲族文化融入同江的城市品牌，使传统的赫哲族文化得以继承和发扬，同时使赫哲族民间文化得到进一步阐释和升华，成为同江城市品牌中最为靓丽的一张名片，拉动了当地的民俗旅游发展。

（作者单位：中央民族大学中国品牌研究院）

参考文献

[1] 刘敏，程丽云．赫哲族历史文化遗产开发与利用的成就及影响[J]．黑龙江民族丛刊，2016（6）：131－136.

[2] 李海峰，程丽云．赫哲族鱼皮制作技艺及传承的社会文化功能[J]．贵州民族研究，2015（12）.

[3] 韩二涛，黄河．文化珍惜视角下赫哲族渔猎体育保护与发展研究[J]．成都体育学院学报，2012，38（7）：54－56.

[4] 杨蕊．赫哲族史诗《满都莫日根》与鄂伦春族史诗《英雄格帕欠》的文本比较研究[D]．中央民族大学硕士学位论文，2012.

[5] 刘羽．浅析赫哲族音乐文化[J]．北方音乐，2016，36（3）：11.

[6] 付水晶．赫哲族鱼文化[D]．中央民族大学硕士学位论文，2012.

西盟：佤族文化与现代城市的契合

欧周文

西盟，这个位于云南省西南部的小城毗邻缅甸，是一个以佤族为主的民族自治区，也是全国仅有的两个佤族自治区县之一。近十年来，西盟砥砺奋进，立足为民建城，打造幸福城市；以文化为魂，打造特色城市；以宜居为本，打造生态城市；提升品质，打造文明城市，一座集绿色之美、民族文化之美、发展之美于一体的小城已逐渐显现，先后被评为中国最美休闲度假旅游名县、中国最美生态文化旅游名县、中国最美风景县云南十佳。2017 年 7 月，西盟更被国家住建部列入“第二批城市设计试点城市”，是全国被列入的两个县区之一，更是全国山地城镇、特色城镇、幸福城镇建设的典范。

一、西盟城市品牌的现状

城市品牌是现代城市现阶段发展的必然产物。城市竞争会形成动态的等级序列，通过城市品牌的错位定位可以形成城市之间的有效竞合①，而整合当地独一无二的资源，包括自然资源和人文资源，是打造别具特色的城市品牌最为重要的手段之一。

近年来，西盟以“人类童年 · 西盟佤部落”为主题打造出了一个极具当地民族特色的城市品牌。从西盟城市品牌的定位可以看出，一方面是强

① 孙曰瑶，刘华军．经济永续增长的品牌经济模型［J］．福建论坛：人文社会科学版，2006（2）：67－71.

调其有着从部族发展到现代社会的印记，是人类社会发展的“活化石”，被誉为“人类童年”；另一方面强调其较为完整地保留了独特的民族文化，大量的神话史诗、诗歌谚语、服饰歌舞、民居习俗都是其文化瑰宝。西盟以“佤文化兴县”为发展战略，以独特的民族文化为灵魂，以打造西盟“木鼓之乡”的发展思路，不断挖掘佤族文化并对城市进行改造，倾力打造“人类童年·西盟佤部落”城市品牌，走出了一条民族地区小城镇打造别具特色城市品牌的可行路径。

二、西盟城市品牌的佤族文化元素

佤族是云南最古老的民族之一，悠久的历史积淀形成了其鲜明的民族特色与独特的风俗习惯。下面从佤族文化的三个方面来分析西盟城市品牌的佤族特色。

1. 歌舞元素

佤族原生态舞剧《佤部落》会集了佤族神话传说、祭祀、民风民俗等内容，再现了佤族从原始社会中走来，在佤山这片神奇而美丽的土地上繁衍生息的故事以及对神灵的敬畏、期盼和崇拜，集中展现出佤族文化神秘、阿佤歌舞粗犷豪迈、阿佤人热情奔放的民族特色和地域特征①。在剧目里，人们可以欣赏到原生态佤族民间传统乐器演奏，传统的狩猎、祭拜仪式等宗教文化以及原始古朴的交响曲；领略到佤山的生态之美、文化之美、纯朴之美；享受到原汁原味的佤族服饰带来的审美愉悦；从木鼓声声中感受佤族小伙的粗犷纯朴；从飞扬的头发中感受佤族姑娘的热情奔放②。一曲《阿佤人民唱新歌》传递了佤山各族人民建设美丽家园的豪迈之情，也表达了在中国共产党的领导下，佤山儿女自力更生，用自己的勤劳和智慧创造美好生活的坚定信念③。

① 《狂欢佤部落》佤族原生态歌舞乐·普洱市［J］. 今日民族，2013（9）.

② 佤族原生态歌舞《佤部落》将走进国家大剧院．［EB/OL］http：//news. cri. cn/gb/42071/2014/08/18/5311s4658135. htm，2019－04－16.

③ 姚倬，晨韵．原生态歌舞《佤部落》在沪演出［J］．航空港，2014（9）：74－76.

佤族舞蹈是一种流传久远，对人们的生活、生产及心理影响极深的民俗现象。佤族的原生态舞蹈如同一本活的历史画卷，向人们讲述着原始先民的生活方式，体现了他们对神灵、对生命的崇敬。佤族原生态舞蹈的服装和特定用具又和相关的特殊制作加工工艺技术密切相关，所以佤族的原生态舞蹈是一种非常稀有的艺术形式①。佤族舞蹈种类多样，有敬酒舞、刀舞、木拉舞、纺线舞、独弦琴舞；跳法独特，主要是下肢动作复杂，舞步变化大，具有古朴、浑厚的文化特征。最为知名的甩发舞就很好地结合了佤族女子的特点，向人们展示佤族独特的风貌。西盟佤族木鼓舞分为祭祀性木鼓舞和表演性木鼓舞，分别具有娱神和娱人的功能。随着时代发展及需求，西盟佤族表演性木鼓舞不断与西盟佤族传统舞蹈文化重组、发展、演变。从娱神到娱人，西盟佤族木鼓舞的舞蹈形态发生了演变，这离不开时代性和民族性②。

佤族是一个历史悠久的少数民族，是一个勤劳、善良、敢于创造的民族，被专家们誉为“头发会跳舞的民族”。作为我国民族舞蹈的重要组成部分，佤族舞蹈有着不可替代的特殊价值③。通过对佤族舞蹈的大胆创新和设计而产生的佤部落品牌已成为西盟城市品牌不可或缺的部分。

2. 节日元素

节日是各民族依据传统的宗教祭祀、农事生产、历法等因素而形成的相对凝固的时间及地点、活动方式的社群活动日，它具有全民性、集体性、传统性④。从西盟佤族的传统习俗分析，佤族的节庆活动就是大型的宗教活动，节庆与宗教活动很难完全区分开，现为大多数佤族所认可的节日有新米节、播种节、“崩南尼”、接新水、“穷克落”（拉木鼓日）、过大年、接新火等。

“新米节”是佤族在中秋节前后稻谷成熟之际，喜庆丰收，品尝新米

① 娜汉木．社会文化变迁背景下西盟佤族舞蹈艺术教育的创新［J］．艺术评鉴．

② 额瑜婷，裘亚萍．西盟佤族木鼓舞形态演变研究［J］．普洱学院学报，2016（4）．

③ 刘秋子．西盟佤族传统舞蹈［J］．剑南文学（下半月），2013（4）：146－147.

④ 迟燕琼．云南少数民族传统节日文化保护与开发的现状和困境［J］．云南艺术学院学报，2008（2）：90－94.

的日子，佤语称为“更奥”“朋奥”或“地京俄”。佤族人民恪守万物有灵，深信只有畏天地、敬山河，才能与自然和谐共生。因此，每逢丰收的时节，都要“迎谷魂，祭谷魂”。每年农历七八月份（佤历九十月间），稻谷成熟，迎回谷魂后，都要举行祭祀仪式，感恩神灵，祈求来年五谷丰登。播种节，佤语称为“梅依万”。每年农历一至三月（佤历二至四月），各地根据自己的时令，在春播大忙开始时进行的节日活动之一①。播种节分为寨子和家庭两种方式。播种节的祭品有公猪、公鸡、水酒、茶叶、芭蕉、米等。“穷克落”（即拉木鼓日）一般在公历 12 月中旬（佤历的 1 月）举行（各地的佤族日子不一样），一般是十年举行一次。木鼓是佤族的一种祭祀工具，也用作报警和乐器，佤族通过拉木鼓的活动，举行隆重的庆典和祭祀活动来表示对祖先的怀念。

佤族节日文化的发展既是佤族民族共同心理形成的过程，又是其浓郁民族文化习俗形成的过程②。所以，在研究节日中应对其所蕴含的民族文化内涵进行挖掘，以此来塑造符合本民族的城市形象，发展民族地方经济。

3. 建筑元素

以民族文化为魂，将佤族传统建筑基因融入现代建筑，既保留了佤族传统建筑基因，又彰显了现代建筑的美，将建筑变为佤文化的传播载体。西盟以佤族传统杆栏式建筑为原型，用黄褐色作为城市主色调，将佤族服饰中常用的红色和黑色作为城市主要的装饰色，从佤族文化中提炼出了牛头元素、木鼓元素、寨门元素和木依吉、阿依俄、安木拐等神话人物元素，并将这些富有佤元素特征的几何图案、宗教物件、图腾标志通过彩绘和小型装饰浮雕等手法，在城市建筑风貌、屋顶样式、建筑装饰等主要建筑语言上表达出来，使其建筑不再呆板，变得有生命、有故事、有情怀。

西盟将佤族图腾元素、音乐元素、崖画元素等融入地下管廊建设、灯光亮化、透水人行道铺砖改造、绿化改造、平安城市建设等一批提升城乡人居环境的市政基础设施项目，让街区成为佤文化的展示长廊。整个佤山

---

①② 朱力平．西盟佤族节日及其社会功能［J］．普洱学院学报，2005，21（1）：1－4.

公园，通过公共广场—公共绿地—公园通道—庭院绿化的渐层梳理，将场、院、路、街融为一体，形成了一幅“城在林中、林在水中、水在城中”的美丽山水城画卷，使整个县城成为一个 AAAA 级公园。每条街道、每幢建筑都成为市民情感的载体，成为见证历史的凝固的文化。

三、总结

城市品牌是外部投资者和消费者选择该城市的排他性理由。“西盟是一座很容易被人记住的城市，来过一次、看过一眼，其模样便深刻印在脑海中。”游客对西盟的评价无疑是对其城市品牌的肯定。从西盟的城市品牌分析中可以发现，西盟以佤族文化为魂，将佤族舞蹈元素、节日元素和建筑元素融入具有鲜明特色的城市品牌，将西盟形象推向全国和世界，扩大了西盟城市品牌的声望，进而提升了西盟的综合竞争力，这是城市品牌与城市竞争力相互促进的极佳体现。

（作者单位：中央民族大学中国品牌研究院）

中国陶瓷谷，五彩新醴陵

钟明熹

醴陵是湖南省辖县级市，东邻江西省萍乡市，位处湖南省的“东大门”最前沿，总面积2156.46平方千米，人口达106万，有着极其厚重的历史沉淀，早于东汉置县，两千余载未易其名。醴陵有两大绵延千年的支柱产业：陶瓷、花炮，素有“中国陶瓷历史文化名城”和“中国花炮之都”之称，是花炮祖师李畋的故乡，也是中国“国瓷”“红官窑”所在地，还是享誉世界的釉下五彩瓷之原产地。在2018年全国新型城镇化质量和综合实力百强县中，醴陵分别居第56位和第76位，还获评全国治理创新示范城市、国家公共体系服务示范区等30余项省部级以上荣誉。

一、醴陵市的城市品牌元素

“中国陶瓷谷，五彩新醴陵”体现了醴陵作为陶瓷名城、花炮之都的地位。在历史的长河中，这座“千年古邑”传承着生生不息的工匠精神，本部分将从以下三个方面一一呈现醴陵城市品牌的产业与文化特色。

1. 醴陵陶瓷

醴陵是中国八大陶瓷产区之一，所产陶瓷品种达40多个，拥有1500多项国家专利。全中国的陶瓷出口总量有40%来自醴陵，同时醴陵出产的电瓷和日用瓷分别占世界市场的30%和11%左右。

此外，醴陵还是中国“国瓷”“红官窑”的所在地。新中国成立后，党和国家领导人的生活用瓷都产于醴陵。1964年国庆大典国宴中使用的

1500 套瓷器全部烧制于醴陵，此后，人民大会堂的日用瓷器只有中国醴陵这一个产地。凭借其独特的制瓷技艺，五彩艳丽、庄重典雅的品位风格，在奥运会、世博会、亚运会、世园会、新中国成立 60 周年等大型庆典和活动中都不乏醴陵釉下五彩瓷的闪亮身影，见证了无数历史发展的不朽时刻。

近年来，在醴陵市人民政府和社会各界力量的倾情打造下，醴陵"中国陶瓷谷"开始筹建。这是一个由国际陶瓷展览中心、图兰朵酒店、醴陵瓷谷美术馆、醴陵市陶瓷博物馆等 11 个独立建筑巧妙拼接的艺术建筑群，于 2016 年 11 月入选国家工业旅游首批旅游创新单位，并于同年与湖南省张家界一同载入《美丽中国——首届世界旅游发展大会纪念册》。可见，醴陵陶瓷已经成为醴陵城市品牌中最为重要的组成部分。

2. 花炮之都

醴陵是花炮祖师李畋故里，花炮产业历史悠久。1300 多年前，李畋点响第一枚爆竹，给全球各地的人民在佳节增添了一份喜庆的气息。花炮已成为醴陵市享誉国内外的主导产业集群，现有烟花爆竹生产企业 200 多家、花炮产品 9 大类 4000 多个品种，对国内生产总值的贡献多达 200 亿元，出口的花炮商品占全球市场份额的 10% 左右，其中内销鞭炮、出口专用烟花、玩具型烟花以及小礼花弹等特色产品远销海外 150 多个国家。

在 2018 年举办的"第三届中国烟花爆竹博览会"上，醴陵会展中心设立了 762 个展位，展区面积达 17200 平方米，吸引了全国花炮主产区 310 家企业参展，其中包括烟花爆竹的生产企业、相关机械设备制造企业和原辅材料生产经营企业等。同时，本次与会的还有来自德国、美国、日本、法国、西班牙、俄罗斯和中国香港、台湾地区的采购商 30 余人，并有 5 个醴陵企业于展会当日与美、德、日等外商签署了贸易合约。

可见，醴陵花炮产业在刺激当地经济发展的同时还吸引了不少国内外相关产业企业经销商的关注，进一步塑造了城市品牌，提升了城市影响力。

3. 历史传承与工匠精神

醴陵的陶瓷产业最早可以追溯到汉初制陶，至宋、元时又始产青瓷，绵延两千多年。1905 年，清政府官员熊希龄在特地远赴日本考察了制瓷技术之后，上奏慈禧太后御批 10 万两库银，率领一批湘籍有识之士，在醴陵先后创办“湖南官立瓷业学堂”（以下简称“学堂”）和“湖南瓷业公司”（以下简称“公司”）。“公司”和“学堂”分别负责生产的企业化管理和制瓷技术的传授训练，虽为两个机构，但实为一套人马。“公司”于 1906 年 9 月由熊希龄设立，向社会招股并募集资金 5 万元，从外国引进先进设备，同时以仿照国外企业管理的模式运营，标志了我国近代制瓷工业的起点。1908 年，“学堂”研制出绿、褐、红、蓝、黑五种高火釉下彩颜料和上色技术，并基于此创烧出闻名天下的釉下五彩瓷。1909～1915 年，醴陵釉下五彩瓷参加了国内外各项著名博览会，均获得最高等级评价，其中最著名的是 1915 年醴陵釉下五彩瓷“扁豆双禽瓶”与国酒茅台在美国旧金山巴拿马太平洋万国博览会上获金牌奖，前者更是被赞誉为“东方陶瓷艺术的高峰”，标志着醴陵瓷业的一个辉煌时代。

然而到了 1918 年，在北洋军阀的无情蹂躏下，“公司”制瓷器具尽毁，生产被迫停顿，后又因经营不善，逐渐导致了醴陵瓷业的步步衰落。1930 年，湖南瓷业公司和其他一些商办瓷厂的被迫倒闭，醴陵釉下五彩瓷的生产几乎退出了历史舞台，数千瓷工流散，釉下五彩技术也几近失传。直至中华人民共和国成立后，以吴寿祺为首的一批釉下彩老艺人重出江湖，在他们毫无保留地传授技艺和培训学徒的努力下，醴陵釉下五彩瓷又“古树逢春”，使中断了二十余载的釉下五彩瓷器终于得到恢复，釉下五彩技艺也得以后继有人。

不忘初心，矢志不渝，醴陵釉下五彩的重现于世，是老一辈技艺人的不懈坚守，更是一代又一代醴陵陶瓷人所传承的工匠精神的体现。因此，在研究醴陵市城市品牌的打造时，不可忽视深埋于产业背后的文化底蕴，以此来进一步塑造城市形象，完善城市品牌的多维度呈现。

二、城市品牌之“醴陵经验”

产业交流会、文化艺术庆典、特色产品博览会，这些大型活动通常可以成为城市扩大知名度与影响力的有效方式。作为一个传播城市形象的重要载体，大型活动的举办可以更好地联系城市与其受众之间的交流和认识，同时可以形成媒体事件、话题，为城市进行宣传。从2016年开始，醴陵借助每年上半年举行“烟花爆竹博览会”和下半年的“瓷器博览会”，在很大程度上提高了城市知名度和美誉度，从而推广了城市品牌。

例如，在“2017中国醴陵国际陶瓷产业博览会”（以下简称瓷博会）中，有500多家企业参与本次展出，其中不乏来自海内外的国家企业，如来自美国、韩国、意大利、西班牙、日本、哈萨克斯坦、斯里兰卡、肯尼亚、泰国、俄罗斯、土耳其等28个国家以及中国香港、台湾地区的94家参展企业，足以体现出醴陵“瓷博会”的国际知名度之广、美誉度之高。

同时，醴陵的城市品牌在此次活动举办的媒体传播过程中得到了更进一步的推广。截至此次展会结束，一共有70多家国内外主要媒体对其进行深入报道，其中包括新华社、人民日报、中央电视台、中央人民广播电台、迪拜中阿卫视等。中央电视台《还看今朝》节目还特别以醴陵陶瓷和瓷博会为主题放送了一段长达五分钟的直播。中东地区22个阿拉伯国家的4.5亿观众在迪拜中阿卫视《一带一路·中阿访谈录（醴陵篇）》节目中直观地了解到了醴陵陶瓷、花炮文化产业。

在新媒体方面，醴陵通过其瓷博会官网、官方微博、醴陵发布、醴陵交通生活频道等新媒体平台，共发出稿件200多条，在微信公众号中发布的文章获得的平均点击量多达万次/篇，尤其是醴陵市宣传片《大美醴陵》点击量高达18万次，引来无数网友的关注和赞赏。

此外，醴陵瓷博会在户外宣传工作方面也下足了功夫。一辆专为宣传醴陵陶瓷的主题磁浮专列在长沙高铁南站从2017年8月份开始航行，长沙地铁、黄花国际机场和株洲主要地段也纷纷为瓷博会举办宣传造势。醴陵市更是在市区内5500台公交车、出租车、私家车和169个公共汽车站、城市区域主要路段、高架桥广告牌、政府机关单位LED电子屏上设置了瓷博会举办的宣传。这些努力都成为醴陵瓷博会成功举办的重要原因，它们同时推动了醴陵城市品牌的知名度、影响力以及美誉度的提升。

三、启示

大型活动的举办是城市品牌推广的重要载体，它一方面直接对话城市受众群体，是呈现城市品牌元素的直接手段；另一方面又能带动相关媒体形成话题、事件，进一步加深城市品牌相关元素的大众印象。例如，在醴陵的城市品牌案例中，相关博览会的举办不仅能让直接受众群体对花炮和陶瓷产生直观的感受，而且吸引了各大传统媒体与新媒体平台用户的关注，相继引发的话题和事件让本不熟悉醴陵文化产业的群体也对该市的城市名片有了一个基本的了解。从“醴陵经验”中可以看出，城市品牌的打造应当清晰、简单地围绕城市本身最具特色的元素，传递一个明确、立体、多维度的城市形象，继而将城市品牌推向全国、走向世界。

（作者单位：北京大学政府管理学院（博士生））

参考文献

［1］乔双双．新媒体时代特色中小城市形象媒介传播策略研究［D］．中南民族大学硕士学位论文，2018.

［2］醴陵市统计局．醴陵市国民经济和社会发展统计公报［R］．2018.

［3］黄雄．“五彩醴陵花炮之都”的别样魅力［EB/OL］．中国安全生产网．2018－04－28.

［4］中国国研．2018 年中国中小城市科学发展指数研究［EB/OL］．2018.

［5］中央宣传部，财政部，文化和旅游部，国家文物局．革命文物保护利用片区分县名单［S］．2019.

成都品牌，“三城三都”

丁凌之

成都，又称“蓉城”，位于四川盆地西部、成都平原腹地，素有“天府之国”“蜀中江南”的美誉。据史书记载，大约在公元前五世纪中叶的古蜀国开明王朝九世（前 367 年）时将都城从广都樊乡（双流）迁往成都，构筑城池，至今已有 3000 多年的建城史。成都自古以来就是中国西南地区重镇，秦汉以来，成都就以农业、手工业兴盛和文化发达著称；西汉时已成为中国六大都市之一，并与洛阳等并列为五大都会之一；唐代时成都商贸繁荣，与扬州齐名，称为“扬一益二”；更曾是成家、蜀汉、成汉、前蜀、后蜀五个政权的都城，文化遗存丰富，兼具政治、经济、军事中心之能，自建城至今的数千年历史中，长期保持着高度繁荣和发达，是全国经济最为发达的地区之一。

成都的文化特质是多元并存的，它连通历史与当下，无数文人墨客都曾在此留下过绚烂的诗句：无论是刘禹锡笔下的“濯锦江边两岸花，春风吹浪正淘沙”，抑或是杜甫笔下的“锦城丝管日纷纷，半入江风半入云”，无一不把锦江边丝管悠悠、春风吹浪的慵懒闲适之景刻画得丝丝入扣，把成都“天府之国”的美景描述得引人入胜。大约在 13 世纪，意大利旅行家马可波罗第一次来到成都，就在他的行记中写道：“它是一个宏伟的大都会，就像它的名字一样。”经历了 4500 年的历史变迁，成都的气质已经融入它的大街小巷、人声鼎沸。同时，这座城还有很多宝贵的财富，它的语言、典故、风景、丰富的文化遗产和民俗风情等无不充满魅力，引人入胜。

2018 年，成都市世界文化名城建设大会成功举行，提出打造“三城三都”的城市品牌，即“世界文创、旅游、赛事名城，国际美食、音乐、会展之都”①。这意味着成都将站在新的起点上，把握城市的历史、现实和未来，建设一座世界文化名城。成都，这座有着多彩魅力的历史名城，正在不断吸引着国内外众多游客的目光。

一、三城——世界文创、旅游、赛事之城

文创产业是具有极大创新活力和发展潜力的新兴产业，是将文化优势转化为发展优势的重要载体，文化的繁荣兴盛更是离不开文创产业的发展壮大。为建成“世界文创之都”，成都重点加强对古蜀文化遗址、东郊工业遗址、固驿川剧之乡、安仁博物馆小镇等历史文化古街古巷、古镇古村、古建筑群落的保护利用，将文化资源的先天优势充分转化为文创产业优势，同时推进传统文创产业转型升级，拓展“文创+”新思维，推动文创与科技、金融、城市深度融合，构建以音乐、文博、设计、动漫、影视、传媒等为重点的现代文创产业体系，着力塑造成都文创品牌，如文创产业项目“东郊记忆”“U37创意工厂”等现代工业文明为成都文化注入鲜活生命；在成都的许多博物馆和图书馆内，甚至是剧院或者艺术画廊的墙壁上，都可以发现许多历史文化创意内容，彰显出蜀文化强大的生命力。

文创产业的兴盛离不开旅游产业的带动作用。成都“天府之国”的美誉蜚声海内外，自然风光绮丽多姿，旅游资源得天独厚并具有鲜明的地域特色：市内人文景观多，周边自然景观全，旅游资源分布相对集中。成都市中心城区和近郊区许多充满文化价值的景点都是成都历史延续的见证。无论是锦里、宽窄巷子等富有时代特色的历史文化街区，还是都江堰、武侯祠、杜甫草堂等历史建筑群落；无论是九里堤、黄忠街等饱含文化记忆的街道，还是深藏厚蕴的金沙遗址、明蜀王陵等遗址。古蜀文化、水利文化、丝路文化、三国文化等传统文化元素让成都历史文化呈现出丰富灿

① 进阶世界文化名城，成都打造“三城三都”超级IP［N］. 中国经营报，2019.01.14.

烂、异彩纷呈的绚丽图景。随着时代发展，“泛旅游时代”已成为当今旅游主旋律，旅游格局呈现出动态游向静态游、观光游向深度游的深刻转变。因此，成都在把握旅游资源优势的基础上，紧扣城市发展总体规划布局，优化旅游发展空间布局，打造“东进、西控、南拓、北改、中优”的发展新格局，分别承接运动休闲、度假观光、文创旅游、商贸交易、城市休闲等旅游功能，推动成都市旅游产业的错位布局和差异化发展。此外，成都还彰显公园城市、休闲之都魅力，深入挖掘世界遗产、大熊猫、古蜀文明、三国文化、川剧文化等独特文化元素，加快构建七大世界级旅游产品体系，打造具有国际竞争力的旅游品牌。

2005 年，成都首次举办世界大力士锦标赛这一国际赛事，此后更是不断举办其他国际性、全国性等级别赛事。仅在 2018 年 9 月，就有 8 项国际大赛在成都举行：成都拥有自主品牌的全球象棋双人赛，已成为“棋城”体育文化的一个标志性大赛；作为一年一度“成都网球季”的重头戏，ATP250 成都网球公开赛迎来刚在大满贯赛事中闯进决赛的明星球员；女子乒乓球世界杯时隔 12 年再次落地成都，丁宁、朱雨玲等国手来蓉参赛，让球迷大呼过瘾；除此之外，春季的双遗马拉松赛、秋季的成都国际马拉松赛使成都逐步成为全球跑友们向往的魅力之都。一项项国际赛事的召开使“运动成都”成为国内外知名的城市体育品牌。为建成全球赛事名城，全面建设国家中心城市，成都提出 2018 ~ 2030 年“三步走”战略定位，最终在 2030 年实现年均举办国际体育赛事达 10 个，其中具有自主 IP 和城市文化特色赛事达 50%。相信在不久的将来，“赛事名城”将成为成都另一张亮眼的城市名片。

二、三都——国际美食、音乐、会展之都

2010 年，成都成为首批联合国教科文组织评选出的“世界美食之都”，更是在 2016 年被选为全球“最受吃货喜爱目的地”，对于这些称号，成都当之无愧。2017 年，成都的餐饮收入达 794 亿元，位居全国副省级城市第二位。常言道“食在中国，味在四川”，无论在国人眼中，还是在外国友

人的认知里，成都的美食都是吸引他们来这里的一大原因。天南海北的食物一旦到了成都，最终都逃不过“一涮一烫”的宿命，麻辣味十足的成都美食成了萦绕舌尖的美妙记忆。成都市内更是有无数的餐饮街、小吃、饭店、地道的“苍蝇馆子”，无论是锦里的张飞牛肉、糖油果子、钵钵鸡，玉林街的烧烤、火锅、小龙虾，还是祥和里的川菜馆、水煮鱼，香香巷的各国各地的美食菜馆，抑或是宽窄巷子的酒吧、咖啡馆，等等，这些美食刺激着游客的味蕾，让人流连忘返、乐不思乡。为打造高标准的国际美食之都，成都计划从场地、商家、品牌三方面采取措施：首先，建设高品质美食聚集区，打造国际美食城；其次，引进国内外知名美食品牌及风味菜系，形成全球餐饮品牌聚集高地；最后，依托前两项措施形成的规模优势，持续扩大“成都美食节”的品牌影响力，构建名菜、名店、名师、名节、名街餐饮品牌体系，打造“美食之都”的城市品牌。届时，成都还将鼓励餐饮业“走出去”和“引进来”，持续开展海内外美食文化推广，面向全球传播美食文化、制定美食标准、建设美食协会、深化美食交流，进一步打响成都美食品牌。

自古以来，成都就是多元音乐聚集之都，拥有丰富的音乐遗产，无论是司马相如所作深挚缠绵的《凤求凰》，抑或是杜甫清幽柔靡的“锦城丝管日纷纷，半入江风半入云”，还是以竹琴清音为代表的蜀地音乐文化，丝丝乐声都随着岁月沉淀到成都的每一处砖瓦中，沉淀到巷弄里每一位乘凉人的耳中。随着音乐形式的不断变化，成都的音乐文化又有了更加丰富的内涵。近年来，随着各种音乐选秀节目的热映，无数的成都音乐人进入了大众视野，而在他们身后，是更多的不知名的演唱者，他们无论是在大街小巷随街而唱的街头音乐人，还是酒吧、咖啡馆中喃喃低语、娓娓吟唱的歌者，都为成都增添了一抹迷人的魅力。为打造成为世界一流的音乐之都的城市品牌，成都主要从四方面采取措施：在人才上，优化音乐人才政策，培养和聚集国内外优秀的音乐人才，促进国内外优秀原创音乐汇聚、生产、发布在成都；在产业上，打造数字音乐产业基地，建设数字音乐研发平台及流媒体音乐服务平台，完善版权保护机制，为音乐人提供健康完善的市场环境；在品牌上，在办好已有的城市音乐品牌活动基础上，不断吸收国内外其他知名音乐品牌节（会）活动，力求打造一批国际化的音乐活动品牌；在设施上，成都市对于城市音乐厅、凤凰山露天音乐公园等一批重点演艺载体，以及一些音乐产业园区与音乐小镇进行全面规划与建设，旨在建成高标准、国际化的音乐之都。

展览行业是一个聚集人、财、物的行业，成都有着良好的人文环境、营商环境以及会展行业发展土壤，在消费品类和新经济类的展览会方面有充分的优势，在创新创业项目、环保和城市建设项目等各个领域也都有机会。从全球来看，整个会展产业正从西方向东方转移；从全国来说，正从沿海向西部转移，成都作为西部的中心城市、对接“一带一路”和长江经济带的重要支点城市，正是承接转移的“理想之城”，因此成都成为新的会展之都有着得天独厚的优势。近年来，成都积极与国际知名展览公司展开合作，先后与德国、英国的知名会展公司签订战略合作协议，已承办一系列知名国际会展项目，如 2018 中国（成都）国际旅游交易会、2019 年亚洲国际建筑工业化展览会、中国成都环保产业博览会等。为全面提升承接重大展会的能力，成都已对世纪城展馆展开更新升级的改造工程，并充分引导会展骨干企业提高资本运作能力，壮大知名会展主题，打造了一批龙头会展企业，同时引进一批国际化会展企业，以建成国际会展之都。

（作者单位：中央民族大学经济学院）

大连：东北亚的明珠

丁凌之

大连，又称“滨城”，位于辽东半岛南端，地处黄渤海之滨，与山东半岛隔海相望。相较于上海的“国际大都市”、天津的“北方航运中心”、青岛的“国际海滨城市”等其他沿海港口城市的定位，大连的城市定位相对较模糊，甚至经常被人们与连云港搞混，但作为老牌工业基地城市，东北亚的航运中心、金融中心，大连肩负着东北地区全面振兴老工业基地，以及深化对外开放的双重任务。大连还将进一步对标上海等国际一流城市，明确其在东北亚乃至全球的定位，并延续其文化、生态优势，实现“花园城市”“浪漫之都”的建设目标。

一、东北亚的航运中心

大连市在《大连市城市总体规划（2009～2020）》中明确提出要建设东北亚重要的国际航运中心、东北地区的核心城市，并发挥其城市职能。

近年来，大连沿黄海、渤海两岸布置港点，形成了以大窑湾港区、太平湾港区、栗子房港区三大港区为核心，其他中小港站和临港工业港区为补充的“三核两翼”港口布局。2017 年，大连沿海港口货物吞吐量达 4.6 亿吨，比上年增长 4.3%；其中集装箱吞吐量达 970.7 万箱，比上年增长 1.3%。全市共拥有集装箱班轮航线 108 条，其中外贸航线 86 条、内贸航线 22 条，是东北地区对外开放的重要港口城市。2017 年全年，大连空港旅客吞吐量 1749.9 万人次，比上年增长 14.7%；纯货邮吞吐量 16.5 万吨，比上年增长10.7%①，港航物流业提质增效效果明显。

在建设成为东北亚重要的国际航运中心后，大连将进一步突破半岛交通瓶颈，改善宏观交通区位，构建成为辐射东北、面向环渤海经济圈的开放性对外交通体系，成为国际航运中心枢纽，并以国际航运为核心纽带，带动整个东北亚地区和相关腹地经济协同发展②。

二、东北亚的经济中心

作为中国首批沿海开放城市，大连拥有国务院批准设立的第一个国家级经济技术开发区、东北地区唯一的保税区和高新技术园区，是东北地区首屈一指的经济中心。

2017年，大连实现地区生产总值7363.9亿元，比上年增长7.1%，三次产业结构比为6.4∶41.5∶52.1，对经济增长的贡献率分别为4.2%、49.7%和46.1%；人均地区生产总值和人均可支配收入分别达到105387元和40587元，分别比上年增长7.1%和6.7%，远高于东北三省及全国平均水平。③

与此同时，大连还扎实推进金融、贸易等领域的建设。2017年，大连自由贸易试验区正式挂牌运行，学习上海等自贸区的先进经验并推广，数量高达116项，其中7项为全国最佳案例；同时建立了负面清单制度，创造了优良的投资营商环境，加速了地区贸易自由化、投资便利化的发展，成为对外开放的新窗口。2018年，大连引进金融及融资类机构109家，金融业实现增加值占GDP比重为9.4%④。

①③ 2017年大连市国民经济和社会发展统计公报［R］. 大连市统计局，2018.05.08.

② 刘爱民. 大连国际航运中心与区域经济互动发展研究［D］. 大连海事大学博士学位论文，2013.

④ 2019年大连市政府工作报告［R］. 大连市人民政府，2019.01.25.

三、东北亚的浪漫之都

作为国内知名的海滨旅游城市之一，大连依山傍海、气候宜人，它既具有“面朝大海，春暖花开”的文艺情调，又兼具“登高远眺，吟诗作赋”的广阔胸襟；它没有省会城市的喧嚣与吵闹，在发展城市的同时保留了传统的痕迹，用它的历史和文化积淀向游客们诉说着城市故事，是一座极具浪漫气息的城市。

大连素来享有“浪漫之都”的美誉，它有漂亮的广场、绿地、喷泉，有风光旖旎的滨海路。徒步爱好者们步行在滨海路上，看到的是山海相连的壮观美景，一侧是山峦和盛开着火红杜鹃的山麓，另一侧是烟波浩渺的大海和千姿百态的礁石岛屿，沿途奇景迭出，美不胜收。大连特有的怀旧典雅的有轨电车慢悠悠地穿梭在街头，坐在车厢中的乘客一边欣赏着沿途的风情，一边听着驾驶员手动摇铃的声音，想象着街道两旁几十年前甚至百年前的模样，感受着时光倒流般的情怀，让人为之沉醉。大连另一地标性建筑——星海广场始建于 1993 年，占地 176 万平方米，中央大道贯穿其中，这里曾矗立着全中国最大的汉白玉华表，还能欣赏到音乐喷泉、各式雕塑，每年夏天，会有盛大的啤酒节在此举行，届时整个广场都变成狂欢胜地，热闹非凡，夜晚的星海广场则宛如一颗明珠，照亮这座城市的夜色，是大连人心中难以割舍的都市情怀。

（作者单位：中央民族大学经济学院）

冰城夏都，风情哈尔滨

丁凌之

哈尔滨，又称“冰城”，是我国黑龙江省的省会，地处东北亚中心地带，被誉为“欧亚大陆桥的明珠”。约一千年前，女真族创造的金源文化是哈尔滨的文化之源，在经历很长时间的文化自身演变发展后，哈尔滨在19～20世纪先后经历了两次激烈的文化碰撞：19世纪初，由3000多万百姓“闯关东”带来的中原文化带来了第一次文化洗礼，最终形成中原与少数民族两种文化共生并存的局面；20世纪初，在军阀割据、西方列国肆意入侵的时代背景下，33个国家16万多侨民带来了欧洲文化，此后中西两种文化在哈尔滨这个地方融合升华后形成了其独特的多元城市文化，这也是哈尔滨的文化之魂。

来到哈尔滨，在冰雪童话的光影琉璃间嬉闹，在万顷松江湿地的烟波浩渺里沉醉，在中央大街的万种风情中漫步，体会着城市的独特文化。“冰雪之都”“避暑胜地”“欧陆时尚”“生态之城”，一张张城市旅游名片映射在品牌的维度形成了以“冰城夏都”为核心的城市旅游形象。

一、资源优势

哈尔滨市地处中国东北平原东北部地区，黑龙江省南部，处东北亚中心区域，是中国纬度较高、气温较低的大城市。这里四季分明，冬季漫长寒冷，夏季短暂凉爽，因此作为夏季避暑胜地、冬季冰雪之城，哈尔滨有着得天独厚的地理优势。

哈尔滨也及早认识到其“冰雪之城”的优势，在1999年便建立了世界规模最大的冰雪乐园——哈尔滨冰雪大世界，充分发挥了哈尔滨的冰雪时空优势，向各地游客展示了北方名城哈尔滨的冰雪文化。除此之外，哈尔滨还相继建立滑雪场、太阳岛雪博会、冰雕节等冰雪相关娱乐设施及活动，其中亚布力滑雪场有世界上最大的滑道，这也是国内目前最大、功能最为齐全的综合性滑雪场；哈尔滨国际冰雪节规模创世界之最；太阳岛有着世界最大的雪雕艺术群；哈尔滨万达城有着全球面积最大的室内滑雪场；等等。这些各式各样的冰雪娱乐设施的建立以及冰雪文化节的推广，使哈尔滨“让冰雪品牌享誉海内外”的期许正在变成现实。

二、品牌优势

经过近 20 年的发展，哈尔滨“冰雪之都”的这张旅游名片已推广至全国乃至世界。据统计，哈尔滨在 2017 年度中国冰雪旅游目的地城市品牌综合影响力排行中稳居首位，其中冰雪大世界和太阳岛雪博会分别摘得旅游目的地榜单的第一名和第三名①，可见其冰雪资源优势正在转化为旅游品牌优势。

随着哈尔滨城市旅游品牌的建设，夏季游客的迅速增长也标志着哈尔滨旅游市场从冬季一枝独秀向两季繁荣的升级。与先天富集的冰雪资源不同，哈尔滨夏季旅游资源呈现分散性特征，在此情况下，哈尔滨整合资源，把湿地节、啤酒节、哈夏音乐会等以往分散、孤立的旅游品牌串珠成链，形成了“哈尔滨之夏”这一集合品牌概念，集中打造哈尔滨为“冰城夏都”的旅游胜地。这些举措也取得明显的效果，2012～2017 年，哈尔滨夏季旅游总收入从 244 亿元增长至 510 亿元，增长了 2.1 倍，累计接待各地游客超过 1.5 亿人次，哈尔滨也被评为“最佳避暑旅游城市”等，成为越来越多游客夏季避暑的目的地。

① 赵雪廷．哈尔滨市全域旅游发展方式探析［J］．边疆经济与文化，2018，178（10）：18－21.

三、走向国际

哈尔滨是一座极具异域风情的城市，索菲亚教堂、马迭尔宾馆、17个领事馆旧址等这些典型的建筑，都是哈尔滨这座“东方莫斯科”城市的生动写照。这座融汇东西方文化的魅力之都始终以其积极开放的文化情怀拓展着国际“朋友圈”。

哈尔滨与世界27个国家的33个城市建立了文化交流合作关系，其中特别与日、韩保持着良好合作，如日本新潟、韩国富川等。此外，哈尔滨还进一步加强与俄罗斯合作的优势，多次进行两国间文化艺术交流，如多次组织文化团体远赴哈巴罗夫斯克等城市演出，并邀请俄罗斯著名指挥家、表演团体等在哈尔滨演出。随着对外交流的不断扩大，中俄博览会、哈尔滨国际冰雪节、哈尔滨国际啤酒节，以及各类艺术交流周等重大活动早已成为百姓的节日、世界的舞台，国内外著名艺术家和数百万宾客更是纷至沓来，成为各方深化文化合作交流的有效平台。

（作者单位：中央民族大学经济学院）

上海：卓越城市，国际之都

丁凌之

上海是我国近代最早对外开放的都市之一，是我国四大直辖市之一，也是长江三角洲世界级城市群的核心城市，拥有无数头衔，如“亚洲金融中心”“东方时尚之都”“国家历史文化名城”等，也是国家经济、金融、贸易、航运、科技创新中心，无数成就使这座城市早已成为国内的一线城市。因此，当其他城市还在以建设国家中心城市为目标时，上海早已在《上海市城市总体规划（2017～2035）》中明确提出，将要建成卓越的全球城市和社会主义现代化国际大都市，并提出建立“创新之城”“人文之城”“生态之城”三个目标，这是上海走向国际化的关键一步。

一、金融中心

上海是当之无愧的中国经济实力第一城，是中国首个 GDP 突破三万亿元的城市，也是长江经济带的龙头城市。2018 年，上海市全年实现国民生产总值 32679.87 亿元，比上年增长 6.6%，稳居全国城市首位；人均生产总值和人均可支配收入也分别达到 13.5 万元和 64183 元[①]，显著高于国内平均水准。

上海的经济发展首要驱动力为服务行业，其中以金融业为代表，上海市 2018 年实现金融业增加值 5781.63 亿元，比上年增长 5.7%。相较于北京，上海的金融业发展优势是其临海的地理位置，并由此催生外贸金融，

① 2018 年上海市国民经济和社会发展统计公报［J］. 统计科学与实践，2019.03.25.

上海已经成为海外直接投资的首选地点和中国最重要的消费市场。2018 年全年，上海市金融市场交易总额为 1645.78 亿元，同比增长 15.2%。截止到 2018 年底，上海市中外资金融机构本外币各项存款余额为 12.11 万亿元，比年初增长 7.69%；其中贷款余额为 7.33 万亿元，比年初增长 8.49%。2018 年全年新增外商直接投资项目 5597 项，同比增长 41.7%，合同总金额为 469.37 亿美元，同比增长 16.8%；其中实际到位资金 173 亿美元，同比增长 1.7%。仅 2018 年一年，上海市新增跨国公司总部达 45 家，跨国公司总部累计达 670 余家。①

与此同时，随着上海自由贸易区的建设，上海市也在不断创新各领域制度，优化营商环境，使其向着国际化、法制化等方面不断发展，经济发展总量规模稳步提升，经济转型发展步伐不断加快，向着建成国际化金融中心不断前进。

二、创新之城

在全球化与知识经济时代，创新已成为城市发展的核心驱动力，上海也把握时机，将发展基点放在创新驱动上。2014 年全年，上海市用于研究与试验发展（R&D）的经费支出占地区 GDP 的比例高达 3.58%，到 2018 年这一比例已达 4%，且呈现逐年攀升的趋势。2018 年，上海市专利申请量为 150233 件，专利授权量达 92460 件，比上年增长 27%，数量及增速均高于全国平均水平。2018 年全年共认定高新技术企业 3653 家；认定高新技术成果转化项目 656 项，比上年增长 33.1%，其中电子信息、生物医药、新材料等重点领域项目占 86.3%。②

除此之外，上海市科技创新机构也呈显著增长之势。例如，张江综合性国家科学中心、李政道研究所、共性技术研发与转化平台等项目相继成立并开工建设，科创之区的发展格局初步显现。同时，随着“大众创业、万众创新”的蓬勃发展，上海市各类众创空间达 500 多家，五年内增长了

①② 2018 年上海市国民经济和社会发展统计公报［J］. 统计科学与实践，2019.03.25.

四倍，且其中约90%为社会力量兴办。

作为实施创新驱动战略的关键一环，人才也是一个城市发展不可或缺的资源，在这方面上海也具有极大优势。目前上海拥有64所普通高等学校、49家研究生培养机构，其中尤以复旦、上海交通、同济等一流综合性大学为代表，具有强劲的科研创新能力及人才竞争力。此外，上海在近年来各地的“抢人大战”中也频频出招，人才发展体制机制改革成效显现。仅在2017年，上海非沪籍应届高校毕业生直接落户9.7万人，引进归国留学人员5.6万人，分别是上个五年的1.2倍和2.7倍；同时，在沪就业创业的外国人达到21.5万人，位居全国第一。[①]

上海正着力于创新体制、创新环境的建设，并在全球范围内吸取创新力量，强化创新能力，这将为城市的经济发展提供源源不断的新动力，并反作用于城市的深化创新，这种良性循环将推进上海向更高能级的国际化都市演进。

三、人文之城

地处中国“江海之汇，南北之中”的上海，历代以来都是海纳百川、经济繁荣、文化兴盛之地。

在北宋初年，今上海地区已出现城市聚落，在南宋时形成繁荣商市。1843年，时为上海开埠通商之初，彼时仍以老城厢为主要中心，老城内巷道纵横交错、拥挤不堪；但城市另一端的租界内，道路宽阔、华屋美厦。上海这座华界、公共租界、法租界以微妙关系共存的城市，成了名副其实的“冒险家的乐园”，官员、民族义士、商人、传教士、买办、流氓、苦力……无论高贵还是卑贱，都可以在这里尽情发挥他们的聪明才智。自开埠以来短短百年的历史，上海这片土地却是如“西洋镜”一般，奇境幻影，波谲云诡。一栋栋风格迥异的建筑在这个曾经的东方小城拔地而起，东西方文化在这里交汇碰撞，秩序与混乱在这里并存，传统与现代在这里

① 2018年上海市政府工作报告［N］. 解放日报，2018.01.31.

交融。风云变革，转眼百余年过去了，如今的上海正逐步发展为中国最大的城市、东亚商贸和金融中心、中西文明碰撞交融之地，既有代表老上海怀旧气息的外滩、南京路、淮海路、田子坊等，又有代表新上海现代感的陆家嘴、市中心各大商圈等，已成为中国与国际对话的重要窗口。

近年来，上海更是以“海纳百川、追求卓越、开明睿智、大气谦和”为其城市精神①，并将其融入城市发展的各个方面，力求在不断完善公共服务的同时，建设一座“共建、共治、共享”的人文城市，同时更具人文底蕴和时尚魅力的国际文化大都市。

四、生态之城

“绿水青山就是金山银山。”良好的生态环境是提升市民生活幸福感的基本条件，也是实现社会永续发展的必要条件。近年来，上海在生态环境保护、生态文明建设、推动绿色发展方面的步伐迈得坚实而有力。

2018 年全年，上海用于环境保护的资金投入为 989.19 亿元，占上海市生产总值的 3% 左右；全年环境空气质量（AQI）优良率为 81.1%，比上年上升 5.8 个百分点；新建绿地 1307 公顷，新建林地 7.55 万亩，全市森林覆盖率达 16.9%，人均公园绿地面积达到 8.2 平方米，比上年增长 2.24%。② 此外，上海市还积极推进崇明岛世界级生态岛的建设并初见成果，崇明岛成为上海市民休闲、度假、聚会的“后花园”。

经过近年来的治理，上海已呈现出“水清、绿浓、天蓝”的生态美景。为使生态环境持续改善，上海还将采取如积极应对气候变化、营造绿色开放的生态网络、建设科学全面的环保治理体系、形成稳定高效的综合防灾能力等多项举措来建设更可持续发展的生态之城。

（作者单位：中央民族大学经济学院）

---

① 2018 年上海市政府工作报告［N］. 解放日报，2018.01.31.

② 2018 年上海市国民经济和社会发展统计公报［J］. 统计科学与实践，2019.03.25.

重庆：激情之都

丁凌之

提到重庆，第一反应往往是这是一座独特的城市，这座依山而建的城市最大限度地体现了当地人的聪明才智，无论是穿楼而过的城市轻轨，还是建于楼房之上的公路，抑或是层层叠嶂的洪崖洞，无一不赋予了这座城市极具魅力的"魔幻色彩"。此外，说到重庆，不能不提的更是这里的美食，热辣的火锅仿佛能涮走心中所有的不畅，食客们直到吃得大汗淋漓也不罢休。重庆，一座名副其实的热辣之都、激情之都。

一、味觉重庆

在"吃货"心中，重庆绝对是分量极重的一座城市。"无辣不欢"是重庆人的代名词，也是重庆代表美食的共性，无论是火锅、重庆小面，还是串串、碗杂面、担担面，抑或是万州烤鱼、泉水鸡等热辣的美食都在展现着这座城市的激情与火热，迎接八方来客。

重庆人习惯以一碗重庆小面开启一天的生活，筋道的面条上面盖着两三片青菜，面底藏着重庆小面的精华——香辣扑鼻的特制辣油和香气四溢的肉糜，一碗小面拌匀下肚，也预示着一天酣畅地开始；各色各样的串串则是朋友聚会的绝好选择，热锅下串，香气扑鼻，每一串不大不小，恰是一口大小，浓郁麻辣的锅底配上劲爽的啤酒，朋友间的插科打诨在这香气缭绕间久久不散；外地游客来到重庆，必不可少的美食必然是火锅，作为重庆一大特色的防空洞火锅，素有"一菜一格，百菜百味"之名，无论在味觉还是视觉上都给食客留下深刻的印象，铺满辣椒的锅底搭配新鲜食材，涮一口仿佛一天的疲惫都随之而去，这是热辣重庆才有的味道。

无论是昔日重庆老馆子内举杯挥箸、汗流浃背、赤膊上阵的重庆人，还是现在围坐一炉、热气腾腾、随吃随谈的八方来客，都体现了巴渝饮食文化“同心、同聚、同享、同乐”的文化内涵，这是重庆没有变过的味觉记忆。

二、视觉重庆

重庆地处盆地东部，地貌以丘陵、山地为主，有“魔幻之都”“4D 之城”的别名。重庆的“魔幻”主要体现在两个方面：一方面，这里巴山绵延、雨水纵横，因此清早的重庆就会被烟雾和水雾笼罩，宛如仙境一般，让人感受到一种朦胧的美丽。另一方面，重庆的“魔幻”还体现在它的立体，重庆的楼房之间可以通车，房子中间还可以散步、跑步，甚至可以在半空开车，这是因为重庆是个依山而建的城市，这里的房子没有南北朝向，而是跟着山走，山有多高，房子就有多高。在重庆，电梯是一种交通工具，甚至从一楼坐上来，很有可能还在一楼；在重庆，缆车也是一种通勤工具，人们坐着过山车上下班。除此种种，重庆最为魔幻的地标当属导航都无能为力的黄桷湾立交桥，5 层结构，15 条匝道，走错一条就是重庆一日游。这也是来过多次的游客仍不敢选择自驾游的原因，只有本地司机才能记得清这座城市这么多的弯弯绕绕，在高楼间穿梭自如。

正所谓“无魔幻、不重庆”，重庆这座神奇又充满激情的城市，正以其独特的城市风情，吸引着一批又一批国内外游客。

三、重庆风情

作为最具有江湖气质的城市之一，重庆人就像重庆火锅一样，脾气火暴利落、直来直去，但又果断不屈、快意恩仇，爽直中带几分鲁莽，热情中夹几分狡黠，正所谓市井之间有侠气。和重庆的美食一样，重庆人很豪爽，对于吃，他们认为辣要辣得够爽，麻要麻得够劲；同时重庆人非常热情好客，在街上询问餐厅和地点的时候，可能会听到他们的不停推荐。在山城，游客可以感受到当地人火辣辣的热情和这座古城的独特韵味。

可能正是由于重庆这独一无二的江湖气，它又是一座在中国近代史留下浓墨重彩一笔的城市，是一座保留着无数革命者血泪与记忆的城市。在民族危亡之际，它率先举起反抗的大旗，渣滓洞里英勇无畏的革命先辈决不投降的呼喊仿佛还在耳边，再压抑闭塞的环境也不能使其脊梁向敌人弯曲一寸，这是重庆这座城市鲜明的特色，果敢决绝、坚韧不屈。

（作者单位：中央民族大学经济学院）

第五章

城市发展高端对话

徐匡迪纵论新型城镇化

2014年3月，中共中央、国务院印发了《国家新型城镇化规划（2014～2020年）》（以下简称《规划》），这是中央首份颁布实施的城镇化规划。《规划》按照走中国特色新型城镇化道路、全面提高城镇化质量的新要求，明确了今后一个时期城镇化的发展路径、主要目标和战略任务，是指导全国城镇化健康发展的宏观性、战略性、基础性规划。面对“以人为本、四化同步、优化布局、生态文明、文化传承”的新型城镇化要求，土地制度改革如何为农业人口转移服务，如何科学合理地控制城市用地规模，如何实现城乡土地要素均衡分配，如何解决“城市病”等成为大家最为关注的话题。在此，《中国城市报》总编辑解树江博士就这些热点问题对第十届全国政协副主席、中国工程院主席团名誉主席、中国工程院原院长徐匡迪院士①进行了专访。

一、城镇化不是“造城运动”

解树江：新型城镇化是未来中国经济增长的强大动力，也是中国扩大内需的最大潜力。目前我国常住人口城镇化率为53.7%，户籍人口城镇化率只有36%左右，不仅远低于发达国家80%的平均水平，也低于人均收入

① 徐匡迪，中国工程院院士，国务院学位委员会副主任，中国美国人民友好协会会长，中国工程院主席团名誉主席，中国工业经济联合会名誉主席。1995～2001年曾任上海市市长，2003年当选第十届全国政协副主席。徐匡迪长期从事教育研究工作，是国务院认定的第一批有突出贡献的专家之一，发表论文120多篇并撰写著作7部。徐匡迪分别当选为英国皇家工程院、瑞典皇家工程院、塞尔维亚工程院外籍院士、美国工程院、俄罗斯工程科学院外籍院士和澳大利亚技术科学与工程院外籍院士。

与我国相近的发展中国家60%的平均水平，还有较大的发展空间。根据规划，我国力争到2020年达到常住人口城镇化率60%左右，户籍人口城镇化率45%左右的目标，努力实现1亿左右农业转移人口和其他常住人口在城镇落户。您认为，中国的城镇化进程将面临哪些新的机遇与挑战？

徐匡迪：经过多年快速发展，我国城镇化进程正站在一个新的历史起点上。然而，我国的城镇化既面临巨大机遇，也存在诸多挑战。

机遇主要体现在以下三个方面：第一，深化改革将继续带来利好。第二，新技术特别是网络技术的快速发展是加速实现新型城镇化，推动智慧城市建设的助推器，如利用互联网和“大数据”实现管理体制和治理能力的现代化。此外，互联网金融改变了传统金融业态，解决了中小企业信贷难问题，使我国每年提出1000万新增就业岗位的目标，今年7月底就已提前完成。第三，东部沿海城市已经饱和，二三线城市仍有巨大潜力和发展商机。中国的许多二线城市甚至一些三线城市迅速发展，会成为中国下一阶段经济发展的支柱。

面临的挑战也是多方面的。第一，劳动力结构性短缺挑战明显。城镇化不是“造城运动”，也不是征地、造房子，而是一种劳动力从第一产业到第二、第三产业转移的过程，是农民从农业社会生活转向城市社会生活的过程，是劳动方式与就业方式、生活方式的转变。之前高速城镇化带来的主要问题是，有约1/3的农村流入人口无法享受城镇的户籍待遇，没有稳定职业，极大影响他们融入城镇的积极性。第二，土地资源消耗与生态环境的破坏。过去十年，土地城镇化快于人口城镇化，城镇人均用地增长很快，城镇建设占用大量耕地，特别是优质耕地。在人类生态系统直接或间接诱发的物质消费法则下，全国城镇化发展使用的土地资源占用比例达到20%以上。另外，尽管能源和矿产两类资源的开发和利用只存在于点、线的空间形式，但其资源消费的80%及以上都发生在城镇系统范围之内。随着城镇化进程加快，能源和矿产资源消耗水平快速提升，国家城镇化发育的环境基础损耗或被占用程度也发生着巨大变化。

二、人的城镇化

解树江：新型城镇化的基本原则之一就是以人的城镇化为核心，或者说农民的“市民化”是新型城镇化进展的重要体现。在农民“市民化”的过程中，包括中国在内的许多国家都出现过许多问题。例如，我国目前存在社会保障缺口、农村集体土地流转、新市民就业、城市生活的适应等一系列难题。

徐匡迪：这些问题确实存在。城镇化率统计指标高于实际的户籍非农业人口比重15%左右，高达1/3的农村流入人口无法享受城镇户籍待遇，2亿多“候鸟式”迁徙人口虽被统计为“城镇常住人口”，但享受不到城镇基本公共服务和社会保障。这是我国城镇化质量不高的突出表现。农民“市民化”非常重要，农民“非市民化”只能叫“半城镇化”。

新型城镇化的核心就是“人的城镇化”。光是扩大城市面积，增加常住人口的数量，而没有使所有人享受均等的社会保障与福利，就不是人的城镇化。对于如何解决这些问题，我认为主要从以下几个方面着手：第一是尊重自主的原则。充分尊重农民是劳动力核心要素，发挥他们的体力潜力，激发他们的智力潜能，实现城郊经济发展模式的实质性转变。第二是因地制宜，分类指导的原则。不仅要给予城镇户口，还要对不同的人按照不同的地区、城市大小区别对待，要分类型、按层次、有序地引导农民工落户城镇，这里重要的前提是给他们相当于城镇居民的就业机会。此外，人的城镇化还和人的素质有关，因此要大力加强职业教育和技术资格认证，促进新市民在城镇稳定就业。第三要坚持利益导向，完善市场准入机制，促进土地流转显性化。加快农村土地流转，首先应该正确区分承包耕地、自留地和宅基地及其各自的流转性程度，并充分考虑各种土地的利益导向差异，加快农村土地确权登记颁证工作，建立统一的建设用地市场，推广农村土地信托流转，允许农村宅基地的有限制流转，鼓励承包土地实行集约化经营，推进农村土地依法有序流转，从而推动农村集体土地流转显性化。第四是以产兴市。一方面要做到工业支援农业、延伸农业产业链，增加农产品附加值；另一方面要改变城市产业业态，通过网络技术、信息技术、网络经济来拉动就业。

三、成本合理分担是关键

解树江：在当前的农业转移人口市民化成本分摊机制中，政府承担着不可推卸的责任，将来在政策制定上是否应该向这方面倾斜？政府的责任和义务该如何界定？

徐匡迪：对于农业转移人口市民化的成本，政府承担了相当大的部分，企业和农民工个人也承担了一部分。例如，企业要为农民工缴纳相关社保费用，并为他们提升技能进行资金投入；个人要提升技能、参加社保，也要按照有关规定来缴纳相关费用。所以，这个成本是由政府、企业、个人共同分担的，但其中的公共成本主要由政府承担。农业转移人口市民化的成本并非不可承受，关键在于建立中央政府和地方政府之间、政府和企业之间、企业和个人之间的成本合理分担机制。因此，在保障城镇化建设资金方面，建议政府重点做好以下工作：一是加大地方政府债券支持城镇化建设的力度，探索一般债券与专项债券相结合的地方政府举债融资办法；二是推广 PPP 融资模式，政府通过特许经营权、合理定价、财政补贴等公开透明方式，事先明确收益成本机制，吸引社会资本参与城镇基础设施建设；三是进一步加强地方政府融资平台公司的管理，规范地方政府举债行为，厘清企业与政府的关系，防范和化解财政金融风险。

总之，生产性要投入，如就业岗位、上岗培训等交给市场，政府承担公益性事业，如医院、学校、交通、市政等建设的有限责任，承担无限责任的政府是不可持续的。更重要的是，要加快建设服务型政府，转变职能、提高效能，更好地履职尽责，为发展中国特色新型城镇化创造良好环境，提供优质公共服务，维护社会公平正义。

四、要有足够的“中国元素”

解树江：在中国快速城镇化的过程中还出现了缺乏特色、“千城一面”

的现象。这种物质空间的雷同说明了规划理念的滞后和城市精神的贫瘠。我国的城市如何在今后的发展中消除这一现象？

徐匡迪：一直以来，不少人认为现代化就等同于西化，其实这是一个极大的误区，导致中国成为外国城市建设设计师的试验场。当然我们不仅要不排外，更要有民族文化自信。城市建设要有历史文化传承，要有足够的“中国元素”，当年的石家庄、郑州等就是“城以路兴”的典范。此外，我们还要保护特色城镇与古村落，例如平遥古城、乌镇等就是历史遗迹保护得很好、具有代表性的中国城镇。

文化是一个民族的精神和灵魂，促进中华文化的繁荣复兴是城镇化的职责所在。创造城市文化的多样性，塑造各具特色的城市景象，才能避免千城一面。首先，我们要倡导天人合一、自然和谐的城市美，杜绝脱离历史、盲目抄袭的“新、奇、怪”建筑；其次，我们要加强自然与文化遗产、风景名胜区和历史文化名城、名镇、名村的保护力度，不得随意拆除和破坏，建议启动“美丽城镇和古村落保护工程”，趁“商业的手”还没有伸进来之前，赶快把它控制住；最后，我们要深化“中国元素”，在城镇化进程中构筑更多的有历史文化特色的“新地标”才能保持住那份“淡淡的乡愁”。

五、跨越“中等收入陷阱”

解树江：一些经济体在从中等收入向高收入迈进的过程中，无法改变以往由低收入进入中等收入的发展模式，导致经济增长的停滞和徘徊，人均国民收入难以突破1万美元，即所谓落入“中等收入陷阱”。根据世界城镇化发展普遍规律，我国仍处于城镇化率30%～70%的快速发展区间，但延续过去传统粗放的城镇化模式会带来产业升级缓慢、资源环境恶化、社会矛盾增多等诸多风险，可能落入“中等收入陷阱”，进而影响现代化进程。我国在新型城镇化过程中该如何跨越这一陷阱？

徐匡迪：根据西方社会学家的研究，当城镇化率达到50%的时候，会出现社会收入的两极分化，如果科技、教育比较发达，就可以依靠经济结构与发展转型，从要素投入（土地、劳动力）驱动转向科技创新驱动，进入黄金发展时期，如“亚洲四小龙”（韩国、中国台湾地区、中国香港地区、新加坡）；但如果城镇化率达到50%，劳动力成本提高以后，还继续搞劳动密集型的低端产业，就会陷入“中等收入陷阱”，如亚、非、拉一些国家。所谓“中等收入陷阱”就是指收入达到3000～5000美元后就不再增长。拿韩国和菲律宾进行对比，它们在同一年达到人均GDP 3000～4000美元，现在韩国已增至25000美元，而菲律宾还停留在4000美元左右。这是因为韩国依靠大企业搞科研研发，其在电子工业方面有三星、LG等大品牌；在汽车工业方面，有大宇、现代；再就是韩国的生命科学及其相关产业的发展也卓有成效；最后是发达的科技和教育，这极大提高了当地劳动力素质，并成功将劳动密集型产业转移出去。

从陷入“中等收入陷阱”国家的教训来看，我们必须适时调整城镇化战略和模式，在稳步推进城镇化的同时稳步提高城镇化质量。降低社会成本和资源损耗，实现健康、稳妥的城镇化，不能再“一窝蜂”地建新城、新镇，划出开发区、工业园，靠卖地来招商引资。根据相关统计部门预测，2010～2020年，我国GDP大概年均增长7.5%，在此情况下，我国城镇化率大概每年提高0.7%，相当于城市每年增加1000万人，在目前这是完全可以承受的；到2020～2030年，GDP如果是7%，这时城镇化率每年大概增长0.5%，以此推算，到2030年，全国的城镇化率将达到65%～75%。有些人觉得这样的增长不够高，还应加速，但快速发展必须要有产业支撑，如果我们不进行产业升级，不增加有附加值的产业是不行的。当然中国也还有余地，即中国的中西部还可以接受转移。中国有一句口号叫“要把中国从制造大国变成制造强国”。因此，我们要把中国制造业做大做强。

六、绝不想做“九斤老太”

解树江：您曾经提到，GDP总量和人口总量均居全国第二位的山东省，既没有大量农民出去当农民工，也没有大批的外来农民工，所以外来人口压力相对其他发达省份较小，这到底是受孔孟之道和齐鲁文化的影响，还是受经济发展水平和产业结构的影响？您的研究是否已经有了结果？

徐匡迪：山东的案例确实给全国很大的启示，就是农民工的流动由跨省流动向省内流动转变。例如，2011 年山东省内流动的占 52%，2010 年只有 49%，跨省流动降到 40.1%，这是好事情，说明农民可以就地就近城镇化。我想主要原因有以下几点：一是山东产业发展均衡，工业和农业发展比较协调；二是山东的工业基础全国最好，部门也是最齐全的，如山东优势产品重型卡车，其产量占全国重卡总产量已达 30% 以上；三是山东拥有海尔、海信等家电知名品牌，以及济南的信息产业、淄博的材料产业都在全国有一席之地；四是山东的教育比较发达，尊师重教的社会风尚浓厚。

解树江：您在上海担任市长的九年里，上海的建设成效显著，特别是交通运输、基础设施等领域有了非常大的改观；推进了深水港、航空枢纽港、信息传输主干网和宽带接入网等枢纽功能设施建设，以及高速公路网、磁悬浮轨道交通等现代化交通基础建设；为上海成为中国最大的港口、经济中心城市和国际大都市奠定了坚实的基础。您能否结合您的经验对现在的城市领导者提出一些忠告？

徐匡迪：谈不上有成效，关键是赶上了好形势。国内外 20 世纪 90 年代的巨变为上海面向新世纪的腾飞插上了翅膀。上海的真正出路在于创新。我当时主张形成以企业为主导的技术创新体系，大力发展以信息产业为代表的高新技术产业，加大高科技企业与创业板市场结合的力度，并建立了企业信用评级制度。除了您提到的港口、机场、通信设施以外，中心城区改造、建设用了三个“三年大变样”：第一个三年以修路造桥为主，缓解制约城市发展的瓶颈；第二个三年重点改造旧区，全力启动房地产市场；第三个三年以环保和绿化为主攻方向，以适应城市功能发展的需要。

谈不上忠告，我的建议有以下几点：城市领导者和管理者要认真学习贯彻十八届四中全会精神，全面推进依法治市各项工作，严格依据法律的规定管理好自身并管理好城市经济、文化、社会各项公务事务，使城市管理工作的各个领域，各个环节基本纳入法制轨道；在城市建设和管理方面，要加强制度建设，真正做到“谁家孩子，谁家抱”；不要让当年“梁思成的悲剧、北京城的遗憾”在各个城市重演；要清理整顿城市“蜘蛛网”；等等。当然，我本人绝不想做新时期的“九斤老太”，现在的城市领导人肯定比我们那代人要强。

（《中国城市报》2014 年 12 月 01 日 第 01 版）

长江中游城市群扬帆起航

2015 年 3 月 26 日，国务院批复同意《长江中游城市群发展规划》（以下简称《规划》）。长江中游城市群包括武汉城市圈、环长株潭城市群、环鄱阳湖城市群，按照《规划》，长江中游城市群将建设成为长江经济带重要支撑、全国经济新增长极和具有一定国际影响的城市群。4 月 8 日，在中国社会科学院、湖北省人民政府主办的长江论坛上，中国城市报总编辑解树江对话全国政协原副主席、中国工程院主席团名誉主席徐匡迪院士，解读在新型城镇化背景下，长江中游城市群将如何启动，发展模式如何选择等问题。

一、历经 10 年终起航

解树江：刚才李鸿忠书记提到，您在长江中游城市群规划的制定和推广过程中发挥了巨大作用，做出了极其重要的贡献，请您介绍下这一规划的出台背景？规划中对此区域有何特殊政策支持？

徐匡迪：2005 年，中国工程院组织了一个城镇化的研究课题，曾经组织了 17 个院士到长江中游地区调查，研究中部地区城镇化。当时不仅是长江中游地区，还调查了河南省、河北省，但重点是调查湘鄂赣地区。

后来我们又给国务院提交了另外一个报告，就是关于发挥长江黄金水道的作用。当时，温家宝同志专门指派时任国务院常务副总理李克强到武汉调研。调研中发现长江航运能力衰退得很厉害，这是因为高速公路和铁路运输发展得很快，挤占了水运的空间。当时我们认为公路运输集装箱是最耗能、浪费最高的运输方式，而长江水运的单位能耗比高速公路运输要小很多，仅为高速公路运输的1/18、铁路的1/6。这一数据提交之后，引起了中央领导的重视，无论是从减排碳还是节能方面对此都很重视。

在这两个调研的基础之上，2010 年以后，湘鄂赣三省政府和发改委又组织了对这方面的论证，取得了很大进展，并于 2013 年上报到国家发改委，国家发改委前后调查论证了一年，到 2015 年 3 月底上了国务院常务会议，4 月 5 日就对外发布审批通过。目前，国家要加快对长江中游地区城市群之间互联互通项目的投资；要投资铁路，包括高速铁路、重载铁路等；同时投资长江航道沿线的港口码头，装卸设备的更新。

目前规划的全文还没有公布，我认为整体规划除了对湘鄂赣三省中的老少边穷地区外，不会再出现有别于其他区域的特殊政策。因为，特殊政策是对其他的区域发展不公平，并且对本区域经济的发展也不会有持续的推动作用。

解树江：中国有五大超级城市群，包括珠三角城市群（以下简称珠三角）、长三角城市群（以下简称长三角）、京津冀城市群、长江中游城市群和成渝城市群。长江中游城市群的产生背景和条件与长三角和珠三角发展的初始条件有很大不同。

徐匡迪：长江中游城市群包括武汉城市圈、环长株潭城市群、环鄱阳湖城市群，是长江经济带三大城市群的重要支撑点，长江经济带像个天平，中间的支点就在长江中游。长江中游城市群在国家总体发展中的功能定位是经济新常态下中国经济创新驱动增长级，城乡统筹发展四化协同推进示范区，长江黄金水道铁路交通承东起西、连南接北的重要纽带和以水资源保护为核心的生态文明示范区。

长江中游城市群的崛起和长三角、珠三角不一样。珠三角是在 20 世纪 80 ~ 90 年代国际产业大转移、劳动密集型产业寻找出路的大背景下，坚持“改革开放、敢为人先”，以建设开发区吸引大量外资而形成的；长三角的大发展时期是在 20 世纪 90 年代中后期，主要靠利用原有的国有企业、集体经济和国外著名大公司合资发展起来的；至于长江中游城市群，则应在中国经济新常态下依靠深化改革与创新驱动促进发展。

二、中小城市要形成自己的产业特色

解树江：您认为在新型城镇化不断快速推进的背景下，城市群应该按照怎样的模式去发展？

徐匡迪：城市群是近50年来大国城市化的主要趋势，在美国、英国、日本、法国等发达国家中，单个巨型城市已经被各具特色、专业化、网络化的城市群所取代，城市群之间用高效的、便捷的绿色交通相连接，如高速铁路，这也是我国新型城镇化的形态模式之一。我认为，2030年以前中国城镇化有三大重点，即京津冀协同发展、丝绸之路经济带建设、通江达海连接东中西的长江经济带。

现在我们希望，能够就近、就地吸收农村剩余劳动力，把大中城市的产业转移到中小城镇，让县城和县以下的镇有产业支撑，能够吸收剩余劳动力，这样的城镇化将比较平稳，也不会影响农村的耕地。

解树江：全世界的城市都有聚集效应的问题，中国这个情况特别突出，资源明显向大城市、特大型城市集中，城市发展与资源的矛盾进一步加剧，中小城市的发展明显滞后。我担心城市群的发展会导致资源向城市群聚集进一步加剧。

徐匡迪：提出城市群概念的目的就是解决您担心的这个问题。为了避免过分集聚，要把大城市产业的一部分，即产业链的前端主动地移出去。为什么要移出去？因为中小城市生产成本低，如上海的汽车工业，和大众合资生产桑塔纳，汽车发动机是在江苏镇江做的，汽车的齿轮箱是在浙江余姚做的，汽车的轮毂在绍兴做，上海只做汽车底盘和组装，因为底盘的要求比较高，另外汽车总装也对技术要求比较高。

再如武汉城市圈，有些产业链前后端也是分散在不同地区的，就像二汽的生产不在武汉市，而是在鄂州黄冈，我们希望它把汽车的总装部分放在一个中等城市，因为汽车工业的配套需要有码头，有运输条件，至于它的零部件生产，则应该分散到中小城市，因为对汽车厂来说这些地方要素成本低、工资低。这也是世界上的一个普遍的趋势，即所谓产业外包。波音飞机的零部件也是在二十几个国家生产，最后在美国组装。

产业发展的关键是要把好“龙头”，我们下一步的想法是在城市群的发展中发挥中心城市的引领作用，如武汉城市圈，武汉发展高端技术、设计、创新以及生产性服务业，而制造的基础部分零件部分应该分散到周边中、小城市，这样就能解决资源过分向大城市集中的问题。为此，就要发挥三大中心城市武汉、长沙、南昌的引领作用，而不是无序扩大三个城市，要在这三个城市的引领下促使一些具有产业特征的、网络结构互补的中等城市、县城和中小城市形成自己的产业特色，形成新型城镇化的主力。除了制造业以外，发展优质农产品及食品加工产业。此外，还应通过提升县、镇等小城市综合承载能力和要素集聚效应，使其逐步成为农业富余劳动力就近转移的主要载体，把农民承包地、宅基地、自留地集中起来进行规模化、现代化农业，剩余劳动力就地转化，这样的城镇化可能是社会成本最低的。

三、人的城镇化不要搞“一刀切”

解树江：中国城镇化和城市群的发展都无法回避户籍问题，去年中央城镇化工作会议要求“解决已经转移到城镇就业的农业转移人口落户问题”。各地也相继推出了一些户籍改革措施，但是这些措施往往大都停留在放开户籍的层面，而较少涉及深层次的社会福利制度改革。您认为附加在户籍之上的各种社会福利改革应如何进行？此改革难度应该较大，很难一次性地加以解决，那么改革的先后顺序应是什么？

徐匡迪：户籍制度改革本身就是一个很复杂的问题，关系到社会组织结构的稳定。另外，每个城市的社会保障和服务条件不同。因为发展水平不同，医疗费报销的起点线也不一样，很难制定统一的政策和标准。

我们现在讲的城镇化不能等同于20世纪八九十年代农民工候鸟式的城镇化，现在的城镇化应该是以人为核心的城镇化，那么人的城镇化就牵扯到社会保障、社会福利等制度的改革问题。

如果人们都集聚到大城市，城镇化的成本就会很高。所以应该鼓励和引导就地就近到中小城市去就业、安家，这样的城镇化和农村的差距不太大，像县城与附近乡村医疗费的报销差距不大，而且在县城里，子女的就学条件比农村肯定要好得多，优质教育资源可以集中，小学生也不用走那么多路去上学了。现在的关键问题是中央在探索发展城市群以后，怎样减轻特大城市盲目膨胀、摊大饼的趋势。同时，也使人的城镇化能够一步一步地加以解决。当然，对北上广这样的城市，等到条件成熟的时候，也会把一些外来户口，临时户口转化为户籍户口，但是这需要有一个过程。并且各个地方都有一个标准，如积分制、年限制等。我认为中国的事情最好不要搞“一刀切”，必须因地制宜，“一刀切”的政策往往是行不通的。

解树江：在城镇化的过程中，我国城市中普遍存在各类棚户区、城中村改造问题，现在国务院解决这个问题的力度也很大，但是城镇化进程加快会不会导致有的问题解决了，但大量人口进城后产生了新的城中村的问题？

徐匡迪：城中村和棚户区是两个概念。首先，棚户区基本上是历史遗留下来的，特别是老工业城市、矿业城市存在着大量的棚户区。棚户区就是工人集中居住的平房，居民都用公共厕所，搭个临时性的披屋、弄个煤炉子就能够做饭。这种状况已经持续了几十年，必须改造，国家已经有明确的计划，若干年内要改造完成。这是我们国家拉动经济固定资产投资的一个重要方面，也是惠民工程。

其次，城中村就是城市盲目“摊大饼”，盲目拓展，县改区、村入市，市郊的农村被新拓展的市区包围了，这个村子里的人就通过在村子里搭建房屋出租给外来人口谋取利益。例如，北京的大学生毕业后在中关村找到了工作，没有住房也住不起正规的楼房，然后就在圆明园和五环之间的城中村找到一些住房条件极差的出租屋。要解决这些问题，北京市已做了周密的规划、采取了稳妥的政策，有步骤、有计划地拆城中村，这就要先把当地的居民和外来人口加以甄别，妥善安排好。

对于租住人员要分别情况加以梳理，城中村里一般都是三种人：第一种是找到工作的大学毕业生或者是中学毕业生，是在北京具有固定职业的这类人，要想办法解决他们的居住问题，如建设廉租屋。第二种是到这里来经商的，他们没固定收入和工作，像小摊贩、游医等独立劳动者。第三种是你不知道他从事什么工作，但他有收入来源，但是可能是不正当的收入。所以，城中村的问题往往和“脏乱差”相联系，这是城市的“毒瘤”，必须加以解决。解决方法要根据不同的对象采取不同的方针。

（《中国城市报》2015 年 04 月 13 日 第 01 版）

城市要为人民创造和谐舒适的生活

近年来，中俄战略协作伙伴关系继续全面深入发展。两国高层交往密切，相互信任加深，各领域合作取得积极进展。当前，中国正在全面深化改革，推进新型工业化、信息化、城镇化和农业现代化。中国还要进一步扩大开放，扩大企业对外投资自主权。俄罗斯正在大力改善投资环境，提高经济竞争力，全面推进经济现代化战略。中俄两个新兴大国的经济活力和潜力正在不断地被激发出来。两国正扩大利益交汇点，深化各领域合作，建立更加紧密的经济联系。为此，《中国城市报》总编辑解树江对话俄罗斯国家杜马副主席伊万·梅尔尼科夫①，解读关于中俄城市发展过程中共同面临的问题。

解树江：当前，中俄关系处于历史最好时期，两国全面战略协作伙伴关系发展到了新的阶段。中俄两国互为最主要、最重要的战略协作伙伴，已发展成为层次最高、基础最牢、内涵最丰富、最具影响力的大国关系之一，堪称当今世界大国关系的典范。两国的国内经济建设也对双边关系有着深远的影响，中国正在如火如荼地推进新型城镇化发展进程，而俄罗斯早在苏联时代的城市化率就达到了73%，您对今后城镇化发展有什么看法？对中国同行正在进行的新型城镇化建设有什么建议？

梅尔尼科夫：城市化本身是客观的、自然的现象。它伴随着现代国家的经济和工业的现代化发展，与信息技术的飞速发展和受教育机会的扩大

① 伊万·伊万诺维奇·梅尔尼科夫，1950年出生于苏联图拉州，1952年毕业于莫斯科国立大学数学物理系。曾历任莫斯科大学副教授、教授、苏共莫大数学物理系党支部书记、苏共莫斯科大学党委书记、俄罗斯国家杜马科学与教育委员会主席、俄罗斯共产党党团领导人之一。现任俄共中央第一副主席、俄罗斯国家杜马第一副主席。

紧密地联系在一起。

在中国和俄罗斯，城市化的发展伴随着不同口音的人们进入城市，这是一个全球性的趋势。建立庞大城市群的目标就是让城市成为创新和管理中心，成为贸易、物流中心和交通枢纽，金融和人力中心，信息和技术的主要来源。

当前，世界上绝大多数国家都面临着一些特定相同的城市问题，像人口、交通、环境、住房、社会、劳动、生产、经济、行政和管理等。

在城市化进程中，每个国家都应确保公民在城市中获得舒适的住宿条件。还要特别注意其他的一些社会问题，如卫生健康、教育文化等政策。

在过去的20~30年中，大城市发展的动力正越来越强烈地从西方转移到东方。这指的是东方国家的城市的基础设施建设越来越宏伟，城市建得越来越大。从这个意义上来讲，中国现阶段作为其中最重要的一个代表，其城市化达到了一个前所未有的规模，同时获得了相当丰富的经验。例如，北京运用高效手段解决郊区的设施不完善问题。

在城市化进程中最重要的是要有一个清晰的战略规划。当城市面临过于密集的建筑、拥堵的交通，就要重点审视城市基础设施工程解决方案的可行性。这是一个正常的过程，为顺应21世纪城市化的需求，不能单纯地为了城市化而建设城市，应该以人为本，为人民创造出和谐、舒适的生活。

解树江：中俄同为历史悠久的大国，两国都有很多历史悠久的城市。莫斯科建城于1147年，迄今已有800余年的历史。从莫斯科大公时代开始，到沙皇俄国（18世纪之前），苏联及俄罗斯联邦政权一直担任着国家首都的角色。城市的发展传承到现在，莫斯科保留着众多古建筑，就像一本鲜活的历史教科书来时刻提醒人们莫斯科的历史变迁。俄罗斯的城市在古建筑保护历史文化传承方面有哪些值得借鉴的经验？城市的发展与历史文化保护的矛盾是怎么协调发展的？

梅尔尼科夫：莫斯科是世界文化艺术中心之一，4945项文化遗产列入联合国教科文组织世界遗产名录，包括三处最重要的地方：莫斯科克里姆林宫与红场、科罗缅斯克的升天大教堂和新圣女修道院。

在历史文化古迹保护方面，联邦政府和莫斯科市都出台了相应的法律法规，国家层面有《关于俄罗斯联邦文化遗产（历史文化古迹）》，莫斯科市有《关于保护和利用历史文化建筑古迹》。

莫斯科的国家和地方性的历史文化遗产保护项目规划有《国家保护、保存及促进文化遗产规划》《莫斯科文化 2012～2016》《历史文化中心的综合设施建设》《城市建设政策 2012～2016》等。

遗憾的是，在 1991～2009 年这段被称为“时代的十字路口”的时间，大量的历史建筑被破坏和拆除，在被拆除建筑的原址建起了与周围环境格格不入的其他类型建筑物，极大破坏了城市的文化艺术氛围。

2010 年，由于莫斯科城市管理团队的主动积极工作，城市规划工作进展取得很大进步。莫斯科的土地与规划委员会也积极推动历史建筑遗址的保护和恢复工作，在这方面获得了积极而富有成效的结果。2014 年，莫斯科在预算中拨款对 94 处历史建筑遗址进行了修复，联邦政府拨款对莫斯科的 65 处历史文化遗迹进行了保护，其中私人投资者也参与了进来。

城市保护公益组织在莫斯科的历史文化遗产的保护工作中起了很大的作用，他们的积极活动和对行政部门的压力促使保护工作顺利进行，有效的监督和明确的目标是保护工作的重点。他们往往出现在法律的“真空地带”，对狡猾的商人和执行人员进行监督。

维持现代文化和历史遗产保护之间的平衡，最重要的一环就是发挥市民在历史遗产保护中所起的作用，他们以各种方式影响着城市的历史发展进程。我自己也不只是参加关于城市规划的会议，去讨论问题，而是和普通市民一样到现场，用实际行动参与到保护历史文化遗迹的活动中来。

解树江：中国正在进行大规模的新型城镇化建设，计划到 2020 年城市化率达到 60%。同时，城市的规模也在不断扩大。像交通拥堵、环境污染、人口膨胀、就业紧张等“城市病”在大型城市中集中表现，相信俄罗斯的城市中也存在这样的问题。

俄罗斯国家杜马在立法方面对治理城市病有哪些成果？针对城市问题的全国性立法有哪些好的经验？

梅尔尼科夫：俄罗斯的城镇人口总计为 1.053 亿人，占全国总人口的

73.7%，其中城市户籍人口约为0.975亿，约占总人口的70%。众所周知，俄罗斯的人口分布是非常不均匀的，俄罗斯当局已经意识到了这个问题，并在着力解决它。

城市规划发展的问题体现在俄罗斯的立法工作上，其主要举措是使居民特别是年轻人留在当地发展。当前，作为俄罗斯立法机关的国家杜马成立了关于北方和远东区域政策的特殊委员会。他们与联邦地方发展部长时间进行紧密的合作，地方发展部成立于2004年，它的主要工作是协调俄罗斯各地区的统一规范发展。2014年，该部进行了改组，职权范围分布进一步明确。并且，现在针对远东地区成立了专门的远东发展部，还针对北高加索和克里米亚成立专门的部委。

现在还不能说俄罗斯国内城市化的问题得到了很好的解决，这都是很困难的问题。然而，20世纪90年代后北高加索的问题非常具有挑战性，所以我们在该地区的发展过程中得到了很多宝贵的经验。我们在西伯利亚各城市的发展当中看到了很多很好的投资项目，这与中国的城市化发展也是紧密联系在一起的，我希望看到远东与中国在城镇化发展的道路上能够携手并进。

解树江：您的职业生涯大部分时间是在莫斯科大学度过的，是一名非常出色的教育学家。当前在中国的教育界，对职业教育和学位教育的争论一直没有停过，有人认为职业教育为社会培养成熟的技术工人并且能够直接就业，大学里的大学生毕业之后找不到工作，还不如技校毕业的学生。您对此有何观点？职业教育和学位教育怎么协调才能更好地推动城市和社会发展？

梅尔尼科夫：从全球来看，特别是在一个国家的范围内，职业教育和高等教育在现在的社会中的比例取决于经济发展水平。例如，在工业化社会期间，一名工程师对应两名技术人员和四名产业工人。然而，到了后工业社会的时候，工业产业在社会生产的份额下降。另外，其他产业的工作需要更多、更专业的受过高等教育的人才。

同时，社会经济和人们生活质量的发展也制约着受教育水平。社会经济发展水平越高，人们的受教育程度越高，人均寿命越长，收入越高，也更加守法。

因此，限制接受高等教育的因素来自于国家的福利和个人的潜力。在当前的俄罗斯，高中毕业生接受高等教育的比例与美国和斯堪的纳维亚半岛国家相当，约为80%～90%。但是，我们的大学因为种种原因淘汰率要比西方低得多，西方大学的淘汰率约为50%，在提高淘汰率方面我们也在考虑如何解决这个问题。

对于我个人来说，我的观点很明确：职业教育和高等教育之间的平衡不应该由教育体制来决定，应该让市场和社会发展来决定。市场会根据它的需求来决定需要何种人才，教育体制应该根据市场的需要来进行改革。

解树江：中俄之间在前些年举办了文化年、旅游年等互相交流的项目，中俄间的城市有很多也结成了友好城市和姐妹城市，像北京与莫斯科、上海与圣彼得堡、沈阳与伊尔库斯克等，双方结成友好城市有助于增进了解、促进合作。您对中俄城市间友好合作有何期望？城市间的经济互动有何前景？

梅尔尼科夫：作为一个到过多次中国的俄罗斯人，我对中国的印象是非常积极的，中国人民是聪明、勤劳的。我和我的同事们每次访问中国，都是基于地区和人与人之间的友好往来。城市间的交流也是跨区域和跨境合作的重要组成部分，这个载体也是国与国、人与人之间在贸易、经济、投资、科学、技术和人道主义领域的集约化关系发展的优先方向之一。

当前，俄罗斯的48个城市和地区与中国的85个城市和地区有着友好协议或者结成姐妹城市。其中，中国的5个自治区中的4个、22个省中的20个、全部4个直辖市，还有2个特别行政区中的1个，它们都与俄罗斯的城市和地区建立了友好关系。在此，它们建立的友好城市一共有225对。

特别要指出的是，这种积极的互动是从中国东北地区与俄罗斯远东和东西伯利亚之间2009～2018年合作规划纲要签署之后才显现出来的。该文件包含双边合作的各个方面，超过140个合作协议和205个投资项目。它们主要是基于城市间的合作，其中包括旅游、交通设施建设、科技、环保、医药、建筑和科技园区等，这些项目和合作协议充分体现了中俄之间经济强有力的互补性，为俄罗斯远东地区的发展和振兴东北的工作带来了巨大的机遇。

解树江：我们在莫斯科采访时，对俄罗斯的医疗系统有了深入的了解。让我们印象最为深刻的就是全社会的免费医疗，甚至是对外国人也是如此。公立医院的医疗环境和水平也让我们赞叹不已，即使俄罗斯经济经历了长时间的困难时期也从未放弃全社会福利性质的医疗制度。在这一点上，俄罗斯是怎么做到的？这对城市与社会的发展有何影响？

梅尔尼科夫：非常感谢您对此给予这么高的评价，这其中包含两个重要的方面。首先，俄罗斯的医疗组织保障体系仍然是社会主义模式，这种体系已经有几十年的基础了。这种体制已经深入俄罗斯老百姓的内心深处，谁也不会也不想去改变它。同时，这一点已经写进了俄罗斯宪法：俄罗斯公民拥有便利和免费医疗的权利。

其次，近年来，由于油价高企，俄罗斯政府预算在社会保障方面投入了大量的资金。为卫生系统发展提供了充足的保障，建立了超过 60 个跨地区的医疗中心，覆盖超过 80% 的居民，每年免费做了 50 万例手术。我们计划到 2018 年，要覆盖 100% 的居民。

医疗系统进一步完善的结果是，2013 年俄罗斯的社会出生率自 1994 年以来首次超过死亡率，积极推动了人口增长率。

我们现在的医疗体制也在向社会保险模式过渡。坦率地讲，这种改革可能会很痛苦，但是我相信通过专业人士、政府、全社会的充分实质性的讨论，通过透明的决策立法机制，这一领域的改革将会顺利实施下去。

（《中国城市报》2015 年 02 月 16 日 第 02 版）

唱响中俄区域合作重头戏

中俄两国以真诚、务实、高效的态度构建了符合历史发展潮流和时代主题的新型国家关系——中俄全面战略协作伙伴关系。无论在历史上还是在现阶段，中俄两国在经济和社会发展上都有很多共同点。当前，中国推进京津冀协同发展战略，北京与河北的协同关系正和莫斯科市与莫斯科州的关系相似，如何处理大都市与卫星城的关系是我们共同面临的问题。值此契机，《中国城市报》总编辑解树江对话俄罗斯联邦莫斯科州州长安德烈·瓦罗布耶夫[①]，共同解读中俄区域友好合作话题、畅谈地区经济发展的美好前景。

一、城镇化就是创造就业岗位 发展生态农业建立涵养区

解树江：当前，中国的京津冀协同发展战略正在深入实施，莫斯科州与莫斯科市的关系同京津冀的关系类似，作为俄罗斯莫斯科州的州长，您对莫斯科州与莫斯科市的共同发展有什么看法？如何借助莫斯科市的优势实现莫斯科州的跨越式发展？

瓦罗布耶夫：当前，俄罗斯超级大都市附近的卫星城正在以前所未有

① 安德烈·尤里耶维奇·瓦罗布耶夫，1970 年 4 月生于苏联克拉斯纳雅尔斯克州，经济学博士。1998～2000 年任俄罗斯渔业公司总经理。2000 年开始步入政界，担任俄罗斯联邦政府部长联席会议副主席绍伊古助理。随后历任“统一俄罗斯”党支持基金会主席，俄罗斯联邦会议预算与税务委员会委员，第四届、第五届国家杜马议员，“统一俄罗斯”党中央执行委员会主席，第六届国家杜马副主席，2013 年 10 月起担任莫斯科州州长。

的速度发展，这个现象在很多地区甚至国外也都存在。在莫斯科的周边，这种情况尤为突出，像莫斯科州的列乌托夫市、梅吉什市、奥金措瓦市等。很显然，它们在莫斯科周边快速发展着。这些城市平均每年兴建1900万平方米的住宅，而莫斯科州的其他城市每年只有700万～800万平方米。这不仅是1000万平方米住宅建筑的差距，而且在各项城市发展指标上，大城市的卫星城也比其他同区域的城市发展要快。

莫斯科州是传统的工业大州，这里的航空航天工业、核工业、电子和通信等行业在俄罗斯名列前茅。我认为，城镇化并不是最终目的，世界范围内的城镇化过程其实就是创造就业的过程。

在考虑到莫斯科州的人口和社会经济发展的前提下，我们已经完成了到2030年的经济社会发展远景规划。需要重点说明的是，我们正在积极发展现代农业，最基本的建设法则是平衡大、中、小建筑物与大自然的关系。在环莫斯科第二和第三经济圈发展生态涵养区，从2015年开始我们就付之行动，争取不让一片农业用地变成高层建筑，以保证生态环境的良性发展。

解树江：莫斯科州属于中心经济区成员，莫斯科州的经济活动和莫斯科市紧密相连。当前有约百万莫斯科州的居民在莫斯科市工作，像这样的情况，莫斯科州和莫斯科市怎么协调居民的税收和福利问题？对他们在交通上的需求是怎么进行协调的？

瓦罗布耶夫：创造富有成效的工作岗位是我们最重要的战略任务。我们州在2013年创造了6.3万个就业岗位，2014年这个数字为7.41万。这得益于“钟摆”人群的回流，这部分人指的是住在莫斯科州而在莫斯科市工作的人群，但是回流的仅仅是其中很少的一部分。他们为莫斯科市贡献了税收，但是在莫斯科州享受了福利。

这种情况的出现造成了相当一部分收支失衡，一部分人的税收交给了莫斯科市，但是他们的孩子在莫斯科州上学，他们在莫斯科州享受着医疗服务。还有更大一部分人群是居住在莫斯科市，但是在莫斯科州拥有乡间别墅，他们一般在夏季到那里居住，更有甚者一年之中有半年时间待在别墅里。仅仅在契科夫区就居住着12万在莫斯科市工作的人，到了夏季的时候这个数字会突破百万。这就给我们的承载力带来了很大的负担，像消防安全、医疗设施等公共服务的供给就会失衡。

所以，我们订立的基本战略目标就是创造就业岗位，吸引原本在莫斯科市工作的人留在本地工作。我们规划了64个工业产业园，除了在杜布纳兴建一个技术推广型经济开发园区之外，我们还在斯图宾娜规划了工业制造型的经济开发区。我们为进驻园区的投资者提供一切必要的市政公共设施，当然在此我也希望中国的投资者能够积极加入进来，不仅是来建立工厂，而且能够参与基础设施建设，我们对此也有一些相应的优惠政策。据测算，这些园区建设项目就能为莫斯科州带来超过10000个工作岗位。

关于交通的问题，官方数据显示，每天往返于莫斯科市和莫斯科州工作的人数为78万，学生约为6万；非官方的数字是超过150万。对于特大型城市城区与郊区的通勤问题，我们主要是大力发展市区与卫星城的轨道交通，以保证通勤的可靠性和有效性。

二、保持特色产业优化产业结构
以租代管多元保护历史古迹

解树江：在莫斯科州的工业结构中，电力能源业占工业总产值的4.2%；工业制造业占89.1%，其中机械制造业占27.2%，化工工业占8.2%，轻工、食品业和其他占25.3%。在这个工业门类齐全、经济总量巨大的地区，莫斯科州在以后优先发展的战略性产业有哪些？产业结构会有哪些调整？

瓦罗布耶夫：莫斯科州是俄罗斯经济结构比较合理的联邦主体之一。众所周知，俄罗斯富藏石油、天然气、有色金属和煤炭等天然资源，但是在莫斯科州一样都没有。尽管如此，莫斯科州拥有巨大的消费潜力，其占有全国22%的贸易生产总值，占全国20%的制造业，包括航天、国防、冶金和机械制造，这也是我们产业经济的支柱。正如我之前所讲，莫斯科州兴建了大批的物流中心、商业中心和住宅，这是发展服务业的基础。当然，我们对中小企业的发展也是大力支持的。

莫斯科州当前优先发展的产业包括航空航天工业（飞机和直升机制造）、高科技医疗器械研发制造、汽车和车辆制造、精细化工、生物医药、建筑和装饰材料、食品工业、家具生产等行业。

在优化和调整产业结构方面，我们保持优先发展的行业继续起到带头作用，同时为服务业创造一切有利的发展环境，争取到2020年使服务业对税收的贡献率上升4% ~5%。同时，我们对中小企业实行一系列的鼓励措施促进其发展，如对一些高新技术的小企业在税收和贷款方面给予补贴等。

解树江：莫斯科州保留着众多古建筑，就像一本鲜活的历史教科书来时刻提醒着人们城市的历史变迁。莫斯科州在古建筑保护历史文化传承方面有哪些值得借鉴的经验？城市的发展与历史文化保护的矛盾是怎么协调发展的？

瓦罗布耶夫：2013年，莫斯科州启动了“莫斯科郊区庄园”的项目，把一些亟须修缮的庄园和老建筑以优惠的租金公开拍卖给个人，按照市场租金价格拍卖，租约为49年。政府给予承租人7年的时间修葺这些建筑物，这期间的租金为1卢布/平方米每年。虽然这些建筑的产权仍然归国家所有，但是承租人要对建筑物的完整性和功能性负责。

2014年，莫斯科州共租出16处古庄园，2015年为4处。这些待出租的庄园项目在莫斯科州文化厅的官方网站上可以查到，我们欢迎来自全球的投资者参与此项目。私人投资者带来的大量资金可以弥补州财政对这些历史文化古迹修缮的巨大预算。对于重点保护的历史文化遗产和建筑，则由州政府出资通过合理规划进行全方位的保护，尽量按照原样进行修复。

三、中俄区域合作有巨大空间
优势项目吸引中国投资者

解树江：您作为中俄和平友好协会区域合作委员会的主席，对中俄两国双边友好关系发展做出了突出的贡献。您对中俄两国世代友好关系发展有何愿景？作为莫斯科州州长，您对来自中国的投资者有何期待？

瓦罗布耶夫：中俄两国是和平相处、相互信任的邻居，我认为当前的中俄关系已经超过了历史上的任何一个时期。在七十多年前我们曾经并肩作战，共同抗击日本法西斯。2015 年，我们两国共同庆祝反法西斯战争胜利 70 周年，更使我们铭记历史开创未来。我一直在推动俄联邦内的各主体加强合作联动，同时推动与中国的区域合作，尤其是与中国各省市的区域合作，这些合作包括经济、文化、旅游等内容。

2014 年，我们在南京与江苏省签署了区域政府间合作协议，参观了江苏省的第一个经济技术开发区，它给我留下了深刻的印象。我们热切期待中国的投资者带着经验和技术来莫斯科州投资，来到莫斯科郊外，这里比歌声里的画面还要优美。我们希望与中国展开全方位的合作。

中俄两国区域间一直保持着紧密合作态势，区域合作委员会在中俄两国合作方面拥有丰富经验和资源，有专业人士为双边合作进行评估和推介。该委员会为中俄双方合作伙伴提供方便快捷的服务，同时在中俄两国都具有相当的公关管理能力。

我认为，区域合作委员当前的工作应该在协调各地区为中国的投资者提供可靠的投资项目，开辟出可供投资的开发区。我们要拿出富有吸引力的合作项目，而不仅仅是张开怀抱和送出微笑。我们都知道经济学的普遍原理：资本是逐利的。

对于中国的投资者来讲，当前中俄区域合作越来越紧密，区域合作委员会将帮助中国投资者与俄罗斯地方政府和企业进行密切接触。我建议中国投资者可以先从实业、文化和旅游方面入手，这也可能是我们合作的重头戏。

（《中国城市报》2015 年 09 月 07 日 第 01 版）

附录：

国家品牌政策

附录1　关于加快我国工业企业品牌建设的指导意见

工信部联科〔2011〕347号

各省、自治区、直辖市及计划单列市、新疆生产建设兵团工业和信息化主管部门、发展改革委、财政厅（局）、商务主管部门、工商行政管理局、质量技术监督局、进出口商品检验检疫局，中国人民银行上海总部、各分行、营业管理部、省会（首府）城市中心支行、副省级城市中心支行，有关行业协会（商会）：

改革开放30年来，我国工业经济实现了跨越式发展，为满足人民需求，促进国民经济发展做出了重要贡献。但与工业经济发展的速度和规模相比较，工业企业品牌建设明显滞后，已经成为我国工业行业进一步提高竞争力，实现发展方式转变的重大障碍。

为落实《中华人民共和国国民经济和社会发展第十二个五年规划纲要》中提出“推动自主品牌建设，提升品牌价值和效应，加快发展拥有国际知名品牌和国际竞争力的大型企业”的要求，特制定本指导意见。

一、加快我国工业企业品牌建设的重要意义

要从国民经济发展全局和实现“十二五”规划任务的战略高度，理解和认识工业企业品牌建设的重要意义。加快我国工业企业品牌建设，是促进经济结构调整、转变发展方式，走中国特色新型工业化道路的必然要求；是坚持扩大内需战略，释放消费潜力，增强国际竞争力的客观需要；是推动工业创新发展，促进科技成果向现实生产力转化的重要抓手；是树立和维护质量信誉，打造“中国制造”的国际形象和影响力的坚实基础。

二、指导思想、总体目标和基本原则

（一）指导思想

以科学发展观为指导，促进转变经济发展方式，推动我国工业企业核心竞争力的提升。坚持以企业为主体，通过促进工业企业提高创新能力和品牌培育意识以及商标注册、运用、管理和保护能力，增强品牌附加价值和影响力。协调各方资源，合力营造有利于工业企业品牌成长的政策和市场环境，加快实现从制造大国向制造强国的转变。

（二）总体目标

到2015年，我国工业企业创新能力和品牌培育能力显著增强，工业企业品牌成长的市场环境明显改善。50%以上大中型工业企业制定并实施品牌战略，品牌产品市场占有率和品牌附加值显著提高。重点培育一批具有国际影响力的自主品牌。

（三）基本原则

坚持以企业为主体，发挥企业在品牌建设中的主体作用；坚持突出质量、技术、创新在品牌建设中的核心作用，加大工业产品知识产权的创造、运用、保护和管理力度，鼓励推广具有自主知识产权的技术标准；坚持以市场为导向，通过市场竞争、优胜劣汰，培育拥有较高知名度和美誉度的工业品牌；坚持政策引导，通过政策扶持、规范市场和加强公共服务体系建设，积极探索我国工业企业品牌发展道路。

三、主要任务和工作内容

（一）引导工业企业增强品牌意识

工业和信息化部门会同有关部门和行业协会，要把品牌培育作为工业产品质量和信誉建设的重要内容，引导企业增强以质量和信誉为核心的品牌意识。各有关部门要通过各种活动和各类媒体形式，大力宣传品牌建设的重要意义，营造有利于品牌成长的社会氛围。工业和信息化、工商、质检等部门，要加大力度总结宣传各地区、行业和企业在品牌建设中的成功经验。发展改革、工业和信息化、商务、财政和人民银行等部门，要发挥政策、资源和市场的导向作用，引导企业加强品牌建设。

（二）加强品牌建设规划

工业和信息化主管部门、行业协会要加强对品牌建设的统筹规划，明确职责目标，落实政策措施。各地区、各行业要在充分调研的基础上，制定本地区、本行业的品牌建设规划，并与“十二五”规划有机结合。有条件的地区和行业要组织实施与规划配套的品牌建设工程，以培育区域性、行业性品牌优势为重点，落实有关的政策、措施和资源，鼓励工业企业建立品牌发展规划，并给予必要的指导和帮助。

（三）促进工业企业提高品牌建设能力

工业和信息化、工商、质检等部门和行业协会，要组织开展品牌培训活动，提高企业品牌培育意识和商标注册、运用、管理和保护能力；要推广先进的营销理论、品牌管理模式和方法，重点增强企业在市场调研、产品定位、营销策划、传播宣传、公关服务等方面的能力和水平。

要鼓励工业企业开发切合实际的品牌管理机制和品牌塑造方法，建立品牌战略，实施品牌经营，培育品牌文化。指导工业企业重视知识产权法律尤其是商标法律制度的运用，从战略、管理、传播和资产管理各个层面推进品牌建设。

要加大技术改造项目对企业在开发品种、提升质量等方面的支持力度，增强企业创新能力，提高产品实物质量水平。财政、人民银行等部门要发挥财税、金融等政策作用，鼓励工业企业加大在技术开发和质量提升等方面的投入。

要加快国家和行业标准建设，组织开展对国际标准和国外先进标准的研究，鼓励工业企业参与国际标准的制修订，提高企业适应市场和技术环境变化的能力。

（四）改善品牌发展外部环境

商务、工商、质检等部门会同行业协会，要协调配合，打破地方保护，消除市场壁垒，减轻企业负担，构建国内统一市场；要加强对“家电下乡”等与市场有关的政策和要求的宣传，提高企业对有关政策的理解和把握水平。商务部门要加强对商业机构的指导和管理，拓宽品牌产品的销售渠道，为国内、外工业企业创造同等品牌市场待遇。

有关部门会同行业协会，加强跨区域工业企业品牌保护工作的分工协调；研究借鉴国外品牌保护的优秀经验，加强对我国工业企业商标境外注册、使用和保护情况的跟踪研究，分阶段建立海外商标纠纷预警机制和危机管理机制。

商务、工商、质检等部门会同有关行业协会，要推动中国制造的品牌形象塑造，在重点市场和新兴市场举办产品展览、推广、广告等活动，促进提升品牌市场竞争力和品牌价值；鼓励工业企业在海外开展营销活动，引导企业积极进行商标国际注册；对企业在境外商标注册、渠道拓展等工作提供相关服务。

发展改革、财政、人民银行等部门要引导金融机构加快推进金融产品和服务方式创新，支持工业企业利用品牌资产依法依规抵押融资，改进和完善有关金融服务；要探索建立企业品牌信用担保制度，积极拓宽企业融资渠道，支持符合条件的工业企业通过上市融资和发行债券；鼓励企业以品牌为纽带进行并购重组。

发展改革、商务、工商、质检等部门，要加强对合资合作过程中工业企业品牌的保护和管理。

工商、质检、工业和信息化等部门，要加强质量监督、市场监管，组织开展专项整治活动，打击侵犯注册商标专用权违法行为，加大对我国工业企业行业商标专用权行政保护力度，保护商标持有企业合法权益。

工业和信息化、质检部门会同行业协会，要在“提高工业产品质量示范”“质量兴业”和“质量兴企”活动中，以品牌培育为重点内容，通过组织质量攻关和提高供应链质量保证能力等工作，支持品牌建设；要加快工业产品质量控制和技术评价能力建设，大力发展中小企业服务平台，为企业对外交流、信息咨询、技术咨询提供服务，并发挥产品研发设计和品牌推广平台的作用。

（五）加强对品牌建设的指导和服务

工业和信息化主管部门会同商务、工商、质检等部门及行业协会，要加强对品牌建设的具体指导。鼓励各行业根据特点提出行业性品牌建设的指导性文件；指导工业企业建立完善品牌培育管理体系和评估体系，提高品牌培育的科学化水平，实现品牌培育工作的持续改进；支持工业企业积极参与国际优秀品牌管理经验和标杆的交流与分享；鼓励地区和行业规范并推广与品牌培育相关的咨询和培训服务，加强对品牌工作的专业指导。

各级部门、行业协会，可对品牌培育工作成效显著的区域、行业和企业进行重点扶持并给予适当的表彰奖励，以加大对品牌建设成功经验的宣传力度，推动品牌建设深入开展。

四、工作要求

工业和信息化部联合发展改革委、财政部、商务部、人民银行、工商总局、质检总局及有关行业协会，建立推进工业企业品牌建设工作会商机制，不定期召开会议，确定工作重点，协调和指导工业企业品牌建设工作。各部门要按照“统筹协调、明确责任、协同配合、整体推进”的原则，各司其职，加强协调配合。

各地工业和信息化主管部门要综合协调品牌建设工作，会同有关部门，结合本地区实际，认真研究制定具体实施方案并组织实施。要不断总结品牌建设中的问题，积极推广成功经验，及时做好信息搜集和反馈。

二〇一一年七月二十二日

附录2　关于加强品牌建设的指导意见

一、加强品牌建设的重要性和意义

品牌是自主创新的结晶，是质量和信誉的载体。“十一五”时期，我国坚持以质取胜方针，大力实施名牌发展战略，形成了一批竞争力较强的知名品牌。但作为全球具有重要影响的工业大国和出口大国，目前我国仍缺少具有国际竞争力的自主品牌。许多产品仍属于劳动和资源密集型，质量水平与国际先进水平相比仍存在较大差距，企业在国际国内市场竞争中处于被动地位。

面对当前国内外市场竞争和资源环境约束加剧的新情况，我国传统的竞争优势正在逐步减弱，培育新的竞争优势迫在眉睫，增强自主创新能力和培育知名品牌是塑造新竞争优势的重要途径，也是实施国家知识产权战略的重要举措。“十二五”时期，必须加强品牌建设，切实提高我国产品质量整体水平，加快培育一批具有自主知识产权和质量竞争力的知名品牌，进一步增强我国产业国际竞争力，努力促进发展方式转变，提高经济发展的质量和效益。

二、加强品牌建设的指导思想和基本原则

（一）指导思想

围绕深入贯彻落实科学发展观、加快转变经济发展方式，全面实施国家知识产权战略，坚持走自主创新、以质取胜的道路，提升品牌价值和效应，加快培育形成一批拥有自主知识产权、质量水平较高、具有较强国际竞争力的知名品牌，以提高质量推动品牌建设，以品牌建设助推经济转型发展。

（二）基本原则

1. 企业为主，政府推动。强化企业在品牌建设中的主体地位，增强品牌建设意识，提高自主创新能力。完善政府服务功能，积极引导企业开展品牌建设，加强对品牌的宣传、培育和保护。

2. 自主创新，提高质量。把增强自主创新能力和提高管理水平作为增强品牌竞争力的根本途径，加大科技投入，加强质量管理，走质量兴企，以质取胜的道路。

3. 市场导向，重点培育。充分发挥市场机制的作用，推动企业围绕消费需求打造品牌。对于重点产业领域品牌要加大培育力度，引导其在市场竞争中扩大品牌知名度和影响力。

4. 各方参与，形成合力。动员全社会各方面积极参与和推动品牌建设。形成企业为主、政府推动、社会参与、促进有力的品牌建设机制。

三、加强品牌建设的重点领域

围绕重点产业，培育形成一批科技含量高、质量水平高、拥有核心技术和自主知识产权、具有较强国际竞争力的知名品牌。

围绕加快发展现代农业，完善现代农业产业体系，积极推进优势农产品、特色农产品和农产品加工业的品牌建设，培育发展农业区域公用品牌在园艺产品、畜产品、水产品等重点领域，按照“标准化生产、产业化经营、品牌化销售”的发展模式，创建农产品品牌。支持无公害农产品、绿色食品、有机农产品和地理标志农产品等政府主导的安全优质农产品公共品牌的发展。支持龙头企业延伸链条、培育品牌，提高产品附加值，促进农业综合生产能力的提高，推动现代农业发展。

围绕壮大先进制造业，加快促进提升自主创新能力，积极培育知名品牌。支持企业加快技术改造，改善品种质量，促进发展先进装备制造业，调整优化原材料工业，改造提升消费品工业。以知名品牌为龙头，促进制造业由大变强。

围绕培育发展战略性新兴产业，在新一代信息技术、节能环保、新能源、生物、高端装备制造、新材料、新能源汽车等重点领域，培育形成一批质量水平高、国际影响力大的自主品牌，推动先导性、支柱性产业的产品质量性能达到国际先进水平，推动高技术产业做强做大。

围绕推动服务业大发展，积极推进服务业企业规模化、品牌化、网络化经营。推动生产性服务业加速发展，培育形成一批品牌影响力大、国际知名度高的大型企业和企业集团。全面提升生活性服务业质量标准水平、行业自律能力和质量诚信意识，满足人民群众多样化需求，建成一批国家级服务标准化示范区，培育形成一批特色鲜明的服务品牌。

四、主要措施

（一）加强品牌建设统筹规划

围绕国民经济和社会发展第十二个五年规划纲要的要求，进一步加强对品牌建设的统筹规划，质检总局会同发展改革委、工业和信息化部、农业部、国资委、知识产权局、旅游局等部门，按照“统筹协调、明确责任、密切配合、全面推进”的原则，建立加强品牌建设协商合作机制，研究制定品牌建设的政策措施，协调和指导品牌建设工作。

（二）发挥品牌建设企业主体作用

引导企业牢固树立“质量第一”的思想。完善全员、全过程、全方位的质量管理制度，学习和创新先进的质量管理理念和方法。以国际知名品牌为标杆，在品牌经营、提升质量等方面开展对比分析，提出赶超计划。引导企业进一步强化品牌竞争意识，实施品牌经营战略。大型企业要在规模增长的同时，更加注重品牌建设和质量提升。中小企业要做专、做精、做特、做新，积极参与国际分工，形成品牌竞争优势。提高产品信息化、数字化水平，改造提升产品售后服务模式和质量。

（三）完善品牌建设激励机制

加强政府激励引导，树立典范，推广经验，发挥知名品牌的导向和示范作用。建立品牌价值测算制度，为企业品牌管理、提升品牌价值提供服务指导和技术支撑。支持企业实施“走出去”战略，建立品牌竞争新优势，不断开拓国外市场。及时向企业通报国外技术法规方面的动态信息，推进认证认可国际互认。支持企业在境外设立研发机构、获得国际认证、申请国外专利、树立国际品牌。积极支持掌握自主知识产权的企业携带技术标准“走出去”，树立民族品牌形象，争创国际知名品牌。推动地方政府实施名牌战略，开展品牌创建示范区建设。发挥品牌引领作用，把品牌创建作为提升区域竞争力的核心要素，提升地区重点产业质量竞争力。将打假和扶优相结合，建设有利于品牌建设工作的长效机制和良好环境。

（四）强化品牌建设基础

建立品牌的标准支撑体系。充分发挥标准在品牌建设中的支撑和保障作用。研究制定品牌建设的指导标准，推动品牌建设的规范化。构建品牌的技术创新体系。提高计量测试技术水平。加强检验检测公共技术服务平台建设，夯实品牌发展的技术基础。建立品牌的顾客满意度测量体系，开展用户及消费者满意度调查，测量品牌的满意度、知名度、美誉度，完善品牌的应急危机处理机制，维护品牌形象。

（五）优化品牌成长环境

加大打击假冒伪劣违法行为力度，营造公平竞争的市场环境。鼓励企业依法获取知识产权，打击侵犯知识产权的违法行为，保护企业自主创新和争创名牌的积极性。完善自主品牌维权与争端解决机制，形成企业自我保护、行政保护和司法保护三位一体、相互结合的品牌保护体系。加强对品牌建设的宣传力度，营造有利于品牌成长的舆论环境。充分利用“3·15”“质量月”“4·26知识产权宣传周”等活动和举办博览会、发布会等形式，搭建我国品牌的展示平台，将中国名牌产品推向世界。发挥知名品牌带动作用，营造有利于知名品牌成长的社会环境。定期表彰一批质量长期稳定、技术标准水平领先、市场占有率高、消费者满意、信誉度高的名牌产品生产企业，弘扬先进典型，增强全社会质量观念和品牌意识。

五、组织实施

各部门要统一认识，加强协调配合，在各自工作领域，各司其职，齐抓共促，共同推进我国的品牌建设。

发展改革部门负责将质量提升和品牌建设纳入国民经济和社会发展规划，协调重点产业的品牌建设工作。

工业和信息化部门负责推动实施工业和通信业品牌战略，指导工业和通信业企业提高创新能力和品牌培育能力，推广品牌培育管理体系，建立品牌培育、评价和激励机制，营造有利于工业和通信业品牌培育的良好环境。

农业部门负责推动实施农业品牌化发展战略，提高农产品市场竞争力。

国有资产监督管理部门负责指导和督促国有企业发挥表率作用，全面提高质量水平，努力形成一批具有国际竞争力的知名品牌。

质检部门负责推动实施名牌发展战略，建立培育、激励、发展品牌的体系和机制，建立健全品牌建设国家标准体系，加大品牌保护力度，会同有关部门定期就加强品牌建设的成果和经验进行总结分析和推广。

知识产权管理部门负责组织实施知识产权战略，提高知识产权创造、运用、保护和管理能力，为品牌建设营造良好的知识产权政策环境。

旅游管理部门负责推进旅游服务标准化建设，提升旅游服务质量，创建一批质量水平高、市场竞争力强的品牌旅游目的地、品牌旅游产品和品牌旅游企业。

附录3 国务院办公厅关于发挥品牌引领作用推动供需结构升级的意见

国办发〔2016〕44号

各省、自治区、直辖市人民政府，国务院各部委、各直属机构：

品牌是企业乃至国家竞争力的综合体现，代表着供给结构和需求结构的升级方向。当前，我国品牌发展严重滞后于经济发展，产品质量不高、创新能力不强、企业诚信意识淡薄等问题比较突出。为更好发挥品牌引领作用、推动供给结构和需求结构升级，经国务院同意，现提出以下意见：

一、重要意义

随着我国经济发展，居民收入快速增加，中等收入群体持续扩大，消费结构不断升级，消费者对产品和服务的消费提出更高要求，更加注重品质，讲究品牌消费，呈现出个性化、多样化、高端化、体验式消费特点。发挥品牌引领作用，推动供给结构和需求结构升级，是深入贯彻落实创新、协调、绿色、开放、共享发展理念的必然要求，是今后一段时期加快经济发展方式由外延扩张型向内涵集约型转变、由规模速度型向质量效率型转变的重要举措。发挥品牌引领作用，推动供给结构和需求结构升级，有利于激发企业创新创造活力，促进生产要素合理配置，提高全要素生产率，提升产品品质，实现价值链升级，增加有效供给，提高供给体系的质量和效率；有利于引领消费，创造新需求，树立自主品牌消费信心，挖掘消费潜力，更好发挥需求对经济增长的拉动作用，满足人们更高层次的物质文化需求；有利于促进企业诚实守信，强化企业环境保护、资源节约、公益慈善等社会责任，实现更加和谐、更加公平、更可持续的发展。

二、基本思路

按照党中央、国务院关于推进供给侧结构性改革的总体要求，积极探索有效路径和方法，更好发挥品牌引领作用，加快推动供给结构优化升级，适应引领需求结构优化升级，为经济发展提供持续动力。以发挥品牌引领作用为切入点，充分发挥市场决定性作用、企业主体作用、政府推动作用和社会参与作用，围绕优化政策法规环境、提高企业综合竞争力、营造良好社会氛围，大力实施品牌基础建设工程、供给结构升级工程、需求结构升级工程，增品种、提品质、创品牌，提高供给体系的质量和效率，满足居民消费升级需求，扩大国内消费需求，引导境外消费回流，推动供给总量、供给结构更好地适应需求总量、需求结构的发展变化。

三、主要任务

发挥好政府、企业、社会作用，立足当前，着眼长远，持之以恒，攻坚克难，着力解决制约品牌发展和供需结构升级的突出问题。

（一）进一步优化政策法规环境。加快政府职能转变，创新管理和服务方式，为发挥品牌引领作用推动供给结构和需求结构升级保驾护航。完善标准体系，提高计量能力、检验检测能力、认证认可服务能力、质量控制和技术评价能力，不断夯实质量技术基础。增强科技创新支撑，为品牌发展提供持续动力。健全品牌发展法律法规，完善扶持政策，净化市场环境。加强自主品牌宣传和展示，倡导自主品牌消费。

（二）切实提高企业综合竞争力。发挥企业主体作用，切实增强品牌意识，苦练内功，改善供给，适应需求，做大做强品牌。支持企业加大品牌建设投入，增强自主创新能力，追求卓越质量，不断丰富产品品种，提升产品品质，建立品牌管理体系，提高品牌培育能力。引导企业诚实经营，信守承诺，积极履行社会责任，不断提升品牌形象。加强人才队伍建设，发挥企业家领军作用，培养引进品牌管理专业人才，造就一大批技艺精湛、技术高超的技能人才。

（三）大力营造良好社会氛围。凝聚社会共识，积极支持自主品牌发展，助力供给结构和需求结构升级。培养消费者自主品牌情感，树立消费信心，扩大自主品牌消费。发挥好行业协会桥梁作用，加强中介机构能力建设，为品牌建设和产业升级提供专业有效的服务。坚持正确舆论导向，关注自主品牌成长，讲好中国品牌故事。

四、重大工程

根据主要任务，按照可操作、可实施、可落地的原则，抓紧实施以下重大工程。

（一）品牌基础建设工程。围绕品牌影响因素，打牢品牌发展基础，为发挥品牌引领作用创造条件。

1. 推行更高质量标准。加强标准制修订工作，提高相关产品和服务领域标准水平，推动国际国内标准接轨。鼓励企业制定高于国家标准或行业标准的企业标准，支持具有核心竞争力的专利技术向标准转化，增强企业市场竞争力。加快开展团体标准制定等试点工作，满足创新发展对标准多样化的需要。实施企业产品和服务标准自我声明公开和监督制度，接受社会监督，提高企业改进质量的内生动力和外在压力。

2. 提升检验检测能力。加强检验检测能力建设，提升检验检测技术装备水平。加快具备条件的经营性检验检测认证事业单位转企改制，推动检验检测认证服务市场化进程。鼓励民营企业和其他社会资本投资检验检测服务，支持具备条件的生产制造企业申请相关资质，面向社会提供检验检测服务。打破部门垄断和行业壁垒，营造检验检测机构平等参与竞争的良好环境，尽快形成具有权威性和公信力的第三方检验检测机构。加强国家计量标准建设和标准物质研究，推进先进计量技术和方法在企业的广泛应用。

3. 搭建持续创新平台。加强研发机构建设，支持有实力的企业牵头开展行业共性关键技术攻关，加快突破制约行业发展的技术瓶颈，推动行业创新发展。鼓励具备条件的企业建设产品设计创新中心，提高产品设计能力，针对消费趋势和特点，不断开发新产品。支持重点企业利用互联网技术建立大数据平台，动态分析市场变化，精准定位消费需求，为开展服务创新和商业模式创新提供支撑。加速创新成果转化成现实生产力，催生经济发展新动能。

4. 增强品牌建设软实力。培育若干具有国际影响力的品牌评价理论研究机构和品牌评价机构，开展品牌基础理论、价值评价、发展指数等研究，提高品牌研究水平，发布客观公正的品牌价值评价结果以及品牌发展指数，逐步提高公信力。开展品牌评价标准建设工作，完善品牌评价相关国家标准，制定操作规范，提高标准的可操作性；积极参与品牌评价相关国际标准制定，推动建立全球统一的品牌评价体系，增强我国在品牌评价中的国际话语权。鼓励发展一批品牌建设中介服务企业，建设一批品牌专业化服务平台，提供设计、营销、咨询等方面的专业服务。

（二）供给结构升级工程。以增品种、提品质、创品牌为主要内容，从一、二、三产业着手，采取有效举措，推动供给结构升级。

1. 丰富产品和服务品种。支持食品龙头企业提高技术研发和精深加工能力，针对特殊人群需求，生产适销对路的功能食品。鼓励有实力的企业针对工业消费品市场热点，加快研发、设计和制造，及时推出一批新产品。支持企业利用现代信息技术，推进个性化定制、柔性化生产，满足消费者差异化需求。开发一批有潜质的旅游资源，形成以旅游景区、旅游度假区、旅游休闲区、国际特色旅游目的地等为支撑的现代旅游业品牌体系，增加旅游产品供给，丰富旅游体验，满足大众旅游需求。

2. 增加优质农产品供给。加强农产品产地环境保护和源头治理，实施严格的农业投入品使用管理制度，加快健全农产品质量监管体系，逐步实现农产品质量安全可追溯。全面提升农产品质量安全等级，大力发展无公害农产品、绿色食品、有机农产品和地理标志农产品。参照出口农产品种植和生产标准，建设一批优质农产品种植和生产基地，提高农产品质量和附加值，满足中高端需求。大力发展优质特色农产品，支持乡村创建线上销售渠道，扩大优质特色农产品销售范围，打造农产品品牌和地理标志品牌，满足更多消费者需求。

3. 推出一批制造业精品。支持企业开展战略性新材料研发、生产和应用示范，提高新材料质量，增强自给保障能力，为生产精品提供支撑。优选一批零部件生产企业，开展关键零部件自主研发、试验和制造，提高产品性能和稳定性，为精品提供可靠性保障。鼓励企业采用先进质量管理方法，提高质量在线监测控制和产品全生命周期质量追溯能力。支持重点企业瞄准国际标杆企业，创新产品设计，优化工艺流程，加强上下游企业合作，尽快推出一批质量好、附加值高的精品，促进制造业升级。

4. 提高生活服务品质。支持生活服务领域优势企业整合现有资源，形成服务专业、覆盖面广、影响力大、放心安全的连锁机构，提高服务质量和效率，打造生活服务企业品牌。鼓励社会资本投资社区养老建设，采取市场化运作方式，提供高品质养老服务供给。鼓励有条件的城乡社区依托社区综合服务设施，建设生活服务中心，提供方便、可信赖的家政、儿童托管和居家养老等服务。

（三）需求结构升级工程。发挥品牌影响力，切实采取可行措施，扩大自主品牌产品消费，适应引领消费结构升级。

1. 努力提振消费信心。统筹利用现有资源，建设有公信力的产品质量信息平台，全面、及时、准确发布产品质量信息，为政府、企业和教育科研机构等提供服务，为消费者判断产品质量高低提供真实可信的依据，便于选购优质产品，通过市场实现优胜劣汰。结合社会信用体系建设，建立企业诚信管理体系，规范企业数据采集，整合现有信息资源，建立企业信用档案，逐步加大信息开发利用力度。鼓励中介机构开展企业信用和社会责任评价，发布企业信用报告，督促企业坚守诚信底线，提高信用水平，在消费者心目中树立良好企业形象。

2. 宣传展示自主品牌。设立“中国品牌日”，大力宣传知名自主品牌，讲好中国品牌故事，提高自主品牌影响力和认知度。鼓励各级电视台、广播电台以及平面、网络等媒体，在重要时段、重要版面安排自主品牌公益宣传。定期举办中国自主品牌博览会，在重点出入境口岸设置自主品牌产品展销厅，在世界重要市场举办中国自主品牌巡展推介会，扩大自主品牌的知名度和影响力。

3. 推动农村消费升级。加强农村产品质量安全和消费知识宣传普及，提高农村居民质量安全意识，树立科学消费观念，自觉抵制假冒伪劣产品。开展农村市场专项整治，清理“三无”产品，拓展农村品牌产品消费的市场空间。加快有条件的乡村建设光纤网络，支持电商及连锁商业企业打造城乡一体的商贸物流体系，保障品牌产品渠道畅通，便捷农村消费品牌产品，让农村居民共享数字化生活。深入推进新型城镇化建设，释放潜在消费需求。

4. 持续扩大城镇消费。鼓励家电、家具、汽车、电子等耐用消费品更新换代，适应绿色环保、方便快捷的生活需求。鼓励传统出版企业、广播影视与互联网企业合作，加快发展数字出版、网络视听等新兴文化产业，扩大消费群体，增加互动体验。有条件的地区可建设康养旅游基地，提供养老、养生、旅游、度假等服务，满足高品质健康休闲消费需求。合理开发利用冰雪、低空空域等资源，发展冰雪体育和航空体育产业，支持冰雪运动营地和航空飞行营地建设，扩大体育休闲消费。推动房车、邮轮、游艇等高端产品消费，满足高收入群体消费升级需求。

五、保障措施

（一）净化市场环境。建立更加严格的市场监管体系，加大专项整治联合执法行动力度，实现联合执法常态化，提高执法的有效性，追究执法不力责任。严厉打击侵犯知识产权和制售假冒伪劣商品行为，依法惩治违法犯罪分子。破除地方保护和行业壁垒，有效预防和制止各类垄断行为和不正当竞争行为，维护公平竞争市场秩序。

（二）清除制约因素。清理、废除制约自主品牌产品消费的各项规定或做法，形成有利于发挥品牌引领作用、推动供给结构和需求结构升级的体制机制。建立产品质量、知识产权等领域失信联合惩戒机制，健全黑名单制度，大幅提高失信成本。研究提高违反产品质量法、知识产权保护相关法律法规等犯罪行为的量刑标准，建立商品质量惩罚性赔偿制度，对相关企业、责任人依法实行市场禁入。完善汽车、计算机、家电等耐用消费品举证责任倒置制度，降低消费者维权成本。支持高等院校开设品牌相关课程，培养品牌创建、推广、维护等专业人才。

（三）制定激励政策。积极发挥财政资金引导作用，带动更多社会资本投入，支持自主品牌发展。鼓励银行业金融机构向企业提供以品牌为基础的商标权、专利权等质押贷款。发挥国家奖项激励作用，鼓励产品创新，弘扬工匠精神。

（四）抓好组织实施。各地区、各部门要统一思想、提高认识，深刻理解经济新常态下发挥品牌引领作用、推动供给结构和需求结构升级的重要意义，切实落实工作任务，扎实推进重大工程，力争尽早取得实效。国务院有关部门要结合本部门职责，制定出台具体的政策措施。各省级人民政府要结合本地区实际，制定出台具体的实施方案。

国务院办公厅

2016 年 6 月 10 日

附录4　中华人民共和国国家标准（GB/T 35779－2017）品牌评价　城市

GB/T 35779－2017

前　言

本标准按照 GB/T 1.1—2009 给出的规则起草。

本标准由全国品牌评价标准化技术委员会（SAC/TC 532）提出并归口。

本标准起草单位：《中国城市报》社、中国标准化研究院、中国品牌建设促进会、中央民族大学。

本标准主要起草人：解树江、常亮、蔡华利、郑志受、刘正良、吕安然、王倩倩、王冉。

GB/T 35779－2017

引　言

城市品牌是城市的重要资产。加强城市品牌的培育，提升城市品牌的知名度、美誉度和公信力对于城市的经济和社会发展具有重要意义。开展城市品牌评价是城市品牌培育的一个重要手段。本标准基于主动评价理念，按照城市知名度、城市发展实力、城市品牌呈现和城市综合口碑等四维度设计二级指标，然后将其归类到城市有形资产、无形资产、质量、服务和技术创新等品牌要素一级指标中，并利用数学模型定量评价城市品牌综合影响力。本标准可作为第三方机构开展城市品牌评价、城市管理者培育城市品牌的依据。

GB/T 35779－2017

品牌评价　城市

1　范围

本标准规定了城市品牌评价的指标体系、城市品牌综合影响力计算方法和评价流程。

本标准适用于第三方机构开展城市品牌评价。城市管理者对城市品牌建设情况进行自我评价时可参照使用。

2　规范性引用文件

下列文件对于本文件的应用是必不可少的。凡是注日期的引用文件，仅注日期的版本适用于本文件。凡是不注日期的引用文件，其最新版本（包括所有的修改单）适用于本文件。

GB 3095　环境空气质量标准

GB/T 17775　旅游区（点）质量等级的划分与评定

生产安全事故报告和调查处理条例　国务院令第 493 号

3　术语和定义

下列术语和定义适用于本文件。

3.1

城市　city

国家按行政建制设立的直辖市、市、区、县、镇。

3.2

城市品牌　city brand

能够在城市（3.1）利益相关方意识中形成独特印象和联想的要素组合，包括名称、用语、符号、标识、设计或其组合。

3.3

城市品牌综合影响力　comprehensive influence of city brand；CICB

城市品牌（3.2）从多个维度展现出的影响能力。

3.4

城市品牌评价　city brand evaluation

定量评价城市品牌综合影响力（3.3）的活动。

3.5

评价指标基准值　baseline of evaluation indicator

各定量评价指标的评价基准，一般取最优值、平均值或指定的标准值。

3.6

权重值　weight of evaluation indicator

各评价指标在城市品牌评价（3.4）指标体系中的重要程度。

4　评价指标体系

4.1　指标选择原则

城市品牌评价指标选择，应依据如下原则：

a）全面性

全面筛选实用、可行的城市品牌评价指标，以尽可能少的指标，涵盖城市品牌建设的各个方面。

b）层次性

指标应既能反映总体情况，又能反映不同类型城市的情况。

c）独立性

每个指标均能反映一个侧面情况，指标之间相关性小。

d）可比性

指标应便于横向比较和纵向研究分析，不仅可以进行国内比较，还应方便与国际上进行比较，既要参照国际通用指标，又兼顾我国经济社会发展的实际情况，选择比较通用的指标。

e）易获取性

指标数据获取渠道应便利，所消耗的人财物成本较低。

4.2　城市品牌评价四维度

城市品牌综合影响力评价一般从四维度展开，如图1所示。

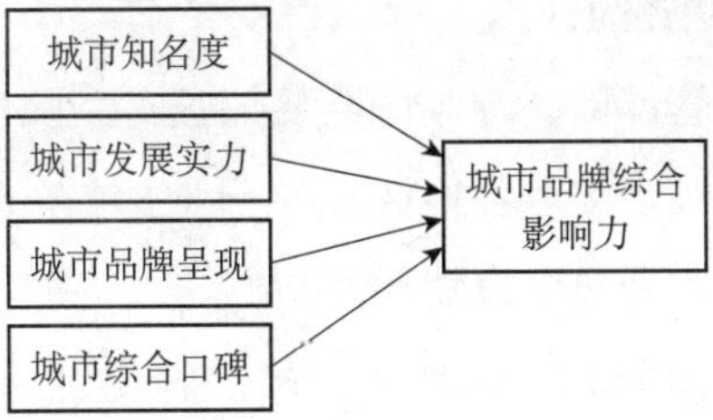

图1　城市品牌评价四维度

城市品牌评价四维度分别是：

a）城市知名度，指城市品牌被知晓的程度，从品牌知晓情况、品牌文化设计等方面进行评价；

b）城市发展实力，指城市品牌的实力和潜力，从生态、旅游、科技创新、文化等方面进行评价；

c）城市品牌呈现，指城市品牌在公众面前的活跃程度，从大型节会、重大事件等方面进行评价；

d）城市综合口碑，指以口碑的形式形成的城市品牌形象，从网络搜索、城市品牌荣誉等方面进行评价。

本标准依据城市品牌评价四维度设计二级指标，然后再按照其属性特征归类到有形资产、无形资产、质量、服务和技术创新等品牌要素中，二级指标见4．3，四维度和品牌要素的对应关系见附录A。

4.3　品牌要素二级指标

4.3.1　总则

按照品牌要素分别列出了二级评价指标，每个评价指标分别给出了解释、度量单位、正负性质和数据周期。

4.3.2　有关有形资产的指标

本标准中城市有形资产指城市有实物形态的资产，包括城市经济类指标，交通、旅游、教育等基础设施类指标和知名产品指标等。具体指标包括：

a）国内生产总值（GDP）

指标说明：一个国家或者地区所有常驻单位在一定时期内生产的所有

最终产品和劳务的市场价值。

指标单位：亿元

指标性质：正向

数据周期：评价日前一个自然年

b）国内外上市公司数

指标说明：在境内、境外上市的企业总数。

指标单位：个

指标性质：正向

数据周期：截止评价日前一年末

c）3A 级以上景区数量

指标说明：依据 GB/T 17775 确定的质量等级为 5A、4A、3A 的旅游景区总量，计算总量时，5A、4A、3A 的权重设为 4、2、1。

指标单位：处

指标性质：正向

数据周期：截止评价日前一年末

d）获著名建筑奖数

指标说明：获得普利兹克建筑奖、阿卡汗建筑奖、拉法基豪瑞可持续建筑奖、梁思成奖、鲁班奖的建筑数量。

指标单位：项

指标性质：正向

数据周期：截止评价日前一年末

e）获地理标志产品数

指标说明：已获得国家相关部门审核批准（含中国和欧盟互相认可）的地理标志产品总数，计算总量时，欧盟互认地理标志产品数和中国地理标志产品数的权重设为 4、1。

指标单位：个

指标性质：正向

数据周期：截止评价日前一年末

f）机场、码头、火车站数

指标说明：已建成的民用机场、航运码头和火车站总数。

指标单位：处

指标性质：正向

数据周期：评价日前一个自然年

g）普通高等学校数

指标说明：纳入国家教学规划实行全日制高等教育的学校总数。

指标单位：个

指标性质：正向

数据周期：截止评价日前一年末

h）省级及以上科研院所数

指标说明：已建并正常运营的省级及以上科研院所数。

指标单位：所

指标性质：正向

数据周期：评价日前一个自然年

4.3.3　有关无形资产的指标

本标准中城市无形资产指城市拥有的无实物形态但可辨认的资产，包括城市的品牌形象类指标、荣誉类指标、口碑类指标等。具体指标包括：

a）国家历史文化名城数

指标说明：国务院授予国家历史文化名城称号的城市数量。

指标单位：个

指标性质：正向

数据周期：截止评价日前一年末

b）国家级文化遗产名录项目数

指标说明：已由国家相关部门或国际组织批准确定的文化遗产和非物质文化遗产名录总数。

指标单位：个

指标性质：正向

数据周期：截止评价日前一年末

c）举办国家级以上节会数

指标说明：举办的国家级以上论坛、体育赛事、博览会、交易会数量。

指标单位：项

指标性质：正向

数据周期：评价日前两个自然年

d）外来常住人口比例

指标说明：外来常住人口占城市总人口的百分比。

指标单位：%

指标性质：正向

数据周期：评价日前一个自然年

e）城市网络年搜索量

指标说明：通过电子网络对该城市的点击搜索总量。

指标单位：人次

指标性质：正向

数据周期：评价日前一个自然年

f）国家级以上特色品牌数

指标说明：已获得国家或世界权威机构认定并颁发的特色品牌（文明城市、卫生城市、园林城市等）的数量。

指标单位：个

指标性质：正向

数据周期：评价日前三个自然年

g）城市综合信用指数

指标说明：由国家级机构发布的城市综合信用指数。

指标单位：分

指标性质：正向

数据周期：评价日前三年综合得分的平均值

4.3.4　有关质量的指标

本标准中城市质量主要指企业产品与服务质量、政府治理与公共服务质量、环境和可持续发展质量、生活和工作质量等，包括生态环境类指标、生活保障类指标、人口寿命类指标等。具体指标包括：

a）环境空气质量达到或优于二级的优良天数

指标说明：依据 GB 3095 的规定，达到或优于二级的优良天数。

指标单位：天

指标性质：正向

数据周期：评价日前一个自然年

b）集中式饮用水源地水质达标率

指标说明：提供饮用水的集中式水源地达标水量占总取水量的百分比。

指标单位：%

指标性质：正向

数据周期：评价日前一个自然年

c）森林覆盖率

指标说明：森林面积占土地总面积的百分比。

指标单位：%

指标性质：正向

数据周期：评价日前一个自然年

d）城市建成区绿化覆盖率

指标说明：建成区的绿化覆盖面积占城市建成区总面积的百分比。

指标单位：%

指标性质：正向

数据周期：评价日前一个自然年

e）污水处理率

指标说明：经过处理的生活污水、工业废水量占污水排放总量的百分比。

指标单位：%

指标性质：正向

数据周期：评价日前一个自然年

f）生活垃圾无害化处理率

指标说明：无害化处理的城市市区垃圾数量占市区生活垃圾产生总量的百分比。

指标单位：%

指标性质：正向

数据周期：评价日前一个自然年

g）城镇居民人均可支配收入

指标说明：反映居民家庭全部现金收入能用于安排家庭日常生活的那部分收入。

指标单位：元

指标性质：正向

数据周期：评价日前一个自然年

h）平均预期寿命

指标说明：城市人口的平均预期寿命。

指标单位：岁

指标性质：正向

数据周期：评价日前一个自然年

i）就业率

指标说明：就业人口与16岁以上总人口的百分比。

指标单位：%

指标性质：正向

数据周期：评价日前一个自然年

j）犯罪率

指标说明：犯罪者占人口总数的百分比。

指标单位：%

指标性质：逆向

数据周期：评价日前一个自然年

k）人均GDP

指标说明：人均国内生产总值。

指标单位：亿元

指标性质：正向

数据周期：评价日前一个自然年

l）重特大安全生产事故数

指标说明：《生产安全事故报告和调查处理条例》认定的重特大安全生产事故数。

指标单位：起

指标性质：逆向

数据周期：评价日前五个自然年

4.3.5 有关服务的指标

本标准中城市服务主要指城市的公共服务，包括医疗类指标、教育类指标、基本社会保险类指标。具体指标包括：

a）每千人口医疗卫生机构床位数

指标说明：每千人在医疗机构所拥有的床位数量。

指标单位：张

指标性质：正向

数据周期：评价日前一个自然年

b）每万人口全科医生数

指标说明：每万人拥有的全科执业医生（含家庭医生）数。

指标单位：人

指标性质：正向

数据周期：评价日前一个自然年

c）九年义务教育巩固率

指标说明：完成国家义务教育法规定的九年义务教育的学生数占初始学生总数的百分比。

指标单位：%

指标性质：正向

数据周期：评价日前一个自然年

d）学前三年毛入园率

指标说明：在园学习学生人数占户籍所在城市三周岁以上六周岁以下

适龄儿童总人数的百分比。

指标单位：%

指标性质：正向

数据周期：评价日前一个自然年

e）每百人公共图书馆藏书量

指标说明：每百人在公共图书馆拥有的图书总量。

指标单位：本

指标性质：正向

数据周期：评价日前一个自然年

f）基本社会保险覆盖率

指标说明：已参加基本养老保险和基本医疗保险（或新型合作医疗）人口占政策规定应参加人口的百分比。

指标单位：%

指标性质：正向

数据周期：评价日前一个自然年

4.3.6 有关技术创新的指标

本标准中城市技术创新主要体现在城市研究与开发（R&D）经费的投入和企业、高校等创新主体的成果上，具体指标包括：

a）R&D 经费支出

指标说明：在研发方面的总支出。

指标单位：亿元

指标性质：正向

数据周期：评价日前一个自然年

b）省部级及以上科学技术奖数

指标说明：企事业单位及个人被省政府或国家相关部委评定为省级及以上科学技术类奖项的数量。

指标单位：项

指标性质：正向

数据周期：评价日前一个自然年

c）国家级高新区和经济技术开发区总数

指标说明：经国家相关部门认定的高新区和经济技术开发区总数。

指标单位：个

指标性质：正向

数据周期：截止评价日前一年末

d）授权专利总数

指标说明：由国家专利部门授权的国家发明专利、实用新型专利和外观设计专利总数，计算总量时，发明、实用新型和外观的权重可分设为4、1、1。

指标单位：件

指标性质：正向

数据周期：评价日前一个自然年

5 城市品牌综合影响力计算方法

5.1 总则

首先将每一个二级指标进行0~1标准化处理，然后按照加权求和的方法计算城市品牌综合影响力结果。

5.2 二级指标计算方法

二级指标利用0~1标准化方法进行计算。

对正向指标，单项评价结果 $S_{i(+)}$ 按式（1）计算：

$$S_{i(+)} = \frac{S_{xi} - S_{\min}}{S_{\max} - S_{\min}} \tag{1}$$

对逆向指标，单项评价结果 $S_{i(-)}$ 按式（2）计算：

$$S_{i(-)} = 1 - \frac{S_{xi} - S_{\min}}{S_{\max} - S_{\min}} \tag{2}$$

式中：

S_i——第 i 项二级指标的单项评价结果；

S_{xi}——第 i 项二级指标的实际值；

$S_{\min}$——第 i 项二级指标的逆向基准值，取最小值；

$S_{\max}$——第 i 项二级指标的正向基准值，取最大值。

5.3 综合影响力计算方法

城市品牌综合影响力为各二级指标结果与其评价指标权重值的乘积之和，反映了城市品牌建设的总体水平，按式（3）计算：

$$\mathrm{CICB} = \sum_{i=1}^{m} S_i \times Q_i \quad (3)$$

式中：

CICB——城市品牌综合影响力；

m——二级指标总数；

Q_i——第 i 项二级评价指标的权重值，权重值的确定方法参见附录 B。

6 评价流程

6.1 评价准备

开展城市品牌评价之前，宜开展以下工作：

——设立专家委员会，对全过程进行诊断和咨询；

——开发数据库，存取校验评价数据；

——确定评价日；

——声明评价结果有效期。

6.2 数据收集和验证

6.2.1 数据收集

数据收集渠道应客观、权威，数据收集方式可包括：

——人工定点主动收集；

——开发软件工具自动收集；

——与数据拥有组织约定收集；

——通过问卷调查的方式收集。

6.2.2 数据验证

为保证数据准确客观，收集数据时，可同时采取以下措施进行数据验证：

——多渠道信息对照核实；

——由访谈员进行抽样回访；

——利用数据库进行自校验；

——对数据进行综合评判。

6.3 结果计算和展现方式

按第5章给出的计算方法，对每个二级指标进行处理，计算得出综合和细分指标的评价结果，并对结果进行校验。评价结果采用以下展现方式：

——百分制，调整计算方法，使得评价结果介于［0，100］之间；

——分级，根据分数区间进行分级，如A、B、C、D等。

附录 A

（规范性附录）

品牌要素二级指标和四维度的对应关系

品牌要素二级指标和四维度的对应关系见表 A. 1。

表 A. 1　品牌要素二级指标和四维度的对应关系

品牌要素	二级指标	城市品牌评价四维度
有形资产	国内生产总值（GDP）	城市发展实力
	国内外上市公司数	城市发展实力
	3A 级以上景区数量	城市发展实力
	获著名建筑奖数	城市综合口碑
	获地理标志产品数	城市综合口碑
	机场、码头、火车站数	城市发展实力
	普通高等学校数	城市发展实力
	省级及以上科研院所数	城市发展实力
无形资产	国家历史文化名城数	城市综合口碑
	国家级文化遗产名录项目数	城市综合口碑
	举办国家级以上节会数	城市品牌呈现
	外来常住人口比例	城市知名度
	城市网络年搜索量	城市知名度
	国家级以上特色品牌数	城市综合口碑
	城市综合信用指数	城市综合口碑
质量	环境空气质量达到或优于二级的优良天数	城市发展实力
	集中式饮用水源地水质达标率	城市发展实力
	森林覆盖率	城市发展实力
	城市建成区绿化覆盖率	城市发展实力
	污水处理率	城市发展实力
	生活垃圾无害化处理率	城市发展实力
	城镇居民人均可支配收入	城市发展实力
	平均预期寿命	城市发展实力
	就业率	城市发展实力
	犯罪率	城市发展实力
	人均 GDP	城市发展实力
	重特大安全生产事故数	城市品牌呈现

续表

品牌要素	二级指标	城市品牌评价四维度
服务	每千人口医疗卫生机构床位数	城市发展实力
	每万人口全科医生数	城市发展实力
	九年义务教育巩固率	城市发展实力
	学前三年毛入园率	城市发展实力
	每百人公共图书馆藏书量	城市发展实力
	基本社会保险覆盖率	城市发展实力
技术创新	R&D 经费支出	城市发展实力
	省部级及以上科学技术奖数	城市发展实力
	国家级高新区和经济技术开发区总数	城市发展实力
	授权专利总数	城市发展实力

附录 B

（资料性附录）

权重值的确定方法

B.1 引言

不同的计算方法具有各自的特点和适用条件，可依据城市特点，单独使用某种计算方法或综合使用多种计算方法。

B.2 权重值的确定方法

B.2.1 层次分析法（AHP）

B.2.1.1 总则

AHP 是一种将定性分析和定量分析相结合的多目标决策方法。AHP 的基本思路是先按问题要求建立起一个描述系统功能或特征的内部独立的递阶层次结构，通过两两比较因素（或目标、准则、指标）的相对重要性，给出相应的比例标度，构造上层某要素对下层相关元素的判断矩阵，以给出相关元素对上层某要素的相对重要序列。

B.2.1.2 构造判断矩阵

判断矩阵表示针对上一层次某因素而言，本层次与之有关的各因素之间的相对重要性。城市品牌评价指标体系的两两比较判断矩阵，根据各指标之间的相对重要性构造。以确定一级评价指标的权重为例，构造的判断矩阵 B 见表 B.1。同理可构造各二级评价指标的判断矩阵 B_1、B_2、B_3、B_4。

表 B.1 一级评价指标的判断矩阵

一级指标	有形资产 B_1	无形资产 B_2	质量 B_3	服务 B_4	创新 B_5
有形资产 B_1	b_{11}	b_{12}	b_{13}	b_{14}	b_{15}
无形资产 B_2	b_{21}	b_{22}	b_{23}	b_{24}	b_{25}
质量 B_3	b_{31}	b_{32}	b_{33}	b_{34}	b_{35}
服务 B_4	b_{41}	b_{42}	b_{43}	b_{44}	b_{45}
创新 B_5	b_{51}	b_{52}	b_{53}	b_{54}	b_{55}

其中，b_{ij}是 B_i 对 B_j 相对重要性的数值表示，b_{ij}的取值根据所选择标度

的不同而不同。一般采用1~5比例标度，即b_{ij}取1，2，3，4，5及它们的倒数，其含义见表B.2。

表B.2 （1~5）标度含义

标值	意义
1	两个元素相比，前者和后者同样重要
2	两个元素相比，前者比后者稍重要
3	两个元素相比，前者比后者重要
4	两个元素相比，前者比后者强烈重要
5	两个元素相比，前者比后者极重要

B.2.1.3 确定各级评价指标的权重

级评价指标的判断矩阵B的特征值方程为$BW_b=\lambda_{max}W_b$，求得特征根λ_{max}和特征向量W_b。当判断矩阵B通过一致性检验后，W_b即为一级评价指标的权重，$W_b=[w_1, w_2, w_3, w_4, w_5]$。同理可得一级指标下二级评价指标的权重。

B.2.2 专家咨询法（Delphi法）

就各评价指标的权重值，分发调查表向专家函询意见，由组织者汇总整理，作为参考意见再次分发给每位专家，供他们分析判断并提出新的意见，反复多次，使意见趋于一致，最后得出各指标的权重值。

B.3 城市评价指标权重值

依据层次分析法，确定了城市评价指标百分制的权重值，见表B.3。

表B.3 城市品牌评价指标权重值 单位为分

品牌要素	二级指标	城市品牌评价四维度
有形资产（22）	国内生产总值（GDP）	3
	国内外上市公司数	3
	3A级以上景区数量	4
	获著名建筑奖数	2
	获地理标志产品数	3
	机场、码头、火车站数	3
	普通高等学校数	2
	省级及以上科研院所数	2

续表

品牌要素	二级指标	城市品牌评价四维度
无形资产（22）	国家历史文化名城数	2
	国家级文化遗产名录项目数	2
	举办国家级以上节会数	4
	外来常住人口比例	2
	城市网络年搜索量	4
	国家级以上特色品牌数	5
	城市综合信用指数	3
质量（28）	环境空气质量达到或优于二级的优良天数	2
	集中式饮用水源地水质达标率	2
	森林覆盖率	1
	城市建成区绿化覆盖率	2
	污水处理率	2
	生活垃圾无害化处理率	2
	城镇居民人均可支配收入	2
	平均预期寿命	3
	就业率	3
	犯罪率	2
	人均 GDP	3
	重特大安全生产事故数	4
服务（16）	每千人口医疗卫生机构床位数	2
	每万人口全科医生数	3
	九年义务教育巩固率	2
	学前三年毛入园率	2
	每百人公共图书馆藏书量	3
	基本社会保险覆盖率	4
技术创新（12）	R&D 经费支出	3
	省部级及以上科学技术奖数	3
	国家级高新区和经济技术开发区总数	3
	授权专利总数	3

注：如果某一级别城市全部缺失某二级指标，如县城没有城市综合信用指数指标，则其所属一级指标下所有其他二级指标权重值按比例增加。